"学思行"理念下的
小学跨学科主题学习
实践探索

王雅琴 ◎ 主编

上海社会科学院出版社

前言

"学思行·悟",提升课程领导力

理解什么是"跨学科主题学习",我们上海市浦东新区傅雷小学经历了一个相当长的过程。

2022年7月,《义务教育课程方案(2022年版)》及相应各学科课程标准(以下简称"新课标")颁布不久,机缘巧合,我们做了一个中央电化教育馆的项目——"新课标(2022年版)内涵解读与教学创新案例分析",需要为语文学科的几个任务群设计案例并进行解读。其中的"跨学科任务群"着实难住了我们。"跨学科任务群"是《新课标》提出的新名词、新概念,彼时,不仅没有成熟的案例可参考,且学术层面的研究也鲜少。我们参考了很多的材料,不断地向专家求教,终于做出了自认为贴近新课标定义的"跨学科任务群"。

2023年3月,学校被列为"上海市提升中小学(幼儿园)课程领导力行动研究(第四轮)"种子校。在申报自选项目时,我们经过认真思考及权衡,选定了"跨学科主题学习"。这一选择不仅因为前期已有过粗浅思考及尝试,而且考虑到新课标要求各门课程需将不少于10%的课时用于设计跨学科主题学习。因此,这是每个基层学校、每个一线教师都需要去学习、了解并予以实施，希望我们的先行探索能为大家提供真实的有参考借鉴价值的样本。我们组建了骨干团队，先行进行学习和案例设计。6月9日举行了初次案例设计交流活动，邀请了华东师范大学教育科学院的胡惠闵教授现场指导。胡教授的指导对我们的认知产生了根本性的影响，让我们清楚地认知到了我们在跨学科主题学习理解上的"自以为是"，清楚地了解了跨学科主题学习的五大基本特征。之后，我们在专家的指导下几度进行案例修改，在一次次的修改中，不断加深着对跨学科主题学习的认识，也领悟着新课标提出的"跨学科主题学习"这一课改创举背后的育人思考及价值取向。

这番经历，让我们认识到了一条教师专业成长的规律（也可以称之为路径吧），那就是对于新的理念、概念，要让教师真正理解它是什么，需要经历自主学习、尝试设计、专业指导、不断完善的过程，"学、思、行"往复交融，方能内化领悟，成就高质量的课程教学，让核心素养真正落地。

由此，想到新课程新课改背景下的"课程领导力"。课程教学是落实立德树人任务的主阵地、主渠道，是培养学生的主要途径，课程教学的质量直接关乎学生生命成长的质量。2024年秋季新课程将全面贯彻实施，从课程理念、课程设置，到课程内容、课程组织、课程评价等都将迎来新的变化、新的要求。我想，学校和教师都需要积极回应这样的变化及挑战，提升各自的领导力。

作为学校，除了编制好课程方案、加强课程教学的指导及管理之外，还有很重要的一项工作就是迎难而上，聚焦一线教师迷惘困惑的难点问题（如跨学科主题学习、综合实践课程、劳动教育等），寻求专业指导，组建项目团队予以深入学习、研究及探索，建构及形成高质量的课程教学样本，并引领学校层面的全面实施。

作为教师，要积极主动投身于课改，尤其是要走出对教材的完全依赖，提升课程开发、设计、实施和评价的专业素养及能力。如跨学科主题学习，课程标准只是给出了大致的建议，具体的学习主题、学习内容、学习过程的展开、学习评价的维度等，皆需要我们教师进行创造性建构。这对于我们所习惯的"教材分析、教材处理"的教学设计思维来说，无疑是大的挑战，需要我们走出局限，不断地深入学习、努力探索。很幸运，在这个过程中，我们得到了专家及时的引领及指导，让我们少走了弯路。

这本书里收录的33个跨学科主题设计或许不是非常成熟，但都是大家认真学习、思考、研究后的创造性设计，旨在为读者开启一扇通往知识融合与创新思维的大门，起到抛砖引玉的作用。书中若有疏漏不当之处，还请读者提出宝贵意见。

王雅琴

目 录

前言 "学思行·悟"，提升课程领导力 \ 1

第一部分 什么是跨学科主题学习？ \ 1

2023年年初至今，两年的时间，我们聚焦这一项目开展了深入的学习、思考、研究及实践，对跨学科主题学习的认识也由表及里，形成了我们的校本理解，也完成了基础模型的研发。

强化学科实践，变革育人方式 \ 3
"学思行"理念下跨学科主题学习实践探索 \ 11

第二部分 跨学科主题学习怎么开展？ \ 23

建构及明确了设计模型，教师对"跨学科主题学习"就不再雾里看花，心中有了清晰的轮廓，在这个轮廓中注入具体的内容，它就有了"血肉"生命。

我是傅小学子，我来介绍傅雷 \ 25
傅雷小学校园里的小导游 \ 34
4月7日，我们缅怀傅雷 \ 44

寻找身边的"傅雷传人" \ 54

做一本毕业纪念册,记录我走过的"傅小"五年 \ 64

话说小满节气 \ 74

做家乡名片,为家乡代言 \ 89

"桥"见上海 \ 101

高架道路上的城市立体花园图鉴 \ 114

我是三林非遗手工艺品推荐官 \ 127

遇见浦东第一镇,我为"小上海"代言 \ 138

话说美丽山河 \ 150

发现身边的中草药,设计中草药图鉴 \ 161

城市养犬要文明　争当小小宣传员 \ 171

叮,您有一份校园打卡地图请查收! \ 185

藏不住的校园美景 \ 198

校园植物代言人 \ 213

我是班级"护绿小卫士" \ 224

发现生活中的"落花生" \ 236

探秘餐桌年味 \ 246

我是立夏节气推广大使 \ 259

我是时间的小主人 \ 268

人民币的故事 \ 275

我是小小营养师 \ 286

测量与规划一方游戏空间 \ 295

节水,从我做起 \ 302

抵制核污水,我们在行动 \ 312

跟着课本去旅行，超强攻略我设计　\ 325

为运动会选个好日子　\ 333

Jobs in our school（爱在傅小，"职"因有你）　\ 341

Examples around me（身边的榜样）　\ 351

Healthy Diet（健康饮食）　\ 360

Chinese festivals，Chinese culture（从中国节日看中国文化）　\ 370

第一部分

什么是跨学科主题学习？

  2023年年初至今，两年的时间，我们聚焦这一项目开展了深入的学习、思考、研究及实践，对跨学科主题学习的认识也由表及里，形成了我们的校本理解，也完成了基础模型的研发。

强化学科实践，变革育人方式
——"跨学科主题学习"之校本研究与实践

上海市浦东新区傅雷小学　王雅琴

2022年4月，新课标，即《义务教育课程方案》（2022年版）及相应各学科课程标准颁布后，"跨学科主题学习"受到了广泛的关注。我们也在"上海市提升中小学（幼儿园）课程领导力行动研究"中，将其申报为自选项目。主要出于两方面的实际考量。

一是跨学科主题学习是本轮义务教育课程改革的创新。新课标规定，各门课程用不少于10％的课时开展跨学科主题学习，这意味着设计和实施跨学科主题学习是每位任课教师的分内之事。

二是它和我们2017年创校时提出的"学思行"课程教学理念相一致。"学思行"是"尚学尚思，行知行健"的简称，亦是我们对育人方式及学习方式的价值主张，具体内涵为：乐学善思，同时身体力行，乐于尝试及实践，在不断的学习、思考和实践中，长知识、长本领、长担当。

2023年年初至今，一年半的时间，我们聚焦这一项目开展了深入的学习、思考、研究及实践，对跨学科主题学习的认识也由表及里，形成了我们的校本理解、校本建构及一定数量的校本案例。

一、对跨学科主题学习的校本诠释

什么是跨学科主题学习？对于新课标提出的这个新名词、新概念，文献综述时我们检索出了很多的定义，字面意思都能理解，但是真正的内涵很难把握。

基层学校、一线教师要对一个全新的学术概念形成真正的理解，需要经历理论学习、尝试设计及实践、专业指导、再尝试设计及实践的过程，在"学、思、行（做）"中方能真正内化领悟。

在此，特别感谢胡惠闵教授、陈群波博士，多次莅临我校，一路给予我们指导。胡教授在给我们做案例点评时指出：跨学科主题学习，没有什么特别严格的定义，符合 5 个基本特征就是跨学科主题学习。跨学科主题学习的 5 个基本特征如图 1 所示。

培养跨学科素养（创新/实践/社会责任感）
体现学科立场
运用两门及以上学科知识去解决一个真实情境问题
注重合作探究
让学生亲历发现问题、分析问题、解决问题的全过程

图 1　跨学科主题学习的 5 个基本特征

对于这 5 个基本特征，从一线教师的角度，从设计及实施的角度，我们进行了进一步的思考。对 5 个基本特征的设计基础思考如图 2 所示。

"知其所以然"是研究和实践的基础，而"知其所以然"的过程本身

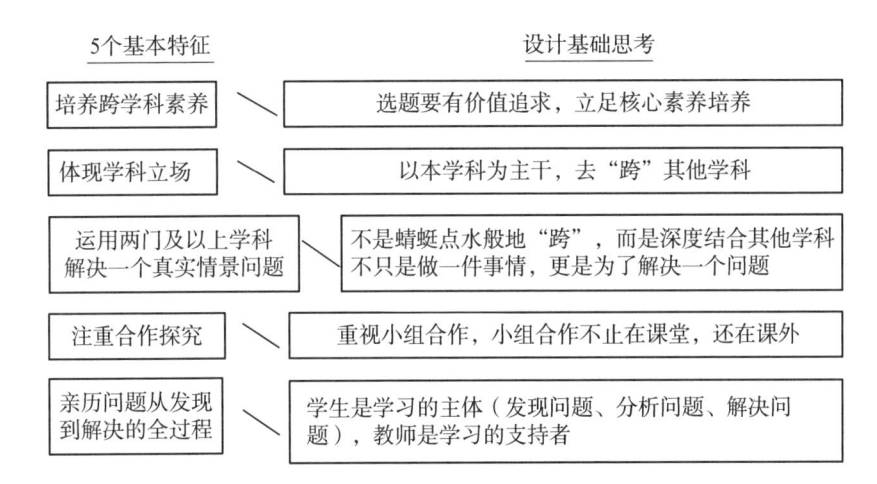

5个基本特征	设计基础思考
培养跨学科素养	选题要有价值追求，立足核心素养培养
体现学科立场	以本学科为主干，去"跨"其他学科
运用两门及以上学科解决一个真实情景问题	不是蜻蜓点水般地"跨"，而是深度结合其他学科 不只是做一件事情，更是为了解决一个问题
注重合作探究	重视小组合作，小组合作不止在课堂，还在课外
亲历问题从发现到解决的全过程	学生是学习的主体（发现问题、分析问题、解决问题），教师是学习的支持者

图2 对5个基本特征的设计基础思考

就是一个学习、思考和实践的过程。上述诠释是我们基于学术学习及去学术化后的朴素而真实的理解，我想这也是我们很重要的一个体悟。

二、设计模型的校本建构及诠释

跨学科主体学习到底长什么样？这是一线教师的灵魂之问，亦是我们这个项目的焦点。我们看了很多的案例，包括一些课例，但是总觉得似是而非，不是我们理想中的符合5个基本特征的样子。

在胡惠闵、陈群波两位专家的指导下，我们校本化建构了一线教师看得明白、可以参考运用的跨学科主题学习设计模型。设计模型由主题、主题背景、学情分析、学习目标、任务规划、学习过程、学习评价、学习需求和相关资源这8个结构要素构成，如图3所示。

(一) 主题

选题至为关键，关于选题，我们有两方面的追求：一是选题"立意"

```
                        主  题
            ——**年级**学科跨学科主题学习设计

    一、主题背景
    二、学情分析
    三、学习目标
    四、任务规划
    (一)问题及任务框架
    (二)任务学习规划
    五、学习过程
    (一)学习导入
    (二)任务一
    1. 活动一
    ……
    六、学习评价
    七、学习需求和相关资源
```

图 3 跨学科主题学习设计模型

的价值追求,即要求选题指向跨学科素养(创新/实践/社会责任感)培养,落实学科立德树人根本任务。二是对学科立场的价值追求,即立足学科本位,想清楚基于怎样的真实情境(真实问题),要做一件什么事,以及为什么要做这件事。如"我给小鸟安个家"这个选题,虽然体现了保护动物的立意,但是不能很好地体现学科立场。改成"我给小鸟'量身定制'一个家",数学这一本位学科就得到了体现。

为了帮助教师们选好题,我们从核心素养培育及强化学科实践出发,提出了跨学科主题学习的校本选题指南,如图 4 所示。

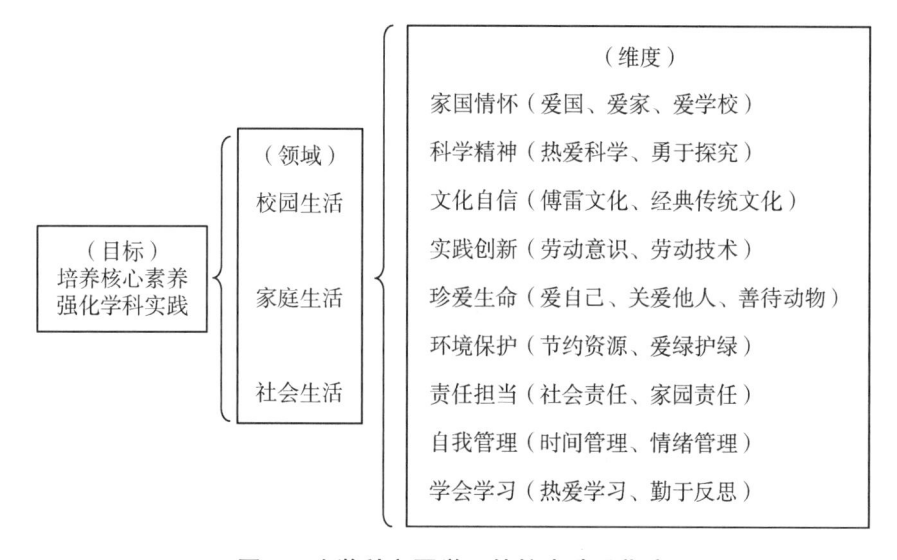

```
                                    （维度）
                           家国情怀（爱国、爱家、爱学校）
                           科学精神（热爱科学、勇于探究）
                 （领域）   文化自信（傅雷文化、经典传统文化）
                 校园生活  实践创新（劳动意识、劳动技术）
   （目标）
  培养核心素养     家庭生活  珍爱生命（爱自己、关爱他人、善待动物）
  强化学科实践             环境保护（节约资源、爱绿护绿）
                 社会生活  责任担当（社会责任、家园责任）
                           自我管理（时间管理、情绪管理）
                           学会学习（热爱学习、勤于反思）
```

图 4　跨学科主题学习的校本选题指南

（二）7 个结构要素

主题确立后，仿若有了"主心骨"，7 个结构要素在主题的引领下各有定位，形成紧密的逻辑关系，如图 5 所示。

建构及明确了设计模型，教师们对于跨学科主题学习心中就有了清晰的轮廓，在这个轮廓中注入具体的内容，它就有了"血肉"生命。

三、实施教学和教研的校本建议

和传统的知识本位、以教为主、学科割裂、坐而论道的育人方式相比，跨学科主题学习是一种全新的学习方式，无论是教学还是教研都需要改变。站在实操立场，我们给出如下校本建议。

（一）对教学的建议

跨学科主题学习这一学习方式对教师的挑战是巨大的，从课程理念到课程内容、设计思路、教与学的组织方式、评价方式等，都需要作出

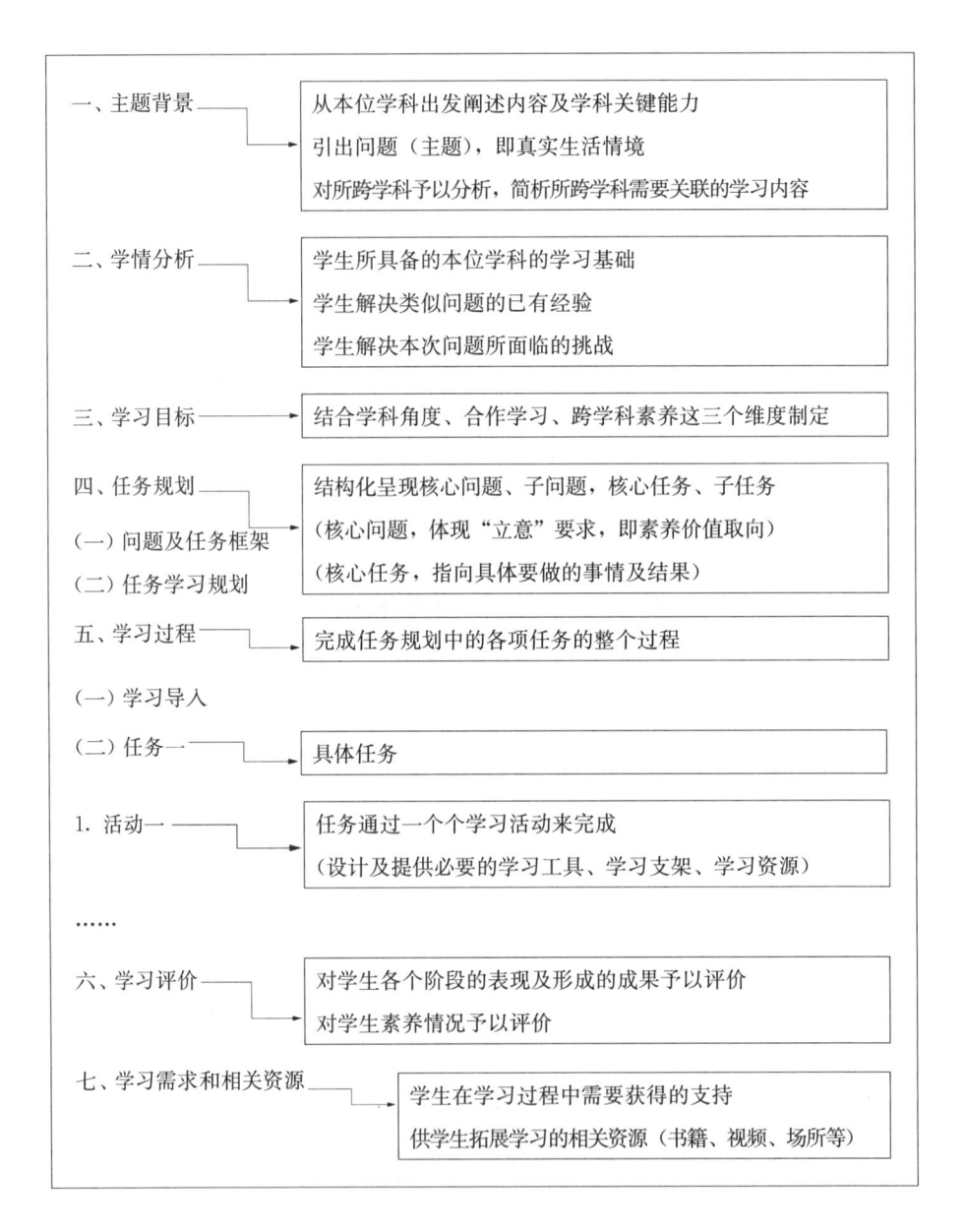

```
┌─────────────────────────────────────────────────────────────────┐
│  一、主题背景 ──┬──► 从本位学科出发阐述内容及学科关键能力        │
│                ├──► 引出问题（主题），即真实生活情境              │
│                └──► 对所跨学科予以分析，简析所跨学科需要关联的学习内容 │
│                                                                  │
│  二、学情分析 ──┬──► 学生所具备的本位学科的学习基础              │
│                ├──► 学生解决类似问题的已有经验                   │
│                └──► 学生解决本次问题所面临的挑战                 │
│                                                                  │
│  三、学习目标 ────► 结合学科角度、合作学习、跨学科素养这三个维度制定 │
│                                                                  │
│  四、任务规划 ──┬──► 结构化呈现核心问题、子问题，核心任务、子任务 │
│  （一）问题及任务框架├──► （核心问题，体现"立意"要求，即素养价值取向）│
│  （二）任务学习规划 └──► （核心任务，指向具体要做的事情及结果）   │
│                                                                  │
│  五、学习过程 ────► 完成任务规划中的各项任务的整个过程           │
│  （一）学习导入                                                  │
│  （二）任务一 ────► 具体任务                                    │
│                                                                  │
│  1. 活动一 ──┬──► 任务通过一个个学习活动来完成                   │
│             └──► （设计及提供必要的学习工具、学习支架、学习资源）│
│  ……                                                              │
│                                                                  │
│  六、学习评价 ──┬──► 对学生各个阶段的表现及形成的成果予以评价    │
│                └──► 对学生素养情况予以评价                       │
│                                                                  │
│  七、学习需求和相关资源 ──┬──► 学生在学习过程中需要获得的支持    │
│                          └──► 供学生拓展学习的相关资源（书籍、视频、场所等）│
└─────────────────────────────────────────────────────────────────┘
```

图5　7个结构要素

全面的突破及改变。跨学科主题学习，学习的主体是学生，学习质量的保证在教师。以下方面的转变势在必行。

1. 设计理念之变

教学设计不再基于教材，而是在"坚持素养导向，强化学科实践"这一理念指导下，从"教什么（学什么）"到"怎么教（怎么学）"的完全的创造性设计。

2. 角色定位之变

教师不是主体，也不是主导者，而是学生学习的支持者。教师的作用更多地要体现在立足学情为学生的探究学习设计方法路径，提供必要的学习资源，指导及帮助学生组建学习团队，学生遇到瓶颈时能够及时给到指导，为学生提供交流及展示的平台等。

3. 学习时空之变

学习不局限于课堂，还发生在课堂外；课时（学时）由课内时间和课外时间组成。

4. 组织形式之变

教师要发起的不再是课堂上的师生互动，而是任务及活动，让学生通过个体及小组合作探究，完成任务，解决问题。

5. 评价方式之变

打破以纸笔为主的学业质量评价方式，更加注重学生解决问题过程中的素养及能力的表现性评价。

（二）对教研的建议

跨学科主题学习教研是为了保障学习质量，以主干学科教师为组长，其他学科教师配合支持的联合教研。它对传统的教研方式提出了挑战。教研的人员、教研的内容、教研的方式及研修时间均视具体跨学科主题及内容而定，是更为灵活及动态的教研。下面以"抵制核污水，我们在行动"这一跨学科主题学习为例说明整个流程。

1. 设计前期

项目组长（五年级数学备课组长）招募道德与法治和语文两门紧密关联学科教师组建项目攻关团队，就本项目所涉及的国际形势、社会责任、调查报告的撰写，和两个学科的教师进行了探讨，明确了学生的学习基础及学科要求。

2. 设计阶段

项目组长就涉及上述两个学科的内容与两位教师进一步探讨、确认。

3. 实施阶段

主题学习实施阶段，这两门关联学科的教师也参与了部分教学。道德与法治老师就核污水排放这一事件组织学生进行了讨论，语文老师则是给学生提供了调查报告的参考文本及参考格式。

4. 评价阶段

项目负责人邀请两位教师对学生的相关学习表现、学习成果予以评价。

四、结语

上述是新课程方案及课程标准颁布后，我们对跨学科主题学习这一新课改创新之举的学习、思考及研究体会和收获，皆立足于基层学校、一线教师的真实困惑、真实需求以及真实研究。我们的理解和探索可能存在很多不足，敬请各位专家、同行批评指正。

"学思行"理念下跨学科主题学习实践探索
——上海市课程领导力项目学校个性化项目开题报告
上海市浦东新区傅雷小学　金丹执笔

一、问题提出

(一) 研究背景

随着义务教育全面普及，课程方案不断完善，基础教育"培养什么人、怎样培养人、为谁培养人"的问题逐渐明确。《义务教育课程方案（2022年版）》[1]（以下简称《课程方案》）指出，深化课程改革要"加强课程综合，注重关联"，即加强课程内容与学生经验、社会生活的联系，强化学科内知识整合，统筹设计综合课程和跨学科主题学习；加强综合课程建设，完善综合课程科目设置，注重培养学生在真实情境中综合运用知识解决问题的能力；开展跨学科主题教学，强化课程协同育人。同时，《课程方案》还要求各门课程用不少于10%的课时设计跨学科主题学习。跨学科主题学习就是我们自觉探索基础教育人才培养的一种积极而又稳妥的课程策略，也是提升人才培养质量的重要举措。

我校基于时代要求，提出"学思行"课程建设，聚焦核心素养，注重培养学生的爱国情怀、社会责任感、创新精神和实践能力。"学思行"理念下跨学科主题学习正是立足于育人方式变革，聚焦知识统整、问题解决、价值关切，是落实课程建设的重要方式之一。

此前，我校尝试以新课标为引领，从学校"学思行"课程出发，以跨学科主题学习为突破口，开展新课标理论学习、跨学科专题学习、"跨学科任务群"研发等活动，积极探索育人方式变革，已初见成效。

但是，在探索过程中，我们也发现了一些亟须解决的问题：

一是认知层面，教师对于"跨学科主题学习"界定模糊。何为跨学科主题学习，与"项目化学习"有何差别？学科混合不就是"跨学科"？这些问题大家心中没有明确的答案。二是实践层面，教师设计的跨学科主题学习案例五花八门，缺乏统一标准，缺少科学性，也缺少学科联合教研的意识。

所以，我们想以此次研究为契机，深度开展"学思行"理念下的跨学科主题学习。

（二）研究目的

1. 教师理念革新

让教师深入了解"学思行"的理念，认同该理念，了解什么是跨学科主题学习，如何将理念渗透到跨学科主题学习中，从而培养"三有"时代新人，落实立德树人的根本任务。

2. 完善跨学科主题学习的设计与实施

《课程方案》中，不同学科对于跨学科主题学习的表述既有个性又有共性。通过研究，我们拟将学科知识与课程教学要素有效整合，基于不同的实施模式探索跨学科主题学习的不同方式，从而对跨学科主题学习

3. 探索评价体系

《课程方案》指出，要全面落实新时代教育评价改革要求，改进结果评价，强化过程评价，探索增值评价，健全综合评价，着力推进评价观念、方式改革。基于这样的要求，探索出一套切实可行的评价体系。

4. 推动教研方式的变革和教师新课程领导力的提升

新课标高质量贯彻落实的前提是教师能够真正领悟新课标内涵并把自己的认识有效地转变为教学行为。而教师需要在学中做、做中学，如果缺少教师自身的实践，是永远无法真正落实新课标的。我们希望通过本项目的研究和实践，推动教师研修方式的变革，在"齐学共研同实践"中引领教师真正领悟跨学科主题学习的内涵，并以此撬动整体育人方式的变革。

(三) 价值意义

1. 跨学科主题学习是培养学生核心素养的必要途径

核心素养本身就具有跨学科的特性——不是只适用于特定情境、特定学科或特定人群的特殊素养，而是适用于一切情境和所有人的普遍素养。因此，核心素养不能依托单一学科，不能仅仅依靠静态知识习得。跨学科主题学习突破了学科藩篱，能够很好地解决书本知识与现实情境割裂的问题，让学生在与特殊情境的有效互动中，成功应对情境的复杂要求和挑战，最终形成并发展核心素养。

2. 跨学科主题学习是培养学生解决问题能力的重要方式

新课标强调学科实践，学生要经历发现问题、解决问题、构建知识、运用知识的过程，从而体会学科思想方法。"学思行"理念注重乐学善思、身体力行、探索及实践符合教学改革基本要求，具有科学性，通过关注真实情境的创设，能加强知识学习与学生经验、现实生活、社会实践之间的联系，培养学生在真实情境中综合运用知识解决问题的能力。

3. 跨学科主题学习是强化课程协同育人的必要手段

长期以来，学科间各自为政，学科知识相互交叉却难以找到一根"线"将它们高质量串起来。而跨学科主题学习强调创设真实的、生活化的问题情境，促使学生在问题解决过程中综合运用多门学科知识和多种方法，突破单一学科的边界，有助于打破学科壁垒，避免不同学科知识的无效联系和生硬拼凑，为强化课程协同育人功能提供了一条可行途径。

二、文献综述

(一) 学习方式的界定

1. 夏雪梅的观点

夏雪梅[2]对于主题式学习、项目化学习、翻转课堂、基于问题的学习、探究性学习、STEM（STEAM）等有如下观点。

(1) 主题式学习与项目化学习。两者看上去都带有综合、跨学科、重体验和活动的特点，但它们的学习深度是不一样的，至少体现在以下两个方面。

1) 知识观的差异。主题式学习是对具体的主题内容的汇聚，比如"蝴蝶""中秋节"等主题学习，而项目化学习指向具有概念性质的核心知识，促进学生对知识的迁移和深度理解。

2) 课程组织结构的不同。主题式学习是多学科的课程结构，各个学科围绕主题组合在一起，各个学科之间仍然是独立的，不会促进共同的理解。而项目化学习，尤其是跨学科项目化学习是综合两个及以上的学科共同达成不可分割的深度理解。

(2) 翻转课堂。翻转课堂主要是通过学与教的关系翻转所进行的自主学习，学习者可以通过接通网络的电脑或手机，自主学习视频化的学习材料。翻转课堂仍然是以知识讲授为目的，它的知识点短小精悍，适合碎片化的结构，讲授的过程更精简有效；它引发的是学习者对知识的识记和学习，并不一定指向真实的问题解决、探究性的学习历程，以及知识与技能在情境中的建构。

(3) 基于问题的学习、探究性学习。两者均是以问题为驱动，注重持续性的深入探究的学习方式，并不强调成果，最后的结论可以是开放的。

(4) STEM 和 STEAM 学习。STEM 学习和 STEAM 学习均是跨学科项目化学习，STEM 即科学（Science）、技术（Technology）、工程（Engineering）、数学（Mathematics）4 门学科英文首字母的缩写。因此，STEM 学习是一种集科学、技术、工程及数学于一体的教育课程；STEAM 学习则是在此基础上增加了艺术（Arts）。这种教育模式注重实践，项目设计的成果偏向于制作表现类的成果。

2. 安桂清的观点

安桂清[3] 认为跨学科主题学习是基于学生的发展需求，围绕某一研究主题，以本学科课程内容为主干，运用并整合其他学科的知识与方法，开展综合学习的一种方式，也是本研究对于跨学科主题学习的界定。

(二) 跨学科主题学习的概念发展

"跨学科"（cross-discipline）一词最早在 20 世纪 20 年代美国的纽约出现，其最初含义大致相当于"合作研究"。

我国于 1985 年召开"中国交叉科学讨论会"，"交叉科学（或学科）"一词在科学界广为传播。

20世纪90年代以后，有学者开始用"跨学科"一词代替"交叉科学"。

2006年，教育部开始推行"素质教育"，并提出了"全面发展""以学生为主体""重视学生发展的个性和创造性"等方针。其中，"素质教育"中的"素质"就是指一种综合能力，也被称作"核心素养"。这为后续的跨学科主题学习奠定了基础。

2010年，国家出台了《中国中长期教育改革发展规划纲要（2010—2020年）》，我国一些地区的小学开始尝试跨学科主题学习，使学科间的边界变得模糊，学生能够以自己的方式，来整体认识学科知识，进而培养学生的综合素质。即使国家政策缺乏跨学科整合的指导，在一些具有先进意识的学校，跨学科主题学习开始得到广泛推广，成为中国小学教育的一个趋势。随着教育改革的深入，教育部于2014年研制印发《关于全面深化课程改革落实立德树人根本任务的意见》，"核心素养"登上历史舞台。随着2022年新方案、新课标的修订完善，跨学科主题学习成为研究的热点。

（三）关于跨学科主题学习的研究

1. 关于跨学科主题学习结构整合的研究

安桂清[3]认为课程综合体现在形态上从水平统整到纵横联合、从内容组织方式跃迁至学习方式，从科目统整向学校课程方案和课堂教学层面的统整延伸。

詹泽慧[4]等人按照学科属性，将新课标提到的16门学科分为自然科学或人文社科两大领域，并将其作为纵向维度；按照关键词集群结果，将跨学科主题学习的目标、内容、实践、评价作为横向维度。

2. 关于跨学科主题学习策略的研究

吴刚平[5]提出两种操作策略：①跨学科主题学习任务化；②跨学科

主题学习与学科主题学习交融互渗。

张华[6] 认为实施跨学科主题学习的基本行动策略是课程重构、跨学科教学与项目学习。

3. 关于跨学科主题学习设计思路

明确预期目标、设置关键问题、深入探究体验、开展有效评价 4 个环节是"跨学科主题学习"的基本思路，其中预期目标是方向，关键问题是核心，探究体验是方法，有效评价是手段。

吴刚平[5] 提出跨学科单元设计思路主要有确立学习主题、明晰学习目标、提出评价要求、安排学习任务、展开学习过程、促进学习小结 6 个步骤。

詹泽慧[4] 等人提出以大概念为基础的跨学科主题学习"C-POTE"模型，即以"概念群→问题链→目标层→任务簇→证据集"为核心来设计和组织教学。

(四) 跨学科主题学习研究前瞻

未来，中国小学课程的发展将继续坚持核心素养导向，深化跨学科主题学习，提升学生的学科素养和综合素质。具体而言，可从以下几方面进行探索和实践。

1. 教学理念的改变

要加强对教师和学生的素质教育，转变传统的知识灌输式教学模式，采用探究式教学、互动式教学等方法，引导学生在实践活动中主动思考、自主学习。

2. 教材体系的创新

要从单一的学科视角出发，设计更为综合的跨学科主题学习内容，拓展学生的知识储备，增强其异质性思维和创新能力。

3. 跨学科教学资源的整合

要发挥各种资源的优势，整合不同学科领域的教育资源，开展跨学科主题学习，让学生在不同知识域之间实现交叉融合。

总之，核心素养导向下中国小学课程的跨学科主题学习，将为培养未来社会需要的多元化人才打下坚实的基础。未来，随着教学方法、教学资源和教学理念的不断创新，跨学科主题学习将会在中国小学课程中扮演越来越重要的角色。

三、过程与方法

（一）核心概念界定

1. 跨学科主题学习

跨学科主题学习是基于学生的发展需求，围绕某一研究主题，以本学科课程内容为主干，运用并整合其他学科的知识与方法，开展综合学习的一种方式，以知识统整、问题解决、价值关切为核心要义，具有整合性、实践性、生成性等特点。

2. "学思行"

"学思行"是傅雷小学校训"尚学尚思，行知行健"的简称，也是傅雷小学课程建设的核心理念。意为：乐学善思，同时身体力行，乐于尝试及实践，在实践中长知识长本领长担当，行稳致远，成长为顶天立地的大人。

3. "学思行"理念下的跨学科主题学习

以"乐学善思、身体力行、乐于探索及实践"为理念，基于傅雷小学学生现状与发展需求，围绕某一研究主题，以某一学科课程内容为主干，运用并整合其他学科的知识与方法，开展综合学习。

(二) 研究目标

(1) 通过深入学习新课标，把握跨学科主题学习的路径、方法、工具，进行跨学科主题学习的设计与实施，构建评价体系，研发高质量的跨学科主题学习案例，总结提炼成功经验。

(2) 通过跨学科主题学习案例研究，加大联合教研的步伐，促进学科融合，不断拓宽研修活动的深度和广度。

(3) 以跨学科主题学习案例研究为驱动力，促进教师的学习、思考及实践，更新及内化教育教学理念，提升教师的课程领导力。

(三) 研究内容

(1) "跨学科主题学习"的内涵定位。

(2) "跨学科主题学习"的设计与实施（模型、技术、路径、策略等）。

1）依托问题情境，确立各学科跨学科主题（依循课程标准、寻找多方资源、关注学生经验）。

2）加强课程综合，注重关联，明确跨学科主题学习的目标。包括：①覆盖两门以上学科的核心知识与能力（知识统整）；②提供明确的操作和实践机会（问题解决）；③体现对世界的关怀与责任（价值关切）。

3）设计跨学科活动。包括：①组织中心，大任务、大概念、大问题；②统领性任务，设计、决策、鉴赏、探究；③子任务，情境-设问-解答（子任务的进阶设计）；④主干学科与关联学科。

4）跟踪学习过程，寻求相应支持。包括：①探索跨学科主题学习在不同情境下实施模式；②基于不同的实施模式探索跨学科主题学习的不同方式。

5）建立学习评价体系（过程性评价、总结性评价）及评价量表的设计。

（3）案例研究。

（4）寻求支持系统。

1）组建跨学科主题学习项目活动研发小组，设计跨学科项目活动。

2）组建跨学科主题学习项目导师团队，引领跨学科研修活动。

3）需求家校社共育。

（四）研究方法

1. 文献研究法

文献研究法即资料检索，查阅有关跨学科主题学习的研究动态，界定关键概念。

2. 调查研究法

调查研究法即研制问卷（访谈表），对比开展跨学科主题学习前后教师认知。

3. 行动研究法

行动研究法即加强学习和研修，组建项目团队，研发跨学科主题学习案例并组织实践活动；对教学策略边实施边调整，使研究更合理、更完善。

4. 经验总结法

经验总结法即总结筛选跨学科主题学习的典型个案，包括跨学科主题学习案例、跨学科主题学习研修案例。

（五）进度安排

2023年3月—2023年4月，拟定详细研究计划，明确研究分工，收集、阅读和整理相关的文献资料，重点完成开题报告。

2023年5月—2025年12月，现状分析，项目实施，撰写相关案例、论文。

2026年3月前，完成总结报告。

四、预期成果

本项目的主要阶段性成果及最终成果预期见表1。

表1 主要阶段性成果及最终研究成果

	研究阶段	阶段成果名称	成果形式
主要阶段性成果	2023年3月—2023年4月	《跨学科主题学习》	文献综述
	2023年5月—2023年6月	《"学思行"理念下跨学科主题学习模型建构》	模型建构
	2023年9月—2025年12月	《跨学科主题学习设计案例集》	案例、论文
	2025年12月	《"学思行"理念下跨学科主题学习调查报告》	调查报告
	2026年3月前	《"学思行"理念下跨学科主题学习实践探索》研究报告	研究报告
	完成时间	最终成果名称	成果形式
最终成果	2026年3月	《"学思行"理念下跨学科主题学习实践探索》	研究报告
	2026年3月	《"学思行"理念下跨学科主题学习实践探索精选案例》	案例集

本项目的创新点与突破点如下。

（1）视角创新。以校本课程理念为引领，开展跨学科主题学习，寻求育人方式变革。

（2）方法创新。建立跨学科主题学习基本模式，在研究和实践过程中寻求变式。

（3）机制创新。创立核心团队，开展多学科联合教研，研发若干成熟案例；点上突破后，辐射引领，带动学校面上的研究实践，形成一批成熟案例。

参考文献：

［1］中华人民共和国教育部. 义务教育课程方案（2022年版）［S］. 北京：北京师范大学出版社，2022.

［2］夏雪梅. 项目化学习设计：学习素养视角下的国际与本土实践［M］. 北京：教育科学出版社，2018.

［3］安桂清. 论义务教育课程的综合性与实践性［J］. 全球教育展望，2022（5）：14-26.

［4］詹泽慧，季瑜，赖雨彤. 新课标导向下跨学科主题学习如何开展：基本思路与操作模型［J］. 现代远程教育研究，2023，35（01）：49-58.

［5］吴刚平. 跨学科主题学习的意义与设计思路［J］. 课程·教材·教法，2022，42（9）：53-55.

［6］张华. 论理解本位跨学科学习［J］. 基础教育课程. 2018（22）.

第二部分

跨学科主题学习怎么开展？

  建构及明确了设计模型，教师对"跨学科主题学习"就不再雾里看花，心中有了清晰的轮廓，在这个轮廓中注入具体的内容，它就有了"血肉"生命。

我是傅小学子，我来介绍傅雷
——一年级语文跨学科主题学习设计

上海市浦东新区傅雷小学　邱祝菀

一、主题背景

发现、记录、梳理、表达信息是小学阶段语文的关键学科能力，比如《语文：一年级（下册）》第二单元中，编排了《吃水不忘挖井人》《我多想去看看》等课文，语文要素是"找出明显信息，培养阅读理解能力"，第四单元中，编排了《夜色》《端午粽》等课文，语文要素是"根据信息作简单推断并联系生活实际进行表达"。本次跨学科主题学习，希望基于一年级学生已有的学习经历，通过积极的跨学科实践活动，将这一关键能力得到外显和落实。

每天早上进校园时，学生都会经过傅雷雕像。一年级的学生对于这个人物充满了好奇，很想知道他是谁，是干什么的，是怎样一个人。基于一年级学生的学习要求和能力，结合这一背景，我们设计了"我是傅小学子，我来介绍傅雷"为主题的跨学科主题学习。我们将带领学生参观傅雷故居，走进傅雷生平，了解傅雷其人，通过为傅雷制作一张名片，尝试向别人介绍傅雷。

在本次跨学科主题学习中，学生除了运用语文课上所学的阅读方法、语言表达方法，还需要用到美术、信息科技、社会实践等学科知识，实地探访傅雷故居了解傅雷生平，用简单的语言撰写并用插图美化名片，最后能看着名片简单讲讲傅雷先生的故事。

二、学情分析

经过一年级上册和本册第二单元的学习，学生已基本掌握如何"找出课文中的信息"，能根据问题找出文章中的明显信息，已具备一定的阅读能力。已经能够阅读一些简单的文章和故事，理解其中的基本情节和内容，能够通过阅读获取一些基本的信息。并通过本册第一单元的口语交际课《听故事，讲故事》养成了倾听的良好习惯和大胆当众表达的勇气和信心。学生已具备了一定的口语表达能力。他们能够用较为清晰、流畅的语言表达自己的想法和感受，进行简单的交流和讨论。通过本册第八单元的课文学习，已掌握带着问题边读边思考这一能力，并能借助连环画理解课文内容，说出故事主要情节。但是在探访时如何记录人物生平以及故事，还需教师进一步给出学习支架，进行指导。此外，在讲故事方面，学生以往讲故事经验都是以儿童故事为主，对人物生平事迹的讲述需要进行进一步指导。

在社会实践方面，学生已参与过集体的社会实践活动，去过博物馆，知道了在博物馆中参观的礼仪和规则，会认真观察展馆中展示品的细节，通过图片或简单的文字记录自己的所见所闻，已经具备了一定的参观能力和规则意识。美术方面学生已经能够使用基础的绘画工具，如铅笔、蜡笔等，进行简单的涂鸦和绘画。他们可以在纸上描绘出简单的图形和线条，表达出自己的想象和创意，还能够通过观察周围的物体和场景，进行简单的模仿和描绘。在信息科技方面，由于一年级学生还未学习相关知识，打开网页、使用搜索引擎等能力还需要教授。

三、学习目标

（1）通过实地探访故居，以文字、照片等书面形式记录对傅雷故居的探索所得，了解傅雷先生。

（2）通过小组合作的方式，对探访故居时获得的信息进行筛选，完成"傅雷名片"的设计与制作，并敢于在公共场合结合名片介绍傅雷。

（3）在合作、探究过程中发现、感受傅雷精神，提升作为傅雷小学学子的认同感和自豪感。

四、任务规划

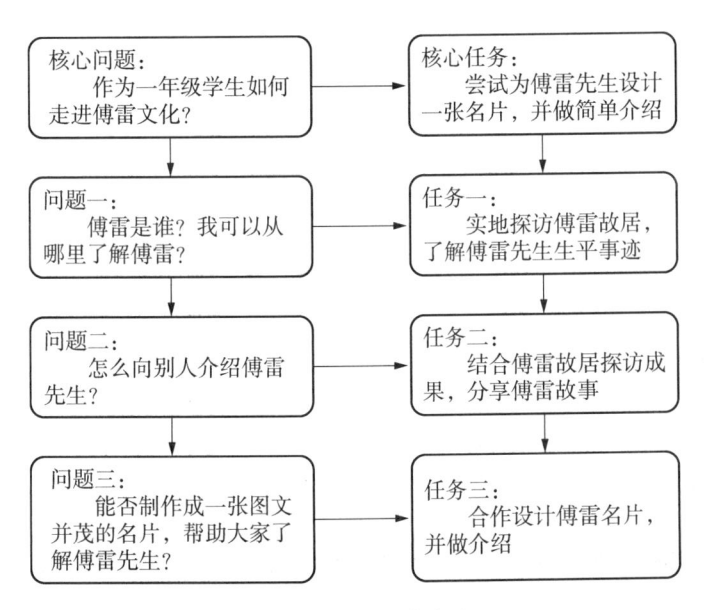

（一）问题及任务框架

问题及任务框架如图1所示。

```
核心问题：                        核心任务：
  作为一年级学生如何      →        尝试为傅雷先生设计
  走进傅雷文化？                   一张名片，并做简单介绍

问题一：                          任务一：
  傅雷是谁？我可以从      →        实地探访傅雷故居，
  哪里了解傅雷？                   了解傅雷先生生平事迹

问题二：                          任务二：
  怎么向别人介绍傅雷      →        结合傅雷故居探访成
  先生？                          果，分享傅雷故事

问题三：                          任务三：
  能否制作成一张图文      →        合作设计傅雷名片，
  并茂的名片，帮助大家了           并做介绍
  解傅雷先生？
```

图1　问题及任务框架

(二) 任务学习规划

任务学习规划如图2所示。

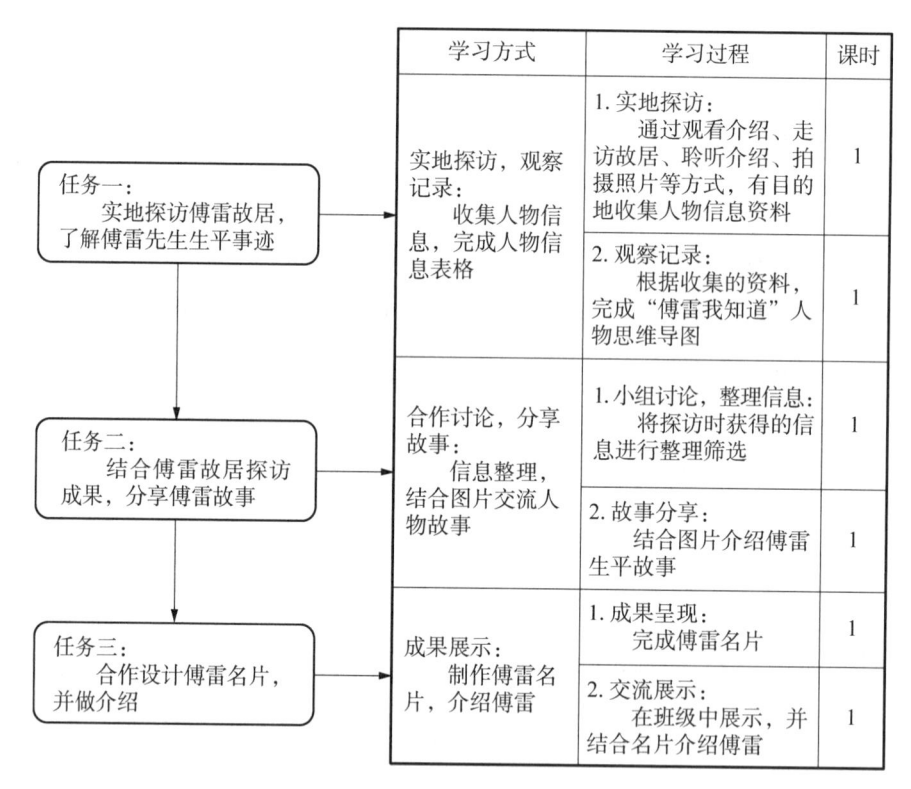

学习方式	学习过程	课时
实地探访，观察记录：收集人物信息，完成人物信息表格	1.实地探访：通过观看介绍、走访故居、聆听介绍、拍摄照片等方式，有目的地收集人物信息资料	1
	2.观察记录：根据收集的资料，完成"傅雷我知道"人物思维导图	1
合作讨论，分享故事：信息整理，结合图片交流人物故事	1.小组讨论，整理信息：将探访时获得的信息进行整理筛选	1
	2.故事分享：结合图片介绍傅雷生平故事	1
成果展示：制作傅雷名片，介绍傅雷	1.成果呈现：完成傅雷名片	1
	2.交流展示：在班级中展示，并结合名片介绍傅雷	1

任务一：
实地探访傅雷故居，了解傅雷先生生平事迹

任务二：
结合傅雷故居探访成果，分享傅雷故事

任务三：
合作设计傅雷名片，并做介绍

图2 任务学习规划

五、学习过程

(一) 学习导入

（1）提问导入。每天早上进校园时，你们都会从大门口的雕像前经过。你们知道他是谁吗？

（2）观看学校宣传视频：了解学校和傅雷的关系（视频链接：https：//mp. weixin. qq. com/s/BvbV5fziRivkeiQKZy6s3Q）。

(3) 深入探究。作为傅雷小学学子，你对傅雷先生了解多少？傅雷先生为什么有名？他是一个怎样的人呢？你能为傅雷先生做一张名片，介绍清楚他吗？

(二) 任务一：实地探访傅雷故居，了解傅雷先生生平事迹

本任务以探访故居的方式，让学生对傅雷先生有初步了解，知道傅雷的生平事迹，并提供人物信息思维导图，让学生明确需要收集的人物信息。

1. 活动一：实地探访傅雷故居

(1) 带领学生实地走访傅雷故居，引导学生通过观看展品、聆听讲解、拍摄照片等方式，有目的地收集人物信息资料，调动学习经验，加深对傅雷的认识，深入感受傅雷精神。

(2) 信息交流。分组合作收集信息，汇总照片。

2. 活动二：小组合作完成"傅雷我知道"人物信息表

(1) 以小组为单位，从人物照片、生卒年月、职业、主要作品成就等方面整理收集信息，汇总探访结果，完成人物信息思维导图（见图3）。

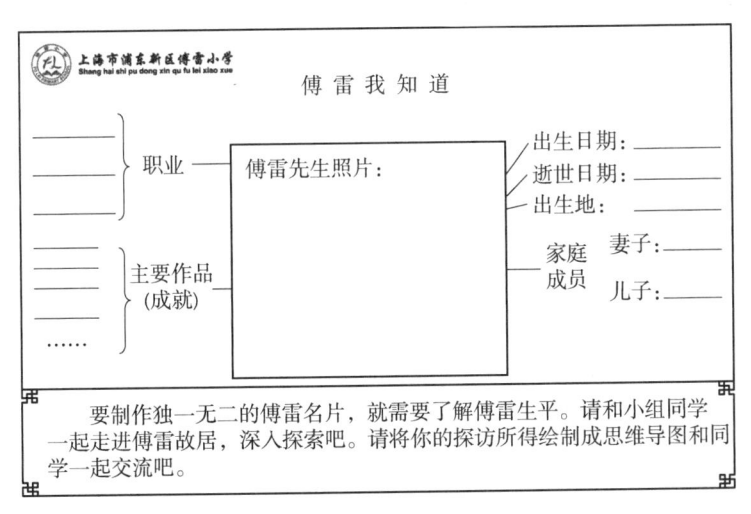

图3 "傅雷我知道"人物信息思维导图

（2）信息交流。交流表格内容，并互相评价。

（三）任务二：结合傅雷故居探访成果，分享傅雷故事

本任务中，学生通过观看傅雷纪录片，了解如何介绍傅雷生平，通过小组讨论，结合探访成果，以图文形式讲一讲令自己印象深刻的傅雷故事。

1. 活动一：观看纪录片

（1）问题引入。我们要怎么介绍傅雷的生平呢？看看纪录片中是如何介绍傅雷的（纪录片地址：https://www.bilibili.com/video/BV1FS4y1676m/）。

2. 活动二：傅雷故事分享

借助"傅雷我知道"人物信息思维导图，结合探访故居时拍摄的图片，分享自己印象深刻的傅雷故事。

（四）任务三：合作设计傅雷名片，并做介绍

在对傅雷有了初步了解的基础上，尝试设计独特的傅雷名片，并能于公共场合结合自己制作的名片介绍傅雷。

1. 活动一：了解人物名片基本要素

（1）了解名片的制作方法和基本要素（如人物肖像、人物基本信息、主要成就等）。

（2）分小组交流，筛选信息，确定名片文字内容。可提供"傅雷名片参考信息表"（见表1）给学生作为参考，让学生自行选取需要放入名片的内容。

表1 傅雷名片参考信息表

小组：_____ 姓名：_____

名片内容	是否选择"√"	内 容 填 写
姓名		
人物肖像		

续表

名片内容	是否选择"√"	内　容　填　写
名言		
家庭成员		
生卒年月		
出生地		
职业		
主要成就		
对后世的影响		
与学校的关系		
其他：		

（3）在学生了解了名片设计的基本要素后，教师可以展示各种各样的名片设计，引导学生观察这些名片的图文、配色、形式、材质等特点，并总结出好的名片设计的特点。例如，名片的文字介绍不能太长，否则名片上都是字，并不美观；也不能太短，否则体现不出特点；名片中主题要突出，让人一眼就能看见等。

2. 活动二：制作名片

学生根据自己的兴趣从插图、配色、字体等方面对名片进行设计。教师随机进行指导。

3. 活动三：召开名片发布会，评选最能体现傅雷精神的傅雷名片

（1）请学生展示名片设计成果，结合名片简单说说自己心目中的傅雷。

（2）请学生结合评价标准互相评一评成果，也可以说一说或写一写自己在本次学习活动中的收获。

(3) 选出最能代表傅雷的傅雷名片，进行展示。

六、学习评价

"我是傅小学子，我来介绍傅雷"跨学科主题学习评价表见表2。

表2 "我是傅小学子，我来介绍傅雷"跨学科主题学习评价表

班级：_____ 姓名：_____

评价类型	内容	基本标准	评价星级
过程性评价	探访：探访傅雷故居，收集信息。	1. 能安静认真倾听，听明白场馆讲解员讲解内容； 2. 能运用图片、文字等方式，记录傅雷故居探访所得，体会傅雷精神； 3. 傅雷信息思维导图绘制有条理、完整且美观	☆☆☆ ☆☆☆ ☆☆☆
	设计：设计傅雷名片。	1. 主题明确，结构合理，能介绍清楚傅雷先生； 2. 图文并茂，颜色、图案、字体等合理、美观	☆☆☆ ☆☆☆
	表达：我心中的傅雷先生。	1. 展示时表情自然、仪态大方、充满自信； 2. 能介绍清楚自己心中的傅雷	☆☆☆ ☆☆☆
成果展示	得票数：		

七、学习需求和相关资源

（一）学习需求

本学习活动需要学生走出校园，去实地探访傅雷故居，接触故居讲解员，进而了解傅雷的生平故事。学生还需要得到名片制作、美化方面的指导。要是有拍立得这类能记录照片信息的相机支持就更好了。

(二) 学习资源

(1) 傅雷纪录片视频（https：//www.bilibili.com/video/BV1FS4y1676m/）。

(2) 傅雷故居地址：上海市浦东新区航头镇王楼村688号。

(3) 学校介绍视频（https：//mp.weixin.qq.com/s/BvbV5fziRivkeiQKZy6s3Q）。

傅雷小学校园里的小导游

——二年级语文跨学科主题学习设计

上海市浦东新区傅雷小学　刘丽娜

一、主题背景

景点描写和表达是小学语文学习过程中重要的组成部分之一，它可以帮助学生强化词句的积累和运用，形成良好的审美品位，激发情感，感受文字之美。学生应当能够通过观察大自然，积累活动体验，并结合语文学习，用口述或图文等方式整理、表达自己在活动中的见闻和想法。部编版语文教材二年级上册第四单元中，编排了古诗二首（《登鹳雀楼》《望庐山瀑布》）和课文三篇（《黄山奇石》《日月潭》和《葡萄沟》），帮助学生理解部分描绘景色的词句，学习课文的语言表达。

如今越来越多的学生敢于挑战自我，在博物馆、纪念馆、红色景区等地担任小小志愿讲解员，不仅锻炼了自身的思维逻辑、表达能力，也吸引了大量的青少年倾听历史和文化。我们的校园，每年也会迎来一批批来参观和考察校园环境的客人。在有限的时间里，让大家对我们的校园留下深刻的印象显得尤为重要。此时，需要校园小导游来介绍。

基于二年级语文的学习要求和校园小导游的需求，遂以"傅小校园里的小导游"为主题设计跨学科主题学习。要求学生观察校园中有傅雷元素的特色景点，查阅相关信息资料，根据收集和整理的信息制作校园导览卡片，学习用彩笔绘画图片和使用文字来描述景点特色，并能根据校园导览卡片，扮演小导游来介绍校园景点，帮助大家了解校园。

制作校园导览卡片和讲解，除了需要运用语文课上所学的观察方法、语言表达方法外，还会涉及自然科学、信息技术和美术等学科的知识。因此，除了学习词语积累、语句组织和语言表达，我们还制定了跨学科融合学习的目标：学生能通过信息检索技术查阅相关资料，提取重要信息，实现知识整合；能使用彩笔绘制校园景点并附上描述语句，锻炼学生绘图和描写能力；能在课堂上展示校园导览卡片，并尝试运用积累的词语和句子介绍所绘的风景；能组队并汇集景点介绍，进一步交流、整合和归纳校园导览卡片信息，担任小导游介绍校园特点。

二、学情分析

经过一年级的积累，学生已经对字词的了解和运用有了稳固的基础。进入二年级后，学生在识字方面开始突破难关，识记字的速度加快，主动认识字的愿望非常强烈，已基本养成良好的写字习惯，书写规范、端正。因此，教师需要在词句运用方面进行具体的指导，也应当鼓励学生大胆地运用词句，遇到不会的词句，先借助上下文和生活经验来推测意思，再进行查询验证。同时，学习课文的表达，积累语言并表达感受也是二年级学生的学习重点。如今，孩子们喜欢阅读，对阅读有兴趣，能流利、有感情地朗读课文。他们能阅读浅显的课外读物，能与他人交流自己的感受和想法。在此基础上，需要培养和鼓励孩子们与他人交流的意识。让孩子们能认真听别人讲话，听懂对方主要的表达内容，并能主动与别人交谈；可以讲述简短的故事和见闻，并能够表达自己的理解和想法。

在美术方面，学生已经对颜色和形状有了一定的基础认识，能够使用基础绘图工具，如彩笔、蜡笔等，进行简单的勾勒和绘画。他们可以在纸上用简单的线条和图形表达出自己的想象和创意，还能够观察周围的物体和场景，进行简单的临摹。学生对颜色比较敏感，绘出的图片生动、有特色。在信息检索方面，二年级学生会使用电子设备，能够打开网页进行简单的搜索。

三、学习目标

（1）能通过信息检索技术查阅与傅雷相关的资料，提取重要信息，实现知识内容整合。

（2）使用彩笔绘制校园中具有傅雷特色的景点，附上对景点的描述，完成校园导览图的设计和制作，锻炼学生绘图和景物描写能力。

（3）小组合作，进一步交流、整合和归纳导览卡片信息，并尝试运用积累的词语和句子介绍所绘的景点，鼓励学生做小导游介绍校园景色。

（4）在信息收集、校园导览卡片制作、互相交流和介绍校园的过程中，赏析校园景色，学习傅雷元素，感受傅雷文化，提升对校园的认识。

四、任务规划

（一）问题及任务框架

问题及任务框架如图 1 所示。

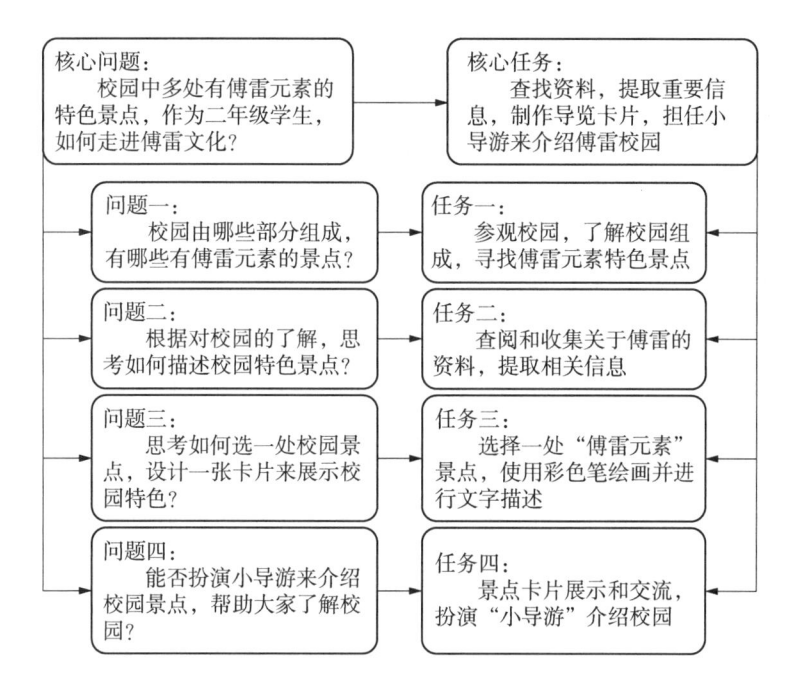

```
┌─────────────────────────┐      ┌─────────────────────────┐
│ 核心问题：               │      │ 核心任务：               │
│   校园中多处有傅雷元素的  │─────▶│   查找资料，提取重要信    │
│ 特色景点，作为二年级学生， │      │ 息，制作导览卡片，担任小  │
│ 如何走进傅雷文化？        │      │ 导游来介绍傅雷校园        │
└─────────────────────────┘      └─────────────────────────┘
            │                                │
            ▼                                ▼
┌─────────────────────────┐      ┌─────────────────────────┐
│ 问题一：                 │      │ 任务一：                 │
│   校园由哪些部分组成，    │      │   参观校园，了解校园组    │
│ 有哪些有傅雷元素的景点？  │      │ 成，寻找傅雷元素特色景点  │
└─────────────────────────┘      └─────────────────────────┘
            │                                │
            ▼                                ▼
┌─────────────────────────┐      ┌─────────────────────────┐
│ 问题二：                 │      │ 任务二：                 │
│   根据对校园的了解，思    │      │   查阅和收集关于傅雷的    │
│ 考如何描述校园特色景点？  │      │ 资料，提取相关信息        │
└─────────────────────────┘      └─────────────────────────┘
            │                                │
            ▼                                ▼
┌─────────────────────────┐      ┌─────────────────────────┐
│ 问题三：                 │      │ 任务三：                 │
│   思考如何选一处校园景    │      │   选择一处"傅雷元素"      │
│ 点，设计一张卡片来展示校  │      │ 景点，使用彩色笔绘画并进  │
│ 园特色？                 │      │ 行文字描述                │
└─────────────────────────┘      └─────────────────────────┘
            │                                │
            ▼                                ▼
┌─────────────────────────┐      ┌─────────────────────────┐
│ 问题四：                 │      │ 任务四：                 │
│   能否扮演小导游来介绍    │      │   景点卡片展示和交流，    │
│ 校园景点，帮助大家了解校  │      │ 扮演"小导游"介绍校园      │
│ 园？                     │      │                          │
└─────────────────────────┘      └─────────────────────────┘
```

图 1　问题及任务框架

（二）任务学习框架

任务学习框架如图 2 所示。

五、学习过程

（一）学习导入

（1）提问导入。入学以来，你们参加过多种有趣的校园活动和观察到多处美丽的校园景色，但有仔细了解和关注过具有傅雷元素的特色景点吗？

（2）带领学生参观校园，了解校园组成、寻找傅雷元素、感受傅雷文化。

（3）组队讨论和交流。内容如下：作为傅小学子，对傅雷小学校园了解多少？知道校园的组成和傅雷元素特色景点吗？能否查阅和收集关于傅雷的信息和材料？你能为傅雷小学做一张校园导览卡片，并扮演小

任务	学习方式	学习过程	课时
任务一：参观校园，了解校园组成，寻找傅雷元素特色景点	实地考察：参观校园，完成校园导览卡片	1. 参观傅雷小学校园，做好相关文字记录和图片拍摄； 2. 小组讨论交流，合作完成校园导览卡片	1
任务二：查阅和收集关于傅雷的资料，提取相关信息	资料查阅：信息收集与处理	1. 选取一处特色景点，查找和收集相关信息资料并做好记录； 2. 小组内讨论交流，对收集的信息进行提取、整理和整合	2
任务三：选择一处傅雷元素景点，使用彩色笔绘画并进行文字描述	作品制作：绘画和描述景点	1. 使用彩笔绘画一处特色景点； 2. 尝试运用书中描写景点的方法来描述特色景点的特点	2
任务四：景点名片展示和交流，扮演"小导游"介绍校园	成果展示：分享景点特色名片和介绍校园	1. 结合制作的景点名片，组内进行展示、交流和讨论 2. 推选小导游尝试对校园景点讲解	2

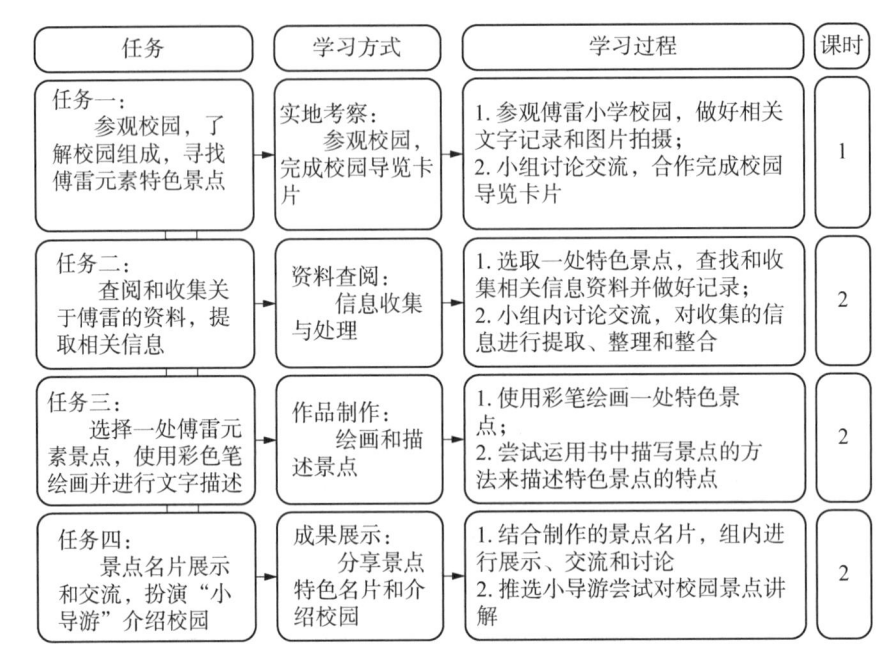

图 2　任务学习框架

导游来介绍校园吗？

（二）任务一：参观校园，了解校园组成，寻找傅雷元素特色景点

本任务主要是带着学生参观校园，让学生进一步了解学校的主要组成和特色景点，并引导学生完成校园导览卡片。

1. 活动一：参观傅雷小学校园

带领学生参观校园以及阅读学校宣传册，引导学生进一步了解校园中的傅雷元素。让学生聆听讲解员对校园的介绍，并做好相关文字记录和图片拍摄，做到有目的地收集信息，让学生更加了解校园中各个景点中的傅雷元素。

2. 活动二：小组讨论交流，合作完成校园导览卡片

以小组为单位进行交流和讨论，并在空白的校园导览卡片中，填写

各个教学楼、场馆等的名称，可初步规划游览校园的路径。进一步小组讨论，并在校园导览卡片中标记出具有傅雷元素的特色景点，如校训石、傅雷雕塑（广场）、傅雷浮雕（门厅）、傅雷名言墙和傅雷生平区。

（三）任务二：查阅和收集关于傅雷的资料，提取相关信息

在此任务中，学生通过信息检索技术查找校园中傅雷元素相关的特色景点的信息资料，旨在让学生对校园特色景点有进一步的了解，同时学会提取有用的信息。

1. 活动一：信息查询和收集

安排小组中的学生各自选取一处不同的特色景点，通过信息检索技术查找相关信息介绍。思考可以通过哪些检索方法去查询相关信息，收集哪些信息内容以及如何选取和记录。可提供"傅雷元素"特色景点检索表（见表1）供学生参考。

表1 "傅雷元素"特色景点检索表

特色景点	检索方式	相关资料	特点
校训石			
傅雷雕塑			
傅雷浮雕			
傅雷名言墙			
傅雷生平区			

2. 活动二：讨论交流，信息整合

为充分发挥学生的主观能动性，教师可以引导学生在小组中互相分享和讨论所选取的特色景点的资料，一起深入观察、探讨其中的特点。通过学生之间的分享过程，可以了解彼此观察校园景点的不同视角，从而了解学生的观察、分析和描述能力,为后续展开景点描写做准备。

(四)任务三:选择一处傅雷元素景点,使用彩色笔绘画并进行文字描述

在对校园中的特色景点有了基础了解后,教导学生尝试使用彩笔绘画其中的一处特色景点,并使用文字对其进行描述。

1. 活动一:绘画一处傅雷元素景点

对于二年级学生来说制作景点名片仍然是一项具有挑战性的任务,我们可以教给学生一些简单的制作方法,告诉他们可以选择临摹景点,并帮助选择彩笔,挑选颜色和勾勒框架等等。在教学过程中可以选择一个范例来进行分析和展示,让学生观察。

2. 活动二:描述校园风景特点

教师以课文中对景点描写为例,介绍图文之间的联系,放大特点,提高描写精度,引导学生将书中有关描写景物的方法,整合运用到自己的句子中。也可以引导学生去查询和摘抄好词好句,包括但不限于诗词、寓言、格言、童谣和小说等,用于描述景点和表达情感等。

(五)任务四:景点名片展示和交流,扮演"小导游"介绍校园

将学生自己制作的校园导览名片在课堂上进行展示和交流,不仅可以锻炼学生的语言表达能力,还可以让学生更了解校园特色景点。分设小组讨论,鼓励学生做个小导游,介绍校园。

1. 活动一:介绍和分享景点名片上的校园风景

结合制作好的景点名片,教师可以引导学生思考、展示和交流。学生可以说明自己选择景点的理由。为提高课程的效率,学生可以先分组进行展示和交流,再通过组内讨论推选一名学生在班级里进行展示和交流。

2. 活动二：组内讨论，推选小导游进行校园讲解

分组讨论引导学生将组内的景点名片信息进行分析、排序和整合，并在组内推选一个小导游负责介绍校园风景。请学生结合评价标准评一评某个小组或小导游的校园讲解情况，以此增加对学校的了解和增进学生之间的感情。也可以说一说或写一写自己在本次学习活动中的体验和收获。

六、学习评价

本次学习活动评价主要由两个方面组成，一是学生在活动中的表现，二是景点名片制作和展示介绍活动的质量。

在探究活动中需要学生以小组形式分工合作，深入了解一处景点，要查询、收集、整合信息，做景点的记录表格。对于二年级学生而言，完成这项任务仍然有诸多挑战，比如可以从哪些检索方法收集信息，可以收集哪些方面的景点信息？收集到的信息颇多，如何区分、记录和整合信息？收集到的信息，如何和同学分享和交流？

这就需要教师及时、全面掌握每个学生的状况，就共同问题给予帮助和指导，还可以让学生按照评价表（见表2），在完成任务的过程中进行评价。

表2 "傅小校园里的小导游"跨学科主题学习评价表

评价项目	评 价 要 点	自评	互评	师评
自主探究	能自主查阅、收集和记录信息内容，了解相关景点的基本资料	☆☆☆	☆☆☆	☆☆☆
整理资料	能整合搜索到的信息，能整理出景点的特点	☆☆☆	☆☆☆	☆☆☆

续表

评价项目	评 价 要 点	自评	互评	师评
研究方法	能通过课堂上学习的方法,把它运用到描述校园景点	☆☆☆	☆☆☆	☆☆☆
资料交流	能简单扼要相互介绍所选取的景点的基本信息,能说出特点	☆☆☆	☆☆☆	☆☆☆

在景点名片制作时,可以引导学生互帮互助、互学互评、互查互检:绘画的景点是否符合真实情况、是否美观、景点介绍内容是否恰当等。在名片展示中,可以引导学生先小组讨论,然后再推选一个作品,让作者上台展示,并关注展示中学生是否自信,叙述是否清晰,作品内容是否丰富,学生们是否有互评互赞。可参考如下评价标准:

表3 景点名片制作跨学科主题学习评价表

评价项目	评 价 要 点	自评	互评	师评
名片制作	每个学生积极参加名片制作,并有互帮互作的表现	☆☆☆	☆☆☆	☆☆☆
小组参评	小组成员人人参与,互学互评,对每个人的名片给出评价	☆☆☆	☆☆☆	☆☆☆
名片展示	景点名片介绍条理清晰、内容丰富、口齿清晰、表情自然、语言流利	☆☆☆	☆☆☆	☆☆☆
活动记录	能对本次活动中做出记录,并发表体验感想和成果收获	☆☆☆	☆☆☆	☆☆☆

七、学习需求和相关资源

(一)学习需求

本学习活动需要学生走进校园,去理解校园特色景点,需要讲解员来介绍学校。学生需要有电子设备（如平板电脑）来进行网络信息的查询。学生需要得到名片设计、制作、美化，以及校园讲解方面的指导。

(二) 学习资源

(1) 傅雷小学校园宣传册。

(2) 视频《走进傅雷小学，遇见美好童年》(https：//mp. weixin. qq. com/s/BvbV5fziRivkeiQKZy6s3Q)。

(3) 视频《带你走进洒满阳光的傅雷小学》(https：//mp. weixin. qq. com/s/Nr26ux8irwkc1ihLOIAF6Q)。

4月7日，我们缅怀傅雷
——傅雷小学三年级语文跨学科主题学习设计

上海市浦东新区傅雷小学　徐　倩

一、主题背景

部编版语文教材三年级上册第八单元以"美好品质"为主题，编排了《灰雀》《手术台就是阵地》和《一个粗瓷大碗》3篇课文。描述了关爱、呵护儿童的列宁，对工作极其负责、勇于为革命献身的白求恩，以及与战士们同甘共苦的赵一曼，他们的身上都有着值得赞扬的美好品质。

与我们傅雷小学颇有渊源的也有一个了不起的人物，他的身上也有很多美好的品质值得我们赞颂，他就是傅雷先生。4月7日是傅雷诞辰纪念日，我们将通过怎样的方式来缅怀傅雷先生呢？

基于三年级语文的学习要求，为引领学生传承傅雷文化，我们以"4月7日，我们缅怀傅雷"为主题设计跨学科主题学习项目。要求学生试着策划缅怀活动：走访傅雷故居回顾、加深对傅雷先生的印象；通过搜集资料和整理相关信息了解傅雷先生的贡献和成就，绘制思维导图；小组合作共读《傅雷家书》，确定诵读内容后排练朗诵节目，举行"赤子的精神：傅雷朗诵会"活动。

在实际解决问题时，还需关联信息、美术、音乐等其他学科。利用信息技术，从网络等途径检索傅雷相关信息；运用美术美化思维导图；通过音乐渲染朗诵氛围等等。

二、学情分析

三年级的学生经过前面的语文学习，能通过介绍人物的杰出成就和贡献、有感情地朗诵人物相关文章选段等形式来歌颂人物的美好品质。

每年4月7日，我校都会举行傅雷诞辰纪念活动，故学生已经经历过多次缅怀活动，聆听过《傅雷家书》的亲子朗诵、观看过教师排演的傅雷情景剧、参与过亲子家书撰写活动，等等。

这些知识能力与跨学科的学习经历，都为开展本次学习活动打下基础。但是，此次学习活动需要学生自行策划并举办朗诵会，这对他们的活动策划和执行以及团队协作能力是一次挑战，需要教师给到及时、必要的指导。另外，本次跨学科主题学习活动，最终需要学生用多媒体辅助成果展出，并能够在一定范围公开（如班级、家庭等）进行展演，这就涉及信息、音乐等学科知识技能的运用。

三、学习目标

（1）通过实地走访傅雷故居，阅读教师提供的傅雷先生的资料，整理、绘制傅雷先生的贡献与成就的思维导图。

（2）回顾以往的缅怀活动，确定此次活动方式为小组合作朗诵。

（3）读《傅雷家书》选择最有感触的选段作为朗诵内容，经过老师的指导后，进行有感情的小组合诵。

（4）班内分工合作，举办一场主题为"赤子的精神：傅雷朗诵会"的缅怀活动，在各种合作探究中增强团队协作能力。

四、任务规划

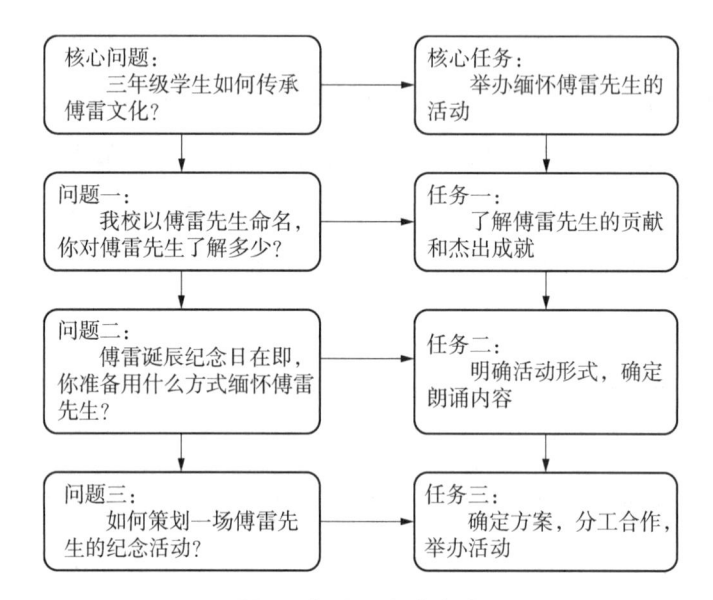

(一) 问题及任务框架

问题及任务框架如图1所示。

```
核心问题：              核心任务：
三年级学生如何传承      举办缅怀傅雷先生的
傅雷文化？              活动
      ↓                    ↓
问题一：                任务一：
我校以傅雷先生命名，    了解傅雷先生的贡献
你对傅雷先生了解多少？  和杰出成就
      ↓                    ↓
问题二：                任务二：
傅雷诞辰纪念日在即，    明确活动形式，确定
你准备用什么方式缅怀    朗诵内容
傅雷先生？
      ↓                    ↓
问题三：                任务三：
如何策划一场傅雷先      确定方案，分工合作，
生的纪念活动？          举办活动
```

图1 问题及任务框架

(二) 任务学习框架

任务学习框架如图2所示。

五、学习过程

(一) 学习导入

（1）通过提供视频（《傅雷》）与材料，让学生了解傅雷先生。

学习方式	学习过程	学时
实地走访、资料查阅、绘制导图	1.实地走访：小组自由组队，由家长领队，进行傅雷故居的实地走访	4
	2.信息交流：小组合作整理走访素材，班内简述走访感受	
	3.阅读资料，绘制思维导图：阅读老师提供的傅雷先生的资料，整理、绘制傅雷先生的贡献与成就的思维导图	
活动回顾、明确内容	1.活动回顾、梳理交流：阅读老师打印的周浦镇以及我校缅怀傅雷的相关活动材料；小组合作，确定活动形式为朗诵会	4
	2.梳理朗诵内容、分工排练：阅读《傅雷家书》，选择最有感触的内容并摘录；组内合作梳理朗诵内容，完成组内朗诵分工并排练	
成果展示	举办活动：确定方案，分工合作；活动准备、彩排；正式举办活动："赤子的精神：傅雷朗诵会"	2

任务一：了解傅雷先生的贡献和杰出成就
任务二：明确活动形式，确定朗诵内容
任务三：确定方案，分工合作，举办活动

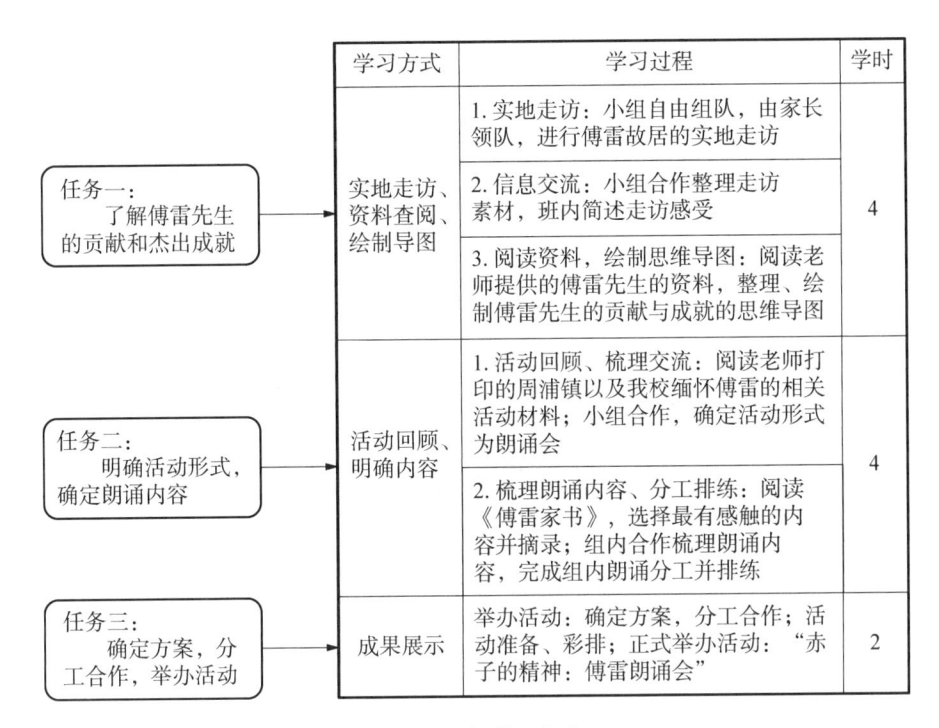

图2 任务学习框架

（2）思考与交流。我校因傅雷先生得名，你们对他了解多少？傅雷先生诞辰在即，我们班级里将组织缅怀活动，你们准备用什么方式缅怀傅雷先生？

（二）任务一：了解傅雷先生的贡献和杰出成就

本任务中，学生将自行组队实地走访傅雷故居，拍摄相关照片。阅读老师提供的傅雷先生的资料，整理、绘制傅雷先生的贡献与成就的思维导图。

1. 活动一：实地走访傅雷故居

（1）实地走访。学生自由组队，由家长领队进行傅雷故居的实地走访。

（2）信息交流。小组合作整理走访素材，班内简述走访感受。可提供走访傅雷故居记录表（见表1），供学生参考。

表1 走访傅雷故居记录表

走访日期：	_____小组
走访照片	走访感受（2—3句话）
	组员1：
	组员2：
	组员3：
	组员4：

2. 活动二：阅读资料，梳理傅雷的贡献和成就

（1）阅读资料。教师提供的傅雷先生的资料。

（2）梳理绘制。整理、绘制"傅雷先生的贡献与成就"思维导图（见图3）。

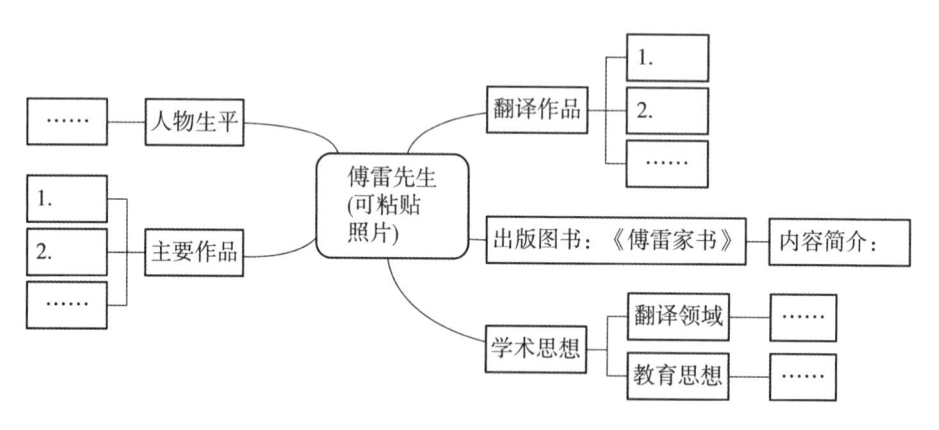

图3 "傅雷先生的贡献与成就"思维导图

（三）任务二：明确缅怀傅雷先生的形式，确定朗诵内容

本任务中，学生将通过小组合作回顾以往的缅怀活动，组内讨论并班级内确定赞颂傅雷先生的方式，进一步确定朗诵内容。

1. 活动一：回顾以往活动，明确赞颂方式

（1）活动回顾。阅读教师打印的周浦镇以及我校缅怀傅雷的相关活动资料。

（2）梳理交流。小组合作梳理赞颂傅雷的方式，班内明确赞颂形式为朗诵会。

2. 活动二：共读傅雷家书，确定朗诵内容

（1）读书活动。小组合作共读傅雷家书，选择最有感触的内容并摘录。可提供《傅雷家书》共读记录表（见表2），供学生参考。

表2 《傅雷家书》共读记录

_____小组

组员1：	最有感触的内容摘录：	我的感想：
组员2：	最有感触的内容摘录：	我的感想：
组员3：	最有感触的内容摘录：	我的感想：
组员4：	最有感触的内容摘录：	我的感想：

（2）上一节朗诵指导课，明确朗诵的要求。

1）朗诵前务必调整状态：做到自信、落落大方。

2）明确一名合格的朗诵者的要求。注意停顿——关注标点；读好重音——抓住关键词；读出语气——感受人物心情；其他——注意面部表情、加上适当的手势、选择合适的配乐。

3）根据教师的要求试着组内练习朗诵，教师随机指导。

（3）梳理内容。组内合作梳理朗诵内容，完成组内朗诵分工并排练。可提供朗诵内容表（见表3），供学生参考。

表3　朗诵内容表

朗诵内容	朗诵配乐：	朗诵PPT制作：
组员1：		
组员2：		
组员3：		
组员4：		

（四）任务三：确定方案，分工合作，举办活动

本任务中，学生将自主进行活动方案撰写、任务分配、彩排等一系列活动前的准备工作，保证朗诵活动顺利开展。

1. 活动一：前期准备，筛选节目

小组朗诵，班内展演评选。

2. 活动二：确定方案，分工合作

（1）确定活动方案。明确举办时间、活动流程、分工等。

（2）班内分工。写主持稿、制作PPT、彩排等，可提供"赤子的精神：傅雷朗诵会"活动准备表，供学生参考。

表4　"赤子的精神：傅雷朗诵会"活动准备表

前期准备	主持稿撰写：	彩排事宜	彩排时间：
	PPT制作：		彩排地点：
	主持人：		
正式举办	场地准备：		
	活动时间：		
	活动地点：		

3. 活动三：布置场地，举办活动

（1）班内环境布置：张贴傅雷照片等。

（2）正式举办"赤子的精神：傅雷朗诵会"。

六、学习评价

跨学科主题学习旨在培养跨学科素养，上位层面指创新、实践、集体荣誉感，下位层面有独立思考、合作交流等，因此设计评价表时从这两个角度思考。除了素养角度外，评价还应包含学生在各个阶段形成的成果与作品。最后，跨学科主题学习要突出学科本位，所以还需加入对于学科核心素养的评价。

"傅雷的成就与贡献"思维导图评价表见表5。

表5　"傅雷的成就与贡献"思维导图评价表

评价标准	评价星级（★★★表示"很棒"）		
	组内评价	教师评价	总计
清楚呈现傅雷先生的成就和贡献			
字迹端正、布局合理			
画面美观、色彩搭配			
有自己的想法和创意			

"赤子的精神：傅雷朗诵会"小组朗诵评选打分表见表6。

表6　"赤子的精神：傅雷朗诵会"小组朗诵评选打分表

评分对象	评　分　标　准		得分	
第___组	读准字音、不加字、不漏字	15		总分：___
	关注标点，停顿恰当	15		
	能抓住关键词，读好重音	15		
	能体会人物的心情，读出人物的语气	15		

续表

评分对象	评 分 标 准	得分
	面部表情有变化，有适当的手势	15
	配乐合适	10
	PPT效果	15

"4月7日，我们缅怀傅雷"跨学科主题学习评价表见表7。

表7 "4月7日，我们缅怀傅雷"跨学科主题学习评价表

评价类型	评 价 指 标	评价星级（★★★表示"很棒"）			
		个人评价	组内评价	教师评价	总计
过程性评价	独立思考：能通过自主学习解决一些问题				
	合作交流：能与同伴交流想法，主动合作				
	信息处理：能对信息进行归纳整理				
终结性评价	创新指数：提出新奇的想法和创意				
	实践指数：能参与整个学习过程				
	集体荣誉感：积极参与展示活动				
学科素养	语言运用：规范运用语言文字				
	信息意识：通过艺术创造表达个人情感				
	艺术表现：利用信息技术辅助学习				
努力方向					

七、学习需求和相关资源

（一）学习需求

本学习活动需要借助电子设备，利用信息技术制作 PPT。学生需要自主合作排练节目，学生需要得到活动策划等方面的指导。

（二）学习资源

（1）傅雷（现代翻译家、文艺评论家）百度百科（https：//baike.baidu.com/item/%E5%82%85%E9%9B%B7/80945?fr=ge_ala）。

（2）中国作家网的傅雷介绍（https：//www.chinawriter.com.cn/xdzj/268.shtml）。

（3）傅雷介绍视频（https：//www.ixigua.com/6986509679304114702?wid_try=1）。

寻找身边的"傅雷传人"
——四年级语文跨学科主题学习设计

上海市浦东新区傅雷小学　程加希

一、主题背景

部编版语文教材四年级下册第七单元以"人物品质"为主题，编排了《黄继光》《"诺曼底号"遇难记》《挑山工》等4篇课文，《黄继光》以抗美援朝战争为背景，展现了英雄黄继光视死如归的英勇气概；《"诺曼底号"遇难记》则通过一个感人故事，歌颂了哈尔威船长忠于职守、舍己救人的崇高品质；《挑山工》作者通过描绘挑山工艰辛劳作的场景，赞颂了挑山工坚忍不拔的意志。

这些课文生动的语言、传神的表述让学生体会到了人物高尚的品质。与我们傅雷小学颇有渊源的傅雷先生，也是一位具有高尚品格的人。"秉赤子之心，做有为之人！"这是学生们常常挂在嘴边的誓词，作为傅小学子要将傅雷精神铭记于心，有责任和义务去弘扬傅雷精神。但到底何为傅雷精神？又该如何弘扬呢？学生们对此一知半解。

也许我们可以去寻找身边的"傅雷传人",即有傅雷精神的人,从他们的身上找到答案,为他们制作一张人物侧写,制作"傅雷奖章",让更多的人了解傅雷精神,达到弘扬傅雷精神的效果。这需要学生在文字材料中提取信息,并对信息进行甄别、筛选、解释和归类,还需通过调查、采访、讨论等方式收集和整理相关信息了解身边的"傅雷传人"。

在实际解决问题时,除了语文课上所学的知识内容,还需关联信息科技、美术等其他学科。利用信息技术,从网络等途径检索傅雷精神的相关信息;利用美术学科,设计制作"傅雷奖章",用标志性的图画和丰富的色彩诠释傅雷精神。

二、学情分析

通过教材第七单元的学习,学生已能根据具体事例和描写细节体会人物精神,具备一定的阅读和分析能力。而在教材第一单元口语交际《转述》以及第二单元口语交际《说新闻》的学习中,学生已学会了如何弄清内容要点,并能准确地将信息以各种形式进行表述和传达,具备了一定的口语表达能力。并在第三单元的学习中,学会了根据需要收集资料,掌握了整理资料的方法。他们能根据自身的需求运用多种方式和技巧获取信息,并能有条理有目的的归纳和整理信息,这让他们具备了一定解决问题和处理信息的能力。

但是,此次跨学科主题活动中,需要学生们对大量的信息进行筛选和整合,制作成一份完善的演示文稿,这是一个比较大的挑战,需要语文老师提供引导和协助,同时也需要信息科技学科的教师给予支持。此外,学生们还需要设计一款代表傅雷精神的"傅雷奖章",这就需要美术学科的教师提供帮助,进行指导。

三、学习目标

(1) 通过阅读材料，或用信息技术检索信息，并对信息进行甄别、筛选、解释和归类，了解傅雷的生平，体会傅雷精神。

(2) 通过访问和记录等形式了解身边有着傅雷精神的人物；统计、梳理调查采访结果，并用正确、规范的语言以书面形式完成身边的"傅雷传人"人物侧写，设计制作"傅雷奖章"。

(3) 在活动中进一步提高解决问题的能力；在采访、调查等合作探究活动中增强团队凝聚力；深入体会傅雷精神，将傅雷精神贯彻在今后的学习生活中，弘扬傅雷精神。

四、任务规划

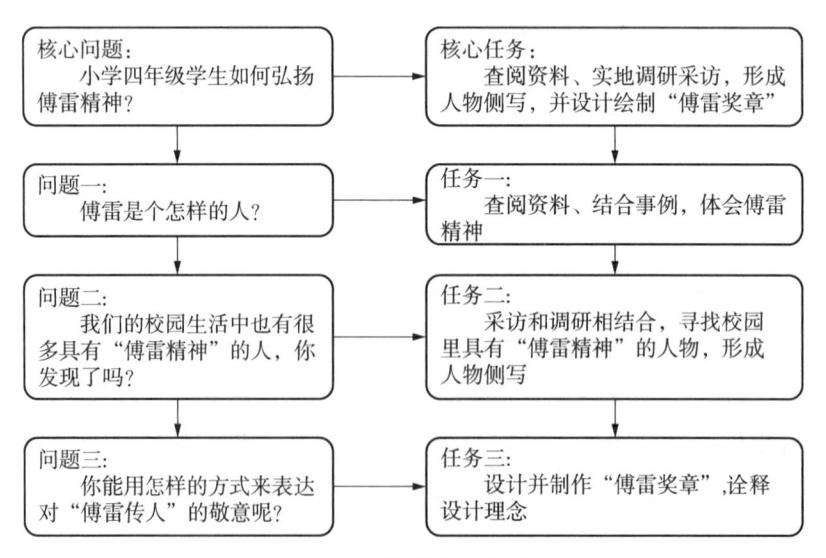

（一）问题及任务框架

问题及任务框架如图1所示。

```
核心问题：                          核心任务：
  小学四年级学生如何弘扬    →      查阅资料、实地调研采访，形成
  傅雷精神？                          人物侧写，并设计绘制"傅雷奖章"

问题一：                            任务一：
  傅雷是个怎样的人？         →      查阅资料、结合事例，体会傅雷
                                      精神

问题二：                            任务二：
  我们的校园生活中也有很              采访和调研相结合，寻找校园
  多具有"傅雷精神"的人，你    →    里具有"傅雷精神"的人物，形成
  发现了吗？                          人物侧写

问题三：                            任务三：
  你能用怎样的方式来表达     →      设计并制作"傅雷奖章"，诠释
  对"傅雷传人"的敬意呢？              设计理念
```

图1　问题及任务框架

（二）任务学习规划

任务学习规划如图2所示。

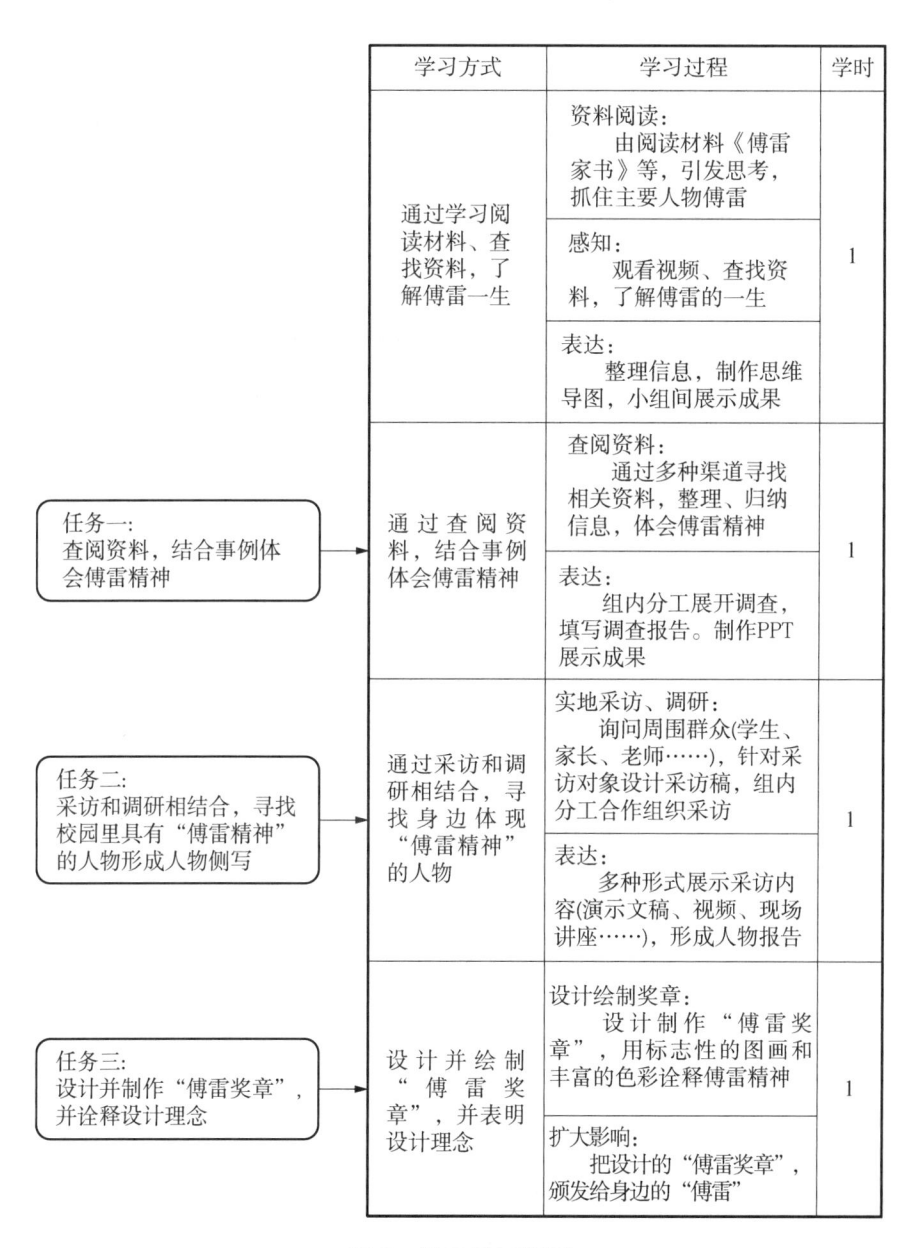

	学习方式	学习过程	学时
	通过学习阅读材料、查找资料，了解傅雷一生	资料阅读：由阅读材料《傅雷家书》等，引发思考，抓住主要人物傅雷	1
		感知：观看视频、查找资料，了解傅雷的一生	
		表达：整理信息，制作思维导图，小组间展示成果	
任务一：查阅资料，结合事例体会傅雷精神	通过查阅资料，结合事例体会傅雷精神	查阅资料：通过多种渠道寻找相关资料，整理、归纳信息，体会傅雷精神	1
		表达：组内分工展开调查，填写调查报告。制作PPT展示成果	
任务二：采访和调研相结合，寻找校园里具有"傅雷精神"的人物形成人物侧写	通过采访和调研相结合，寻找身边体现"傅雷精神"的人物	实地采访、调研：询问周围群众（学生、家长、老师……），针对采访对象设计采访稿，组内分工合作组织采访	1
		表达：多种形式展示采访内容（演示文稿、视频、现场讲座……），形成人物报告	
任务三：设计并制作"傅雷奖章"，并诠释设计理念	设计并绘制"傅雷奖章"，并表明设计理念	设计绘制奖章：设计制作"傅雷奖章"，用标志性的图画和丰富的色彩诠释傅雷精神	1
		扩大影响：把设计的"傅雷奖章"，颁发给身边的"傅雷"	

图2　任务学习规划

五、学习过程

(一) 学习导入

(1) 从傅雷小学的文化背景谈起,引发思考。同学们你们知道我们学校名字的由来吗?你们认识傅雷吗?

(2) 观看傅雷的简介视频。

(3) 深入探究。傅雷到底是个怎样的人?为什么大家都要纪念他呢?

(二) 任务一:查阅资料,结合事例体会傅雷精神

在本项任务中,学生通过查阅资料,结合具体事件等方式,体会傅雷精神。

1. 活动一:查阅资料

(1) 通过上网等方式,查找及整理更多跟傅雷有关的资料和信息,制作思维导图(见图3)。

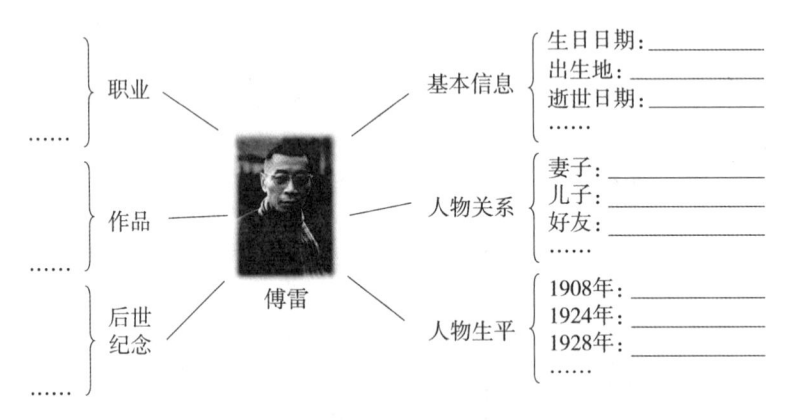

图3 傅雷思维导图

(2) 通过一个个事例,体会傅雷人物品格,归纳出"傅雷精神"。

(3) 学生分组,组内分工展开调查,填写调查报告。可提供调查报

告（见表1），供学生参考。

表1 傅雷先生调查报告

调查对象	调查方向	事迹	品格
傅雷先生	翻译家、作家		
	教育家		
	美术评论家		
	父亲		
	……		

2. 活动二：成果展示

（1）根据组内查找资料，制作演示文稿学生交流，教师归纳资料。

（2）总结"傅雷精神"。如严谨、认真、一丝不苟，对亲人（主要是儿子）无私的热爱，有良知，为人坦荡，禀性刚毅以及深沉而热烈的家国情怀等。

（三）任务二：采访和调研相结合，寻找校园里具有"傅雷精神"的人物，形成人物侧写

在本项任务中，学生小组合作进行实地采访和调研的学习方式，了解校园中具有"傅雷精神"的人物，通过整理记录形成人物侧写。

1. 活动一：实地采访

（1）分小组多角度寻找校园中的"傅雷传人"（学生、家长、教师……）。

（2）针对采访对象设计采访稿，组内分工合作组织采访。可提供采访记录单（见表2），供学生参考。

表2　采访记录单

被采访者：_____		
基本情况：年龄_____　　性别_____　　身份/职业_____		
问题		要点记录
问题一：请谈谈您对傅雷精神的理解。		
问题二：在您看来，傅雷精神在当代社会中有哪些重要意义呢？		
问题三：		
我的感受或思考：		

2. 活动二：成果展示

（1）多种形式展示采访内容（演示文稿、视频、现场讲座……）。

（2）整理资料，形成人物侧写。

（四）任务三：设计并制作"傅雷奖章"，诠释设计理念

在本项任务中，学生要设计制作"傅雷奖章"，用丰富的色彩诠释傅雷精神。

1. 活动一：设计制作奖章

（1）结合"傅雷精神"为身边的"傅雷传人"设计"傅雷奖章"。

（2）学生交流，提出意见，修改作品。

2. 活动二：表达

（1）表述"傅雷奖章"设计理念，在图上标注说明。

（2）活动成果交流展示。

（3）将活动的内容和体会整理成图文并茂的报告。

六、学习评价

本项目的过程性评价表、成果性评价表及能力素养性评价表分别见表 3～表 5。

表 3　过程性评价表

我们小组的任务是什么？	
我在小组活动中的分工是什么？ 我是怎么做的？	
我们小组的合作效率怎么样？ 有没有遇到困难？是如何解决的？	
我在这个过程中，了解了关于傅雷的哪些知识？	
我在这个活动中，掌握了哪些本领？	

表 4　成果性评价表

项目	评 判 标 准	评分
思维导图	思维导图条理清晰（15 分）	
	完整地、有逻辑性地阐述事件的起因、经过、结果（15 分）	
	思维导图的美观性（5 分）	
调查报告	认真负责完成组内分配任务（10 分）	
	所调查的内容具有实用性、准确性（15 分）	
	交流时声音响亮、口齿清晰、充满自信、逻辑性强（10 分）	
课件解说	课件简洁明了、重点突出，内容真实有效（15 分）	
	交流时声音响亮、口齿清晰、充满自信、逻辑性强（10 分）	

续表

项目	评判标准	评分
采访人物	成果展现方式恰当，内容具有实用性、准确性（15分）	
	交流时声音响亮、口齿清晰、充满自信、逻辑性强（10分）	
勋章创作	设计合理、突出主题（10分）	
	设计美观、条理清楚（10分）	
汇总报告	展现完整、语言流畅、文字精彩（20分）	

表5 能力素养性评价表

评价内容	评价指标	自我评价	学生评价	教师评价
语言运用	能够清晰介绍傅雷生平；能够小组合作展示成果	☆☆☆☆☆	☆☆☆☆☆	☆☆☆☆☆
思维能力	能够说出傅雷的品质和精神；能通过资料收集和教师提供的资源开展自主学习	☆☆☆☆☆	☆☆☆☆☆	☆☆☆☆☆
沟通能力	能够就学习中的任务和困惑积极和同学教师沟通	☆☆☆☆☆	☆☆☆☆☆	☆☆☆☆☆
合作能力	能积极参与团队活动，包括材料收集、成果展示	☆☆☆☆☆	☆☆☆☆☆	☆☆☆☆☆
创新能力	成果展示、奖章制作等环节具有创新思想	☆☆☆☆☆	☆☆☆☆☆	☆☆☆☆☆

七、学习需求和相关资源

(一) 学习需求

本学习活动学生需要走进社会，接触不同的人群，从而实现对路人的采访。学生需要得到采访提纲、报告撰写等方面的指导。

(二) 学习资源

关于傅雷的相关文字和视频资料（https：//mp. weixin. qq. com/s？__biz=MzA3MTg1NjMwNg==&mid=2650873267&idx=3&sn=029b72b46e9cf4a0095d90a155fa75cf&chksm=84d2846eb3a50d788f498f3a39b638d1a77787f983d3c00aa82be581aae2cf792021fbd11ee1&scene=27）。

做一本毕业纪念册，记录我走过的"傅小"五年

——语文学科跨学科主题学习活动设计

上海市浦东新区傅雷小学　汤琼　盛诗逸

一、主题背景

统编版小学语文教材五年级下册第八单元以"难忘的小学生活"为人文主题，语文要素是"运用学过的方法整理资料"。查阅资料是学生理解文本、解决问题的重要手段。《义务教育语文课程标准（2022年版）》第三学段（5—6年级）课程目标"梳理与探究"中要求："初步了解查找资料、运用资料的基本方法。利用图书馆、网络等渠道获取资料，解决与学习和生活相关的问题。"小学语文课本中，综合性学习活动也要求学生学会收集资料、整理资料。学生需要逐步能根据不同学习活动主题，收集、整理信息和资料。

小学语文统编版教材"整理资料""综合性学习活动"语文要素分别见表1和表2。

表1 小学语文统编版教材"整理资料"语文要素

册次、单元	语 文 要 素
四年级下册第三单元	根据需要收集资料，初步学习整理资料的方法。
五年级上册第四单元	结合资料，体会课文表达的思想感情。
五年级下册第八单元	运用学过的方法整理资料。

表2 小学语文统编版教材"综合性学习活动"语文要素

册次、单元	综合性学习主题	语 文 要 素
三年级下册第三单元	中华传统节日	1. 收集传统节日的资料，交流节日的风俗习惯，写一写过节的过程。
四年级下册第三单元	轻叩诗歌大门	1. 根据需要收集资料，初步学习整理资料的方法。 2. 合作编小诗集，举办诗歌朗诵会。
五年级下册第八单元	难忘小学生活	1. 运用学过的方法整理资料。 2. 策划简单的校园活动，学写策划书。

在小学五年级中，同学们学习了不少近现代作家的优秀文学作品，这些优秀作家为中国文学史增添了浓墨重彩的一笔，后人用不同的方式歌颂他们的成就，传承他们的精神。傅雷小学就是为了纪念著名翻译家、作家傅雷创办的学校，旨在让学生通过在"傅小"的五年，在傅雷精神的熏陶下，成长为健康活泼、聪敏好奇、知书达理、正直坚韧的学子。毕业之际，制作一本记录五年学习生涯的毕业纪念册，既彰显傅雷文化，又能表达自己对傅雷小学的热爱之情。

基于小学五年级语文的学习要求，结合学生的实际情况，组织学生开展"做一本毕业纪念册，记录我走过的'傅小'五年"跨学科主题学习活动。要求学生根据主题小组合作探究，通过多种渠道收集信息，整理信息，进行创意表达。

另外，学生要会综合运用语文、道德与法治、信息科技等方面的知识和技能，展开小组研讨，集体策划、设计参观考察活动方案，分享研学成果。利用信息技术获取文字、图片、音频与视频等资源；利用整理好的素材，进行纪念册的设计、制作和展示。

二、学情分析

五年级的学生经过之前的学习活动，能用网络搜索、采访调查、调查影像资料等方法收集资料，能够围绕主题，进行简单的资料整理，结合文本内容，体会文本表达的思想感情。也能运用搜集到的资料，进行表达。

学生也经历过多次搜集资料、整理资料、使用资料的跨学科项目化活动。如三年级时，小组合作探究"中华传统节日"，用收集到的资料交流过节习俗、写过节过程。四年级时，进行过综合性学习活动"轻叩诗歌大门"，摘录诗歌，制作诗集。学校的"最美花海"探究、"一亩花箱"项目中，学生收集资料，培养农作物，制作观察日记。

学生的这些知识能力与跨学科的学习经历，都为开展本次学习活动打下了基础。但是，此次活动涉及信息资料丰富，整理、筛选的难度大，如何利用整合好的资料进行创意表达对学生而言存在不小的挑战。这需要本位学科老师给到及时、必要的指导。毕业纪念册的制作也需要联动劳技、美术学科老师。

三、学习目标

（1）能根据实际问题的需要，通过查阅书籍、实地走访、谈论交流等方法进行资料收集、整理和分析，能用正确、规范的语言表达自己的感受，初步养成收集、处理资料的习惯和能力。

（2）使用恰当的方法获取文字、图片、音频与视频等资源，基于学校文化和师生需要开展简单的文化创意设计和制作，结合多学科课程内容，进行作品创作和展示。

（3）通过合作与探究，理解和贯彻傅雷精神，坚持"秉赤子之心 做有为之人"的信念，表达自己对傅雷小学的热爱之情，弘扬"尚学尚思 行知行健"的优良学风。

四、任务规划

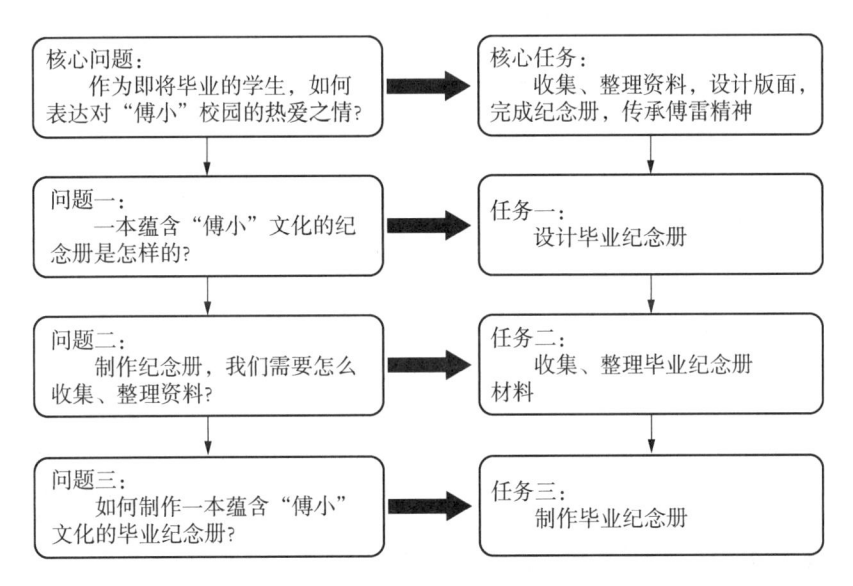

（一）问题及任务框架

问题及任务框架如图1所示。

核心问题：作为即将毕业的学生，如何表达对"傅小"校园的热爱之情？ → 核心任务：收集、整理资料，设计版面，完成纪念册，传承傅雷精神

问题一：一本蕴含"傅小"文化的纪念册是怎样的？ → 任务一：设计毕业纪念册

问题二：制作纪念册，我们需要怎么收集、整理资料？ → 任务二：收集、整理毕业纪念册材料

问题三：如何制作一本蕴含"傅小"文化的毕业纪念册？ → 任务三：制作毕业纪念册

图1 问题及任务框架

（二）任务学习规划

任务学习规划如图2所示。

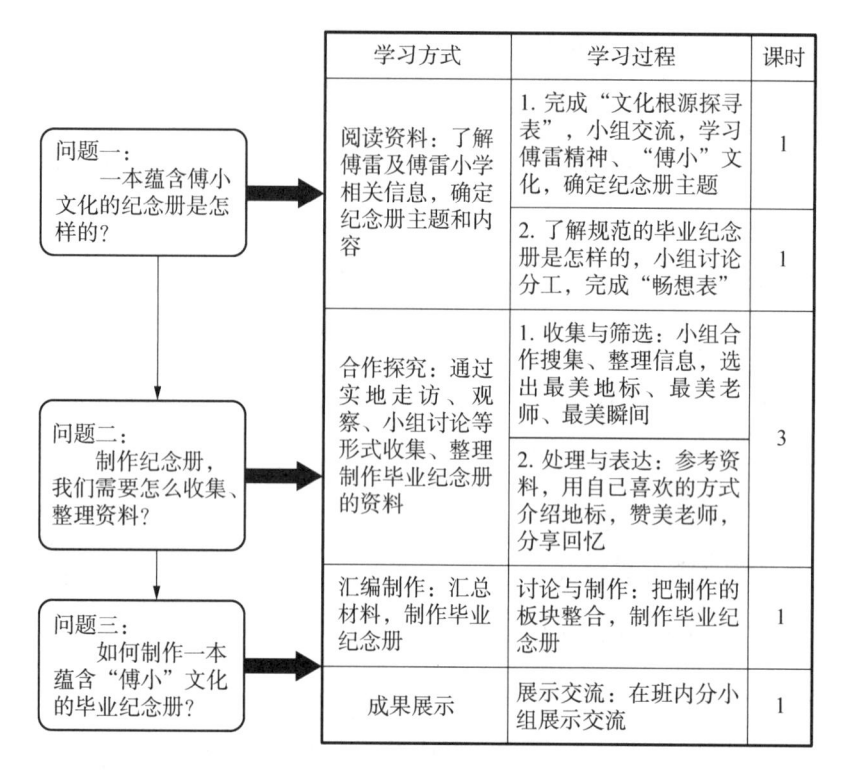

	学习方式	学习过程	课时
问题一：一本蕴含傅小文化的纪念册是怎样的？	阅读资料：了解傅雷及傅雷小学相关信息，确定纪念册主题和内容	1. 完成"文化根源探寻表"，小组交流，学习傅雷精神、"傅小"文化，确定纪念册主题	1
		2. 了解规范的毕业纪念册是怎样的，小组讨论分工，完成"畅想表"	1
问题二：制作纪念册，我们需要怎么收集、整理资料？	合作探究：通过实地走访、观察、小组讨论等形式收集、整理制作毕业纪念册的资料	1. 收集与筛选：小组合作搜集、整理信息，选出最美地标、最美老师、最美瞬间	3
		2. 处理与表达：参考资料，用自己喜欢的方式介绍地标、赞美老师，分享回忆	
问题三：如何制作一本蕴含"傅小"文化的毕业纪念册？	汇编制作：汇总材料，制作毕业纪念册	讨论与制作：把制作的板块整合，制作毕业纪念册	1
	成果展示	展示交流：在班内分小组展示交流	1

图2　任务学习规划

五、学习过程

（一）任务一：设计毕业纪念册

1. 活动一：阅读资料　探寻"傅小"文化根源

傅雷小学就是为了纪念著名翻译家、作家傅雷先生创办的学校，旨在让学生通过在"傅小"的五年，在傅雷精神的熏陶下，成长为健康活泼、聪敏好奇、知书达理、正直坚韧的学子。

制作纪念册，传承傅雷精神，就先要了解傅雷精神。通过阅读《傅雷家书》等书籍和傅雷小学宣传手册等资料，学生得以了解傅雷精神，了解校园精神，重温"傅小"文化，能增加对傅雷小学的认同感和荣誉感，有助于确定纪念册主题。可提供"傅小"文化根源探寻记录表（见表3），供学生参考。

表3 "傅小"文化根源探寻记录表

资料来源	
傅雷精神	
办学理念	
办学目标	
育人目标	
校训	
学风	师风

2. 活动二：结合样例 设计纪念册

可提供"傅小"毕业纪念册畅想表（见表4），供学生参考。

表4 "傅小毕业纪念册"畅想表

小组分工	
组长	
资料汇总	
文字撰写	
插图设计	
审核校对	
内容设计	
名称	
扉页	内容：_____（卷首语/成长感言） 撰写人：_____（组内文字撰写人/老师/家长）

续表

最美傅小角落	最美傅雷文化角：_____ 介绍方式：_____（照片拼贴/手绘风景/导览地图……）
最美傅小人	心目中的好老师：_____ 赞美方式：_____（肖像画/诗歌/感谢信……）
最美傅小瞬间	印象最深刻的活动：_____ 呈现方式：_____（漫画/摄影/日记/思维导图……）

（二）任务二：收集、整理毕业纪念册材料

1. 活动一：走访校园　感受傅雷文化

傅雷小学的文化建设离不开环境的营造，傅雷长廊、节气古诗长廊、樱花大道、傅雷雕像、校训石等，无不彰显着"傅小"文化、傅雷印象。想要感受"傅小"文化，首先就从感受环境之美开始。

（1）利用课余时间，小组结队，漫步傅雷长廊、樱花大道、节气古诗长廊、校训石等地点，寻找"傅小"校园中的特色文化，选择自己喜欢的记录下来，并写下推荐理由。可提供"傅小"校园特色文化推荐表（见表5），供学生参考。

表5　"傅小"校园特色文化推荐表

我最喜欢的"傅小"校园特色文化
推荐理由：

（2）小组讨论，确定最美"傅小"角落，制作一张"'傅小'最美地标明信片"，用精美的图片、简短的文字，介绍傅雷小学优美的环境。

2. 活动二：感念师恩　寻找最美"傅小"教师

傅雷小学校徽上有 3 本打开的书，寓意学校教育、家庭教育、社会教育形成合力，共同托举起学生美好的明天，让每一个学生成才。每一个学生的成长之路上都有着家长、教师及同学的陪伴，其中教师的引导和陪伴格外重要，给予学生传承傅雷精神的力量，共同成就"傅小"文化。

（1）让学生回顾小学阶段陪伴自己成长的教师，选出心目中"明亮、温暖、有为"的一位或几位，回忆和教师之间的故事，思考想对教师说的话。可提供感念师恩记录表（见表6），供学生参考。

表 6　感念师恩记录表

我心目中的最美教师：
我与老师的两三事：
老师我想对你说：

（2）小组讨论，确定最美"傅小"教师，用自己喜欢的方式（如画一幅肖像画、写一首诗、写一封信等）赞美恩师。

3. 活动三：回顾活动　追忆最美"傅小"瞬间

多样的活动成就了校园文化。傅雷小学以寓教于乐、发展综合素养及能力导向，精心设计及组织丰富多彩的校园活动，让学生拥有快乐、充实的美好童年。按时间梳理活动，回顾成长历程，学生会发现自己无时无刻不浸润在"傅小"文化中。

（1）让学生借助时间轴回顾傅小活动，选出印象深刻的一个或几个片段，可提供最美"傅小"瞬间记录表（见表7），供学生参考。

表7 最美"傅小"瞬间记录表

活动时间：
活动地点：
活动内容：
活动感受：

（2）小组讨论，确定最美"傅小"瞬间，用喜欢的方式（如漫画、照片、日记、思维导图等）呈现回忆。

（三）任务三：制作毕业纪念册

1. 活动一：制作毕业纪念册

（1）根据分工表，筛选资料，分头初步完成插图设计、文稿撰写、内容排版等任务。

（2）小组整合，修改毕业纪念册设计，调整毕业纪念册内容，校对文字，装订成册。

2. 活动二：对外展示

班级内开展毕业纪念册分享会，小组展示自己的成果。

六、学习评价

"做一本毕业纪念册，记录我走过的'傅小'五年"跨学科主题学习小组成员评价表见表8。

表8 "做一本毕业纪念册，记录我走过的'傅小'五年"跨学科主题学习小组成员评价表

评价项目	评价要点	自评	互评	师评
收集与筛选	1. 能够积极参与讨论，说出自己对傅雷精神和"傅小"文化的理解	☆☆☆	☆☆☆	☆☆☆
	2. 能够阅读资料，收集、记录符合主题的资料	☆☆☆	☆☆☆	☆☆☆
处理与表达	1. 能借助资料，参与讨论，说说喜欢的学校地标、敬佩的老师和难忘的活动	☆☆☆	☆☆☆	☆☆☆
	2. 用恰当的方式介绍地标，赞美老师，分享回忆，做到图片优美，语句通顺，有真情实感	☆☆☆	☆☆☆	☆☆☆
制作毕业纪念册	1. 主题明确，有小标题，能反映难忘的小学生活，体现真挚情感	☆☆☆	☆☆☆	☆☆☆
	2. 能按一定的顺序整理资料，条理清晰，内容较为丰富	☆☆☆	☆☆☆	☆☆☆
	3. 小组分工明确，作品图文并茂，富有创意	☆☆☆	☆☆☆	☆☆☆

七、学习资源

（1）书籍。《傅雷家书》《傅雷小学校庆周年纪念册》《新生手册》。

（2）公众号文章。《带你走进洒满阳光的傅雷小学》（https：//mp.weixin.qq.com/s/vBjPCzzaDr3-fBgtGadu3A）。

话说小满节气
——语文跨学科主题学习设计

上海市浦东新区傅雷小学　唐郁琪

一、活动概述

中华传统文化丰富精彩、源远流长，蕴含着丰富的文化内涵。《义务教育语文课程标准（2022版）》中提出，第二学段的学生应当关注传统节日节气、民俗风情、民间工艺、历史和传说等，积极参加学校、社区举办的文化主题活动，在活动中学习语文，获得多样的文化体验。

经过对部编版语文教材三年级下册第三单元《古诗三首》《纸的发明》等课文的学习，学生已经对春节、清明等中华传统节日有了一定的了解，在该单元的综合性学习活动中，学生也通过小组合作，收集、整理中华传统节日的相关资料，并以不同的方式展示学习成果。

近期，学校大队部发布了"红领巾节气解说员"的招募令，欲选出24位节气解说员来为学校师生、外宾进行解说。时逢小满节气，三年级的少先队队员们怀着对传统文化的喜爱与好奇，纷纷决定参与竞聘，为学校的师生和外宾讲解小满节气的奥秘和文化内涵。

基于三年级语文的学习要求,我们以"我来解说小满节气"为主题设计跨学科主题学习。这一主题学习要求学生成立小组,通过查询资料、调查访问等方式,收集并整理与小满节气相关的气候特点、农事活动、民间习俗等信息,借助不同的道具向师生们解说小满节气的特点与文化内涵。

在实际解决问题时,还需关联自然、信息、美术等其他学科。利用信息技术,通过网络等途径检索小满节气相关信息;利用美术学科知识技能绘制节气民俗场景;运用自然学科的探究实践方法,借助图示解释小满时节的气候特点;通过道德与法治学科学习,增强尊重劳动者的意识。

二、学情分析

三年级的学生已具备基本的语文听说读写能力,并且已经从语文课本和"古诗诵读"校本课程的学习中初步感受到了中华优秀传统文化的深厚底蕴和重要价值,对中华优秀传统文化有进一步探究的兴趣。对于二十四节气,学生在二年级课文《二十四节气歌》中已经有过接触,但仅限于了解节气名称和顺序,对于各个节气的气候特点、民俗活动并没有深入的、系统性的认识。

学生也参与过以小组为单位收集、整理相关资料并以多种方式展示成果的活动。如二年级时,学生曾简要解说自己是如何过端午节、清明节等传统节日的;三年级时,学生曾做过"小导游",向别人介绍西沙群岛;同时,学生也曾以小组为单位,围绕"中华传统节日"收集、整理资料,以做美食、诵读古诗、写习作等方式展示成果。这些知识能力与学习经验，都锻炼了他们从自己感兴趣的角度主动搜集资料，共同讨论，展示学习成果的能力，为开展本次学习活动打下基础。

不过，上述活动主要依托于课本，学生只需收集、整理课堂内的知识与内容即可完成，并不要求学生进行课外的资料收集，除此之外，这些活动也较少涉及其他学科的知识能力。而本次跨学科主题学习活动需要大量课外的资料收集与整理，并需要学生以小组为单位进行自主学习，这对学生的独立阅读、合作交流能力都带来了较大的挑战，需要本位学科老师给予及时、必要的指导。不仅如此，图书资料、网络信息纷繁复杂，如何检索到需要的信息并甄别其真伪也成了一个较大的挑战，需要学生具备一定的信息素养和批判性思维，这就需要信息学科提供相关支持。另外，本次跨学科主题学习活动最终需要学生在一定范围内，借助照片、图画、模型等针对小满这一节气进行公开解说，这还涉及与美术学科的密切联动。

三、学习目标

（1）能根据实际问题的需要，通过阅读书籍、观看视频、查阅网络资料等方式，有意识地收集小满节气气候特点、农事活动、民间习俗等方面的信息，较全面地了解小满节气。

（2）能选择自己感兴趣的角度与组员合作了解小满节气，并能以不同的呈现形式，清楚流畅、生动有趣、大方自信地展示小满节气的文化内涵。

（3）通过资料收集、解说、展示等合作探究活动增强团队凝聚力，体认和传承中华优秀传统文化、革命文化、社会主义先进文化，积累深厚的文化底蕴，增强文化自信。

四、任务规划

(一) 问题任务框架

问题任务框架如图 1 所示。

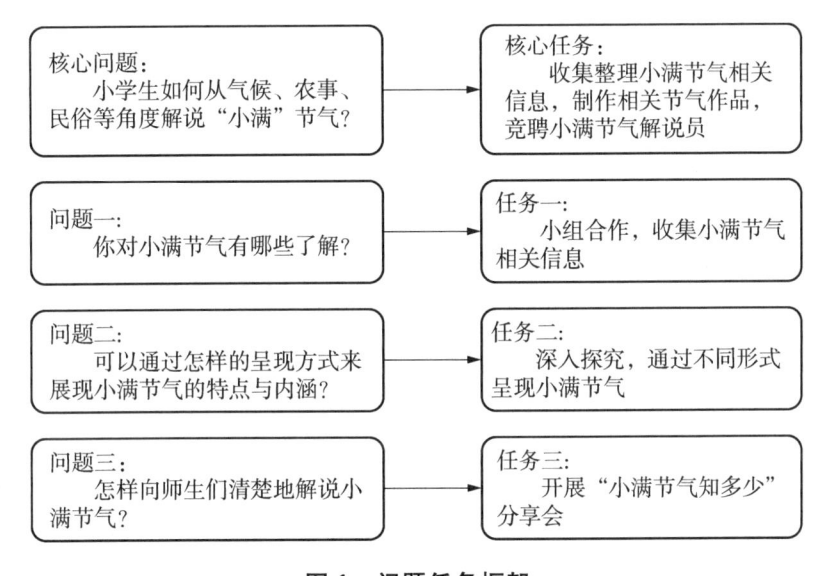

核心问题：
小学生如何从气候、农事、民俗等角度解说"小满"节气？

核心任务：
收集整理小满节气相关信息，制作相关节气作品，竞聘小满节气解说员

问题一：
你对小满节气有哪些了解？

任务一：
小组合作，收集小满节气相关信息

问题二：
可以通过怎样的呈现方式来展现小满节气的特点与内涵？

任务二：
深入探究，通过不同形式呈现小满节气

问题三：
怎样向师生们清楚地解说小满节气？

任务三：
开展"小满节气知多少"分享会

图 1　问题任务框架

(二) 任务学习规划

任务学习规划见图 2。

五、学习过程

(一) 学习导入

1. 复习节气

背诵《二十四节气歌》，回顾二十四节气的内容与重要价值，引起学生对中国优秀传统文化的体认。

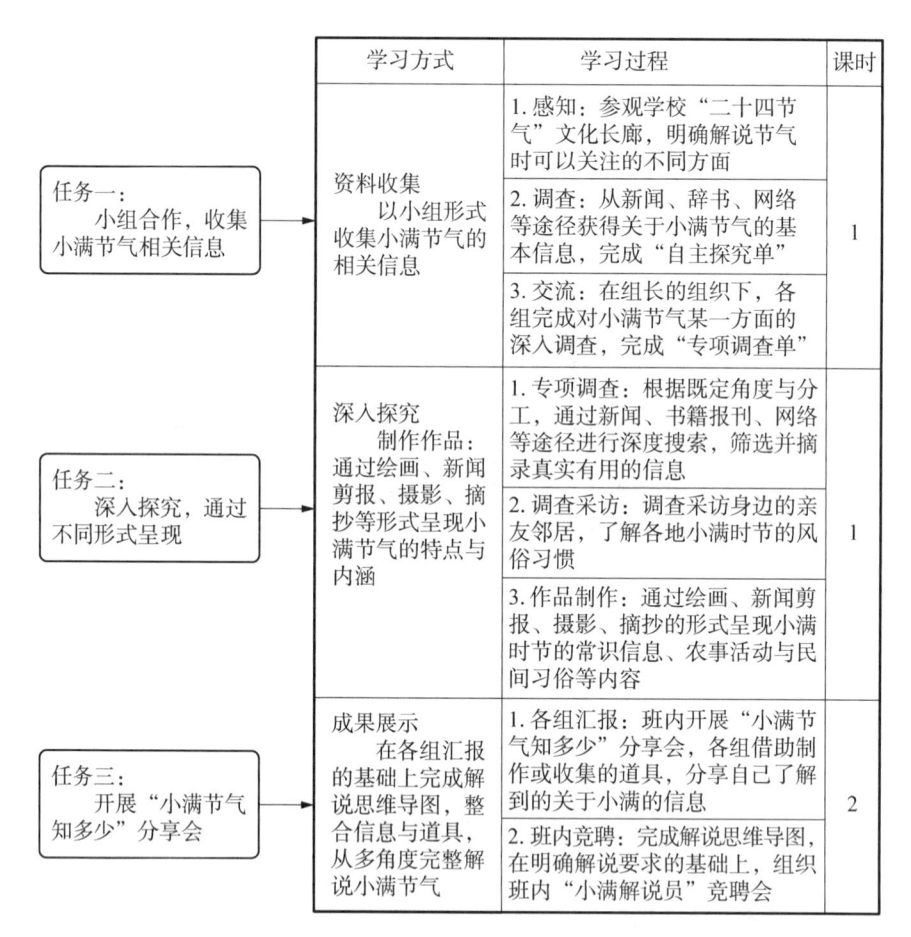

	学习方式	学习过程	课时
任务一：小组合作，收集小满节气相关信息	资料收集　以小组形式收集小满节气的相关信息	1. 感知：参观学校"二十四节气"文化长廊，明确解说节气时可以关注的不同方面	1
		2. 调查：从新闻、辞书、网络等途径获得关于小满节气的基本信息，完成"自主探究单"	
		3. 交流：在组长的组织下，各组完成对小满节气某一方面的深入调查，完成"专项调查单"	
任务二：深入探究，通过不同形式呈现	深入探究　制作作品：通过绘画、新闻剪报、摄影、摘抄等形式呈现小满节气的特点与内涵	1. 专项调查：根据既定角度与分工，通过新闻、书籍报刊、网络等途径进行深度搜索，筛选并摘录真实有用的信息	1
		2. 调查采访：调查采访身边的亲友邻居，了解各地小满时节的风俗习惯	
		3. 作品制作：通过绘画、新闻剪报、摄影、摘抄的形式呈现小满时节的常识信息、农事活动与民间习俗等内容	
任务三：开展"小满节气知多少"分享会	成果展示　在各组汇报的基础上完成解说思维导图，整合信息与道具，从多角度完整解说小满节气	1. 各组汇报：班内开展"小满节气知多少"分享会，各组借助制作或收集的道具，分享自己了解到的关于小满的信息	2
		2. 班内竞聘：完成解说思维导图，在明确解说要求的基础上，组织班内"小满解说员"竞聘会	

图 2　任务学习规划

2. 明确时令

查阅日历，明确目前正处于小满节气，引起学生对小满节气的关注。

3. 发布任务

展示学校大队部"红领巾节气解说员"招募令，初步建立"事件与我"的联系，激发学生参与热情。

（二）任务一：小组合作，收集小满节气相关信息

本任务中，学生将阅读学校二十四节气文化长廊中的节气简介，总结解说节气时可以关注的角度，为后续解说做准备。学生也将借助长廊上小满节气的介绍版面、网络、书籍等途径了解小满的基本信息，并完成分组。

1. 活动一：实地参观，走近二十四节气文化长廊

（1）参观长廊。参观学校二十四节气文化长廊，阅读各个节气的版面内容，通过对比、观察，明确解说节气时可以关注的角度及方面，为后续解说做准备。

（2）小组讨论。组织讨论，整理二十四节气长廊介绍节气的内容，绘制思维导图。可提供如图3所示的节气思维导图，供学生参考。

图3 节气思维导图

2. 活动二：自主搜索，梳理提炼

（1）词条搜索。以"小满"等为关键词进行网络搜索或图书馆条目检索，收集更多关于小满节气的基本信息。

（2）基本调查。根据收集到的信息，完成自主学习活动单（见表1）。

表1 "话说小满节气"自主学习活动单

资料类别	了解到的内容	学习方式	我有兴趣
基本信息（时间、名字含义等）		□网络：_____（网站名） □书籍：_____（书名） □采访 □其他：_____	□

续表

资料类别	了解到的内容	学习方式	我有兴趣
气候特点		☐网络：_____（网站名） ☐书籍：_____（书名） ☐采访　☐其他：_____	☐
物候变化		☐网络：_____（网站名） ☐书籍：_____（书名） ☐采访　☐其他：_____	☐
农事特点		☐网络：_____（网站名） ☐书籍：_____（书名） ☐采访　☐其他：_____	☐
民间习俗		☐网络：_____（网站名） ☐书籍：_____（书名） ☐采访　☐其他：_____	☐
文艺作品		☐网络：_____（网站名） ☐书籍：_____（书名） ☐采访　☐其他：_____	☐

记录人：_____

3. 活动三：小组调查

（1）小组调查。各小组在组长的组织下完成分工，合作完成对"自主学习活动单"中某一方面的深入调查，完成小组专项调查单（见表2）。

表2　"话说小满节气"小组专项调查单
小组调查方向：物候变化

序号	调查内容	资料来源	调查人
1	元代《月令七十二候集解》将小满分为三候："一候苦菜秀，二候靡草死，三候麦秋至"。是说小满节气后，苦菜已经枝叶繁茂；之后，喜阴的一些枝条细软的草类在强烈的阳光下开始枯死；在小满的最后一个时段，麦子开始成熟。	☐网络：____ ☑书籍：《月令七十二候集解》 ☐其他：____	……

续表

序号	调查内容	资料来源	调查人
2		□ 网络：＿＿＿ □ 书籍：＿＿＿ □ 其他：＿＿＿	
3		□ 网络：＿＿＿ □ 书籍：＿＿＿ □ 其他：＿＿＿	

组　长：＿＿＿＿＿＿

（三）任务二：深入探究，通过不同形式呈现小满节气

本任务中，学生与组员一起有意识地收集更多小满节气相关的信息，并通过绘画、摄影、新闻剪报、摘抄等方式进行呈现。

呈现方式小贴士

同学们，你想通过什么方式来呈现小满节气的特点呢？以下的方式供你参考，你可以选择你喜欢的、适合的方式进行呈现。

1. 方式一：采访报告

除了利用网络、图书馆等资源，采访调查也是获取信息的好方法。可引导学生向身边的亲友邻居们做一次小采访，并从中获得关于小满节气的有用信息。

在正式采访进行前，和小组成员一起思考、讨论以下问题，并制作采访单。

（1）哪些有关小满的信息是可以从身边人那里获取到的？

(2) 应该采访哪些人群才能获取需要的信息？（长辈、老师、民俗学家）

(3) 如何表述问题才能让人易于理解？

(4) 各问题间如何排序？

(5) 采访时，采访者需要注意什么？

"话说小满节气"采访记录单和采访报告分别如图4和图5所示。

受访者信息

受访者		性别	□男　□女	年龄		职业	

采访内容

序号	问题	回答（简要记录）
1	您对小满节气有什么了解吗？	
2	在您的家乡，人们在小满时节会做些什么？	
3	……	

记录人：_____

组　长：_____

图4　"话说小满节气"采访记录单

"话说小满节气"采访报告

我采访了_____，他/她是一位_____。经过采访，我了解到了以下新的信息：

(1) _____

(2) _____

(3) _____

经过这次采访，我的体会感想是_____

_____

记录人：_____

组　长：_____

图5　"话说小满节气"采访报告

2. 方式二：摄影、绘画

绘画与摄影能直观地展现小满节气的物候、民俗活动等特点，鼓励学生拿起画笔或摄影机，记录心目中和小满节气有关的场景。比如画一画播种、插秧的场景（小满到，插秧忙），或是到田野里拍一拍这个时节的野菜。

3. 方式三：剪报制作

二十四节气是中国劳动人民智慧的结晶，在当今社会依然有着较高的文化价值和指导意义。指导学生有意识地收集小满时节的新闻报纸或杂志，剪贴感兴趣的内容，制作一份"小满"剪报与同学们分享。

4. 方式四：文艺作品摘录和演绎

从古至今，文人、艺术家们在节气这个主题下创作了大量文艺作品，不妨让学生寻找并摘录其中描写小满的作品，之后与同学们一起吟诵、表演，品味小满节气的特点与内涵。鼓励学生发挥创意，为表演配上合适的音乐和服装等。

5. 方式五：节气美食制作

中华民族向来讲求"顺时调和，风土相宜"，每个节气都有不同的应季食物，小满时节也不例外。鼓励学生自行搜索相关食谱，在家长的帮助下购买食材，亲手制作节气美食与同学们分享，并记录制作过程（见图6）。

(四) 任务三：开展"小满节气知多少"分享会

本任务中，班内将开展"小满节气知多少"分享会，学生将在已完成的思维导图的基础上进行解说练习，进行班内"小满解说员"的竞聘。

活动一：小组汇报

各专项调查小组在组长的组织下，有序地借助制作或收集的各类道

```
        我想品尝的小满美食
       ╱              ╲
   食材准备          烹饪过程
```

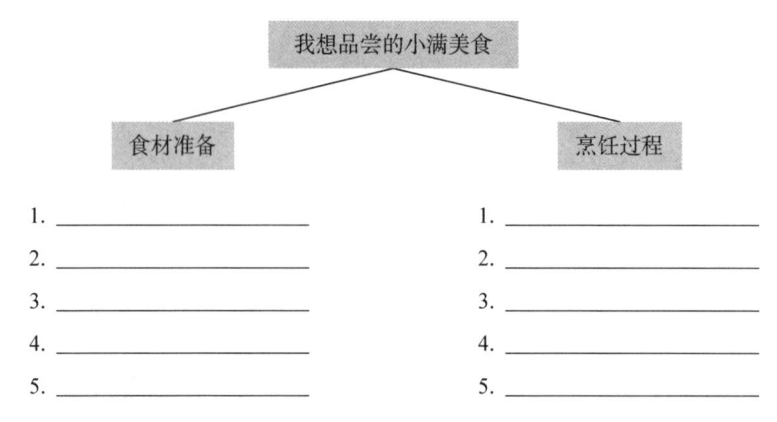

1. _____   1. _____
2. _____   2. _____
3. _____   3. _____
4. _____   4. _____
5. _____   5. _____

图6 "我想品尝的小满美食"制作过程

具交流各组的调查结果。

活动二：班内竞聘

（1）厘清解说思路。各组交流完毕后，学生填写解说辅助单（见表3），摘录自己印象最深刻的内容，结合思维导图厘清解说思路。

表3 "话说小满节气"解说辅助单

参与"小满节气知多少"分享会后，我对以下内容印象深刻：

类别	内容	分享人

（2）交流讨论。确定解说要求，制作解说员评价表（见表4）。

表4 "金牌节气解说员"评价表

要求	评分
1. 能从不同角度解说小满节气，详略得当，感兴趣的部分可以多说一些	☆☆☆☆☆

续表

要　　求	评分
2. 能借助道具，有声有色地生动解说	☆☆☆☆☆
3. 声音响亮，语言流畅，落落大方	☆☆☆☆☆

（3）学生练习解说。

（4）班内竞聘。班内开展"金牌节气解说员"之"小满解说员"竞聘会，学生使用各组提供的道具，从多角度解说小满节气。

（5）评价。同学评价、教师评价，选出2—3位班级的"小满解说员"参与后续校级竞聘。

六、学习评价

跨学科主题学习要培养的跨学科素养，上位层面有创新、实践、社会责任感，下位层面有独立思考、合作交流、批判性思维等，因此设计评价表时从这两个角度思考。除了素养角度外，评价还应包含对学生在各个阶段形成的成果与作品的评价。最后，跨学科主题学习要突出学科本位，所以还需加入对于学科核心素养的评价。"我来解说小满节气"跨学科主题学习各阶段成果作品评价表和总体评价表分别见表5和表6。

表5　"我来解说小满节气"跨学科主题学习各阶段成果作品评价表

学生：_____

序号	名称	组内评价（描述性语言）	教师评价（描述性语言）
1	自主学习活动单		
2	小组专项调查单		

续表

序号	名称	组内评价（描述性语言）	教师评价（描述性语言）
3	采访记录单		
4	采访报告		
5	内容呈现（绘画、摘抄等）		
6	解说思维导图		

表6 "我来解说小满节气"跨学科主题学习总体评价表

评价类型	评价指标 一级指标	评价指标 二级指标	评价星级（★★★表示很棒） 自评	组评	师评	总评
过程性评价	独立思考	能通过自主学习解决一些问题	☆☆☆	☆☆☆	☆☆☆	
	合作交流	能与同伴交流想法	☆☆☆	☆☆☆	☆☆☆	
	批判思维	能对信息进行甄别与筛选	☆☆☆	☆☆☆	☆☆☆	
终结性评价	创新指数	能提出创新的想法和建议	☆☆☆	☆☆☆	☆☆☆	
	实践指数	能参与整个学习过程	☆☆☆	☆☆☆	☆☆☆	
	文化传承	能提升自己的传统文化修养并向他人宣传	☆☆☆	☆☆☆	☆☆☆	
学科素养	语言运用	能自主阅读，规范使用语言文字	☆☆☆	☆☆☆	☆☆☆	
	信息意识	能利用信息技术辅助学习	☆☆☆	☆☆☆	☆☆☆	
	沟通能力	能积极参与团队活动，遇到困难时能积极沟通，寻求解决办法	☆☆☆	☆☆☆	☆☆☆	

续表

评价类型	评价指标		评价星级（★★★表示很棒）			
	一级指标	二级指标	自评	组评	师评	总评
	艺术表现	通过艺术创作展现特定情景	☆☆☆	☆☆☆	☆☆☆	
努力方向						

七、学习需求和相关资源

（一）学习需求

本学习活动需要借助电子设备进行资料的搜索查阅，利用信息技术呈现数据。学生需要踏入社会，接触不同的人群，从而实现采访与调查。不仅如此，学生还需要得到小组合作、采访提纲、报告撰写等方面的指导。

（二）学习资源

1. 书籍

〔元〕吴澄：《月令七十二候集解》，中华书局1985年版。

2. 文章

(1) 陈熙：《节气中的汉字之美——小满》，《小学教学（语文版）》2018年第5期，第22页。

(2) 上官云：《祭车神、吃苦菜 小满节气习俗知多少》，《中国食品》2020年第11期，第137页。

(3)《省级非遗盛泽小满习俗》：https：//mp. weixin. qq. com/s/qFSwBg-hRyUAvG5oshQvAg

(4)《威海小满食俗》：https：//mp. weixin. qq. com/s/PldPa1aDi5YRksrnCoxATw

(5)《杭州小满习俗》：https：//mp. weixin. qq. com/s/DqgmV4k14SLDHYC8XznPWw

做家乡名片，为家乡代言

——五年级语文学科跨学科主题学习设计

上海市浦东新区傅雷小学　任雨晴

一、主题背景

学习发现美、表现美和创造美，充分调动自己的见闻和感受来介绍一个地方，是小学生语文习作能力的体现，也是提升思维品质、养成审美情趣的重要途径。小学语文四、五年级课程都涉及"介绍一个地方"这一习作能力的培养。螺旋式的编排让学生经历了"从不同方面展开介绍""介绍时表达出自己的感受"到"分段叙述，重点部分具体介绍""按一定顺序进行介绍""搜集、整理资料后进行介绍"的过程。《义务教育语文课程标准（2022年版）》指出，第三学段的学生能有意识地丰富自己的见闻，珍视个人的感受，写简单的纪实作文，能根据内容表达的需要分段表述；能初步运用多种方法整理和呈现信息。

家乡，是眼中眷恋不已的美景，是舌尖上念念不忘的美味。对于小学生而言，家乡或许承载着儿时成长的足迹，或许潜藏着祖辈深切的思念。他们知道家乡的风俗习惯，了解家乡的文化底蕴，也感受着家乡的日新月异。随着旅游行业地不断兴起、蓬勃发展，作为小学生可以充分调动所学的知识为自己的家乡制作一张名片，介绍家乡的美景与美食，介绍家乡的历史文化与传奇人物，为家乡代言，用自己的力量来宣传家乡，提高家乡的知名度，增强自身对家乡的文化自信。

基于五年级语文的学习要求，以培养学生搜集、整理和呈现信息的能力，提高学生习作水平、激发学生对家乡的喜爱之情，增强学生对家乡文化的认同感为目标，开展"做家乡名片，为家乡代言"为主题的语文学科跨学科主题学习。要求学生基于家乡特色设计调查问卷，进行实地走访，选出家乡具有代表性的美食、美景及文化地标，以小组合作的方式整理信息，按一定顺序进行排版设计，制作一张图文并茂的纸质版家乡名片，并进行展示。

在实际解决问题时，还需关联信息、数学、道德与法治、美术等其他学科。利用信息技术，从网络、媒体等途径了解家乡特色美食美景、文化地标等相关信息；运用数学学科相关知识，解读并分析调查问卷的数据信息，明确家乡名片重点要介绍的内容；通过道德与法治学科的学习，感受家乡文化，关心家乡发展，激发对家乡的热爱，产生宣传家乡的动力，自觉维护家乡形象；利用美术学科知识，设计家乡名片的布局，以插图绘画等形式让名片更美观、更具吸引力。

二、学情分析

五年级的学生经过前面阶段的语文学习，已经具备了"介绍一个地方"的习作能力，能够根据内容表达的需要分段介绍，内容具体，感情真实；能够按一定顺序从不同方面进行介绍；能够通过搜集、整理资料后把一个地方介绍清楚。

在小学阶段的学习生活中，学生已经多次经历了需要"介绍一个地方"的项目化活动。如二年级时，通过组成小队实地探寻傅雷故居，和美术学科联动完成了一份"手抄报"；三年级时，通过云游一处中国名胜，与信息学科联动，收集、整理景点的信息，以视频的形式呈现介绍的内容，做了一回"小导游"；四年级时，通过走进周浦花海，了解"花"的颜色、形状、习性、起源等，完成"学习单"，以记录探究日记的形式介绍了花海的美景。

上述这些知识能力与跨学科的学习经历，都为开展本次学习活动打下基础。但是，此次跨学科主题活动需要学生搜集、整理大量的信息后，按一定的顺序为游客介绍自己的家乡，用生动有趣的语言吸引读者，这对学生来说是个不小的挑战，需要本位学科教师给予及时、必要的指导。不仅如此，学生还需要设计调查问卷，对结果进行科学的数据分析，再开展实地走访，了解不同游客的真实感受。这对学生来说也并非易事，需要数学、信息科技两门学科的相关知识。最终，学生需要以小组合作的形式制作一张图文并茂的家乡名片，这就需要美术学科的技能。学生在完成本跨学科活动的过程中，建立了家乡文化自信，能够自觉维护家乡形象，提高了自身素养，在道德与法治学科方面也得到了提高。

三、学习目标

（1）通过查阅资料、问卷调查、实地走访等方式深入了解家乡特色。在搜集、整合、分析相关信息后，能够筛选出具有代表性的美食美景及文化地标，明确重点介绍的对象。

（2）通过梳理走访记录，联系实际经验，对既定的介绍内容进行文字的编排及配图的设计，按一定的顺序进行图文排版，做到叙述条理清晰、色彩搭配和谐，以书面形式完成一张家乡名片。

（3）通过合作完成探究活动，学会团结协作，提高团队凝聚力；热爱家乡，增强对家乡的文化自信，激发学生对家乡文化的认同感及自豪感。

四、任务规划

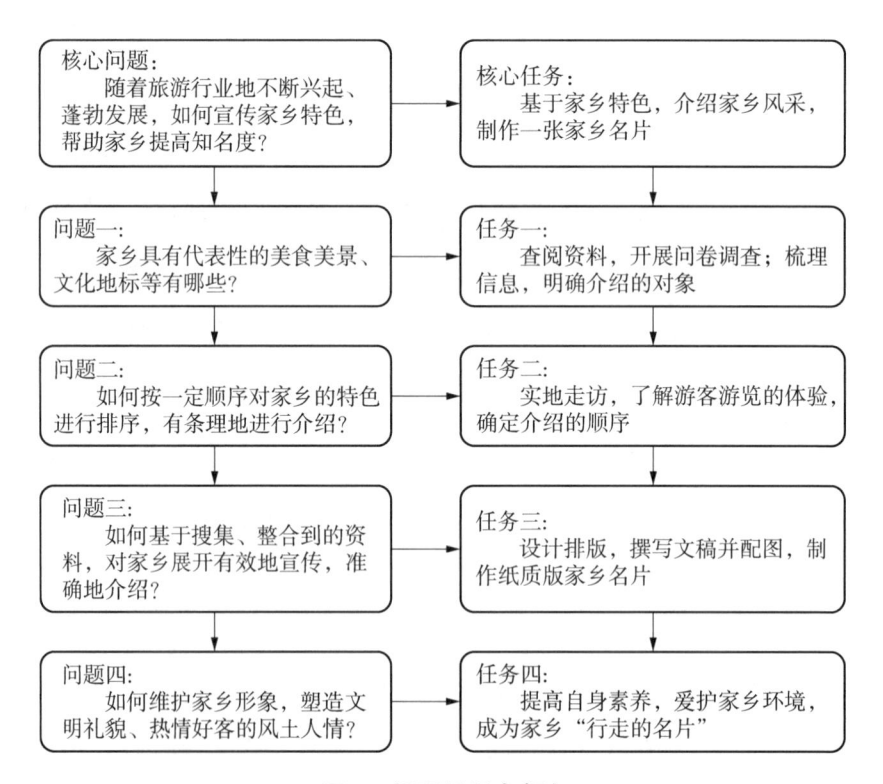

（一）问题及任务框架

问题及任务框架如图1所示。

核心问题：
随着旅游行业地不断兴起、蓬勃发展，如何宣传家乡特色，帮助家乡提高知名度？

核心任务：
基于家乡特色，介绍家乡风采，制作一张家乡名片

问题一：
家乡具有代表性的美食美景、文化地标等有哪些？

任务一：
查阅资料，开展问卷调查；梳理信息，明确介绍的对象

问题二：
如何按一定顺序对家乡的特色进行排序，有条理地进行介绍？

任务二：
实地走访，了解游客游览的体验，确定介绍的顺序

问题三：
如何基于搜集、整合到的资料，对家乡展开有效地宣传，准确地介绍？

任务三：
设计排版，撰写文稿并配图，制作纸质版家乡名片

问题四：
如何维护家乡形象，塑造文明礼貌、热情好客的风土人情？

任务四：
提高自身素养，爱护家乡环境，成为家乡"行走的名片"

图1 问题及任务框架

（二）任务学习规划

任务学习规划如图2所示。

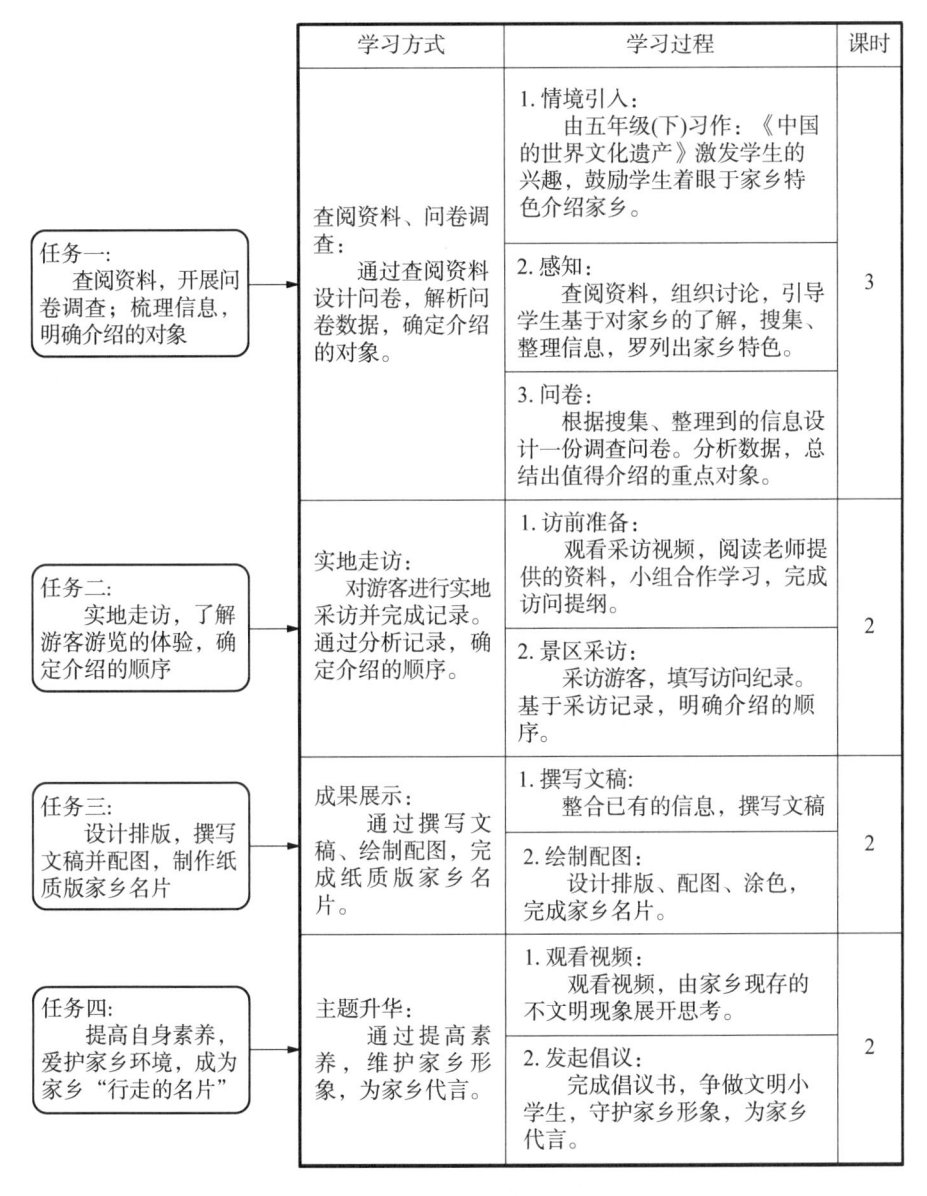

	学习方式	学习过程	课时
任务一：查阅资料，开展问卷调查；梳理信息，明确介绍的对象	查阅资料、问卷调查：通过查阅资料设计问卷，解析问卷数据，确定介绍的对象。	1.情境引入：由五年级(下)习作：《中国的世界文化遗产》激发学生的兴趣，鼓励学生着眼于家乡特色介绍家乡。 2.感知：查阅资料，组织讨论，引导学生基于对家乡的了解，搜集、整理信息，罗列出家乡特色。 3.问卷：根据搜集、整理到的信息设计一份调查问卷。分析数据，总结出值得介绍的重点对象。	3
任务二：实地走访，了解游客游览的体验，确定介绍的顺序	实地走访：对游客进行实地采访并完成记录。通过分析记录，确定介绍的顺序。	1.访前准备：观看采访视频，阅读老师提供的资料，小组合作学习，完成访问提纲。 2.景区采访：采访游客，填写访问纪录。基于采访记录，明确介绍的顺序。	2
任务三：设计排版，撰写文稿并配图，制作纸质版家乡名片	成果展示：通过撰写文稿、绘制配图，完成纸质版家乡名片。	1.撰写文稿：整合已有的信息，撰写文稿。 2.绘制配图：设计排版、配图、涂色，完成家乡名片。	2
任务四：提高自身素养，爱护家乡环境，成为家乡"行走的名片"	主题升华：通过提高素养，维护家乡形象，为家乡代言。	1.观看视频：观看视频，由家乡现存的不文明现象展开思考。 2.发起倡议：完成倡议书，争做文明小学生，守护家乡形象，为家乡代言。	2

图2 任务学习规划

五、学习过程

（一）学习导入

（1）话题导入。从五年级（下）习作《中国的世界文化遗产》谈起，激发学生兴趣，鼓励学生运用"介绍一个地方"的习作能力来介绍自己的家乡。

（2）播放视频。观看上海浦东旅游宣传片，感受家乡的魅力。

（3）深入思考。如果由你来介绍家乡，你会介绍哪些内容？

（二）任务一：查阅资料，开展问卷调查；梳理信息，明确介绍的对象

本任务中，学生将通过组建学习小组、分配任务开展活动，以查阅资料为主要方式，罗列家乡特色，设计调查问卷，分析数据，总结出值得介绍的重点对象。

1. 活动一：查阅资料

（1）问题引入。你知道的家乡特色有哪些？

（2）思考与交流。学生列举已知的家乡特色。

（3）出示阅读资料。引导学生从美景、美食、文化地标3个方面介绍家乡特色。

（4）整理信息并分类。除了教师提供的阅读资料以外，还可以让学生自行寻找相关资料，将信息分类整理、汇总。可提供信息分类汇总表（见表1），供学生参考。

2. 活动二：设计问卷

（1）明确发起问卷调查的目的。筛选出具有代表性的家乡特色。

（2）思考与讨论。如何设计问卷的问题？向哪些人群发放问卷？通

表1 信息分类汇总表

	地理位置	简要介绍
特色美景		
特色美食		
文化地标		

过哪些途径发放问卷？

(3) 正式编写问卷。

(4) 发放问卷。

3. 活动三：筛选介绍的对象

(1) 收集问卷，分析数据信息。

(2) 统计结果，完成问卷报告。

(3) 组内交流，筛选出重点介绍的对象。

(三) 任务二：实地走访，了解游客游览的体验，确定介绍的顺序

在本项任务中，学生通过课内观看视频、阅读资料，完成访问提纲；课外以小组合作的形式进行实地采访，了解不同的游客在旅行过程中的真实感受，填写访问记录并进行分析，以此确定介绍的顺序。

1. 活动一：起草提纲

(1) 活动引入。除了本地人之外，游客对我们家乡的感受也很重要。

(2) 观看视频，学习访问案例。

(3) 阅读资料（见图3），学写访问提纲。

阅读资料1：

一份好的采访提纲，应该是全面深入、思路清晰的。它可以让我们在采访之前就对采访对象有一定程度的了解和分析，对采访目的有较为明确的认识和方向，对采访内容有充分的准备和把握，使我们心中有数、有条不紊地进行采访。

阅读资料2：

群星小队针对调研主题、结合实地情况，对古镇的游客进行访谈。访谈提出的问题如下：

Q1：您从什么渠道了解到古镇呢？

Q2：是什么吸引您前来游玩呢？

Q3：您体验到了古镇哪些项目？感受如何？

Q4：您是否会将小镇推荐给自己的亲朋好友呢？

图3 阅读资料

（4）设计采访记录单。可提供采访记录单样例模板（见表2），供学生参考。

表2 采访记录单样例模板

被采访者：_____ 性别_____ 年龄_____ 职业_____

问题	回答要点记录	我的分析
Q1：您是从什么渠道了解到这个地方呢？		
Q2：是什么吸引您前来游玩呢？		
Q3：在此次旅行途中感受如何？		
Q4：什么给你留下了最深刻的印象呢？		
Q5：……		

2. 活动二：采访游客

（1）拟定采访计划，完成实地走访。

(2) 分工合作，填写采访记录单。

(3) 分析总结，根据游客的体验明确介绍的顺序。

(四) 任务三：设计排版，撰写文稿并配图，制作纸质版家乡名片

在本项任务中，学生要将活动过程中获得的成果整理成图文，精心绘制成一张家乡名片并进行公开展示。

1. 活动一：制作名片

(1) 提供模板，指导学生设计排版"家乡名片"。

(2) 指导学生撰写文稿：从"任务一"完成的信息汇总表中摘取有用的信息；提炼出大标题、小标题，突显家乡特色。

(3) 搜集图片，绘制插图，涂色。

2. 活动二：展示成果

(1) 在班级中展示各小组绘制的家乡名片，投票选出优秀作品。

(2) 在学校公众平台发布优秀作品。

(3) 带着优秀作品走出校园，到各相关景区等进行展示及宣传。

(五) 任务四：提高自身素养，爱护家乡环境，成为家乡"行走的名片"

在本任务中，学生将通过观看视频，了解不文明的言行给家乡造成的恶劣影响，通过提出倡议，签下倡议书，争做家乡"行走的名片"。

1. 活动一：观看视频

(1) 活动引入。我们的一言一行，同样也代表着家乡的形象。

(2) 观看视频。了解社会上现存的不文明现象。

(3) 思考与讨论。不文明的行为还有哪些？会给家乡带来怎样的影响？

(4) 总结。改掉身上不文明的行为习惯，成为家乡"行走的名片"。

2. 活动二：发起倡议

（1）浏览"浦东文明"公众号文章，提出具体的做法。

（2）根据教师提供的资料，填写倡议书。

（3）开倡议发布会，签下自己名字。

六、学习评价

"做家乡名片，为家乡代言"跨学科主题学习各阶段成果评价表见表3。

表3 "做家乡名片，为家乡代言"跨学科主题学习各阶段成果评价表

序号	项目	组内自评（描述性语言）	组间互评（描述性语言）	教师评价（描述性语言）
1	家乡特色信息汇总表			
2	问卷设计			
3	采访记录单			
4	家乡名片			
5	"争做家乡'行走的名片'"倡议书			

"做家乡名片，为家乡代言"跨学科主题活动评价表见表4。

表4 "做家乡名片，为家乡代言"跨学科主题活动评价表

评价类型	评价指标		评价星级（★★★表示"非常棒"）			
	一级指标	二级指标	个人评价	组内评价	教师评价	总计
过程性评价	处理信息	能搜集、梳理、整合信息				
	合作交流	能与同伴交流想法				

续表

评价类型	评价指标		评价星级（★★★表示"非常棒"）			
	一级指标	二级指标	个人评价	组内评价	教师评价	总计
总结性评价	迁移运用	能运用学习工具解决问题				
	创新指数	能提出新奇的想法和创意				
	实践指数	能参与整个学习过程				
	社会责任感	能积极参与对外展示活动				
学科素养	语言运用	能规范运用语言文字				
	数据意识	能收集、整理、呈现、分析数据				
	信息意识	能利用信息技术辅助学习				
	艺术表现	通过艺术创造表达想法与感受				
	品德提升	讲文明、懂礼貌，有良好品德				
努力方向						

七、学习需求及学习资源

(一) 学习需求

本学习活动需要借助电子设备进行资料的搜索查阅，利用信息技术呈现数据。学生需要调动身边的人力资源进行问卷的分发，获取当地人的建议；还需要走进社会，接触不同的人群，从而实现对游客的采访，获得游客的真实感受。在进行实践活动前，学生需要得到制作线上问卷、起草采访提纲、设计名片排版、发起倡议书等方面的指导。

（二）学习资源

1. 视频资料

上海浦东旅游宣传片（https：//tv. sohu. com/v/dXMvMzM1MjQ1NDM1LzExOTU1MzU5NC5zaHRtbA==. html）。

《在上海，一定要去的3个地方》（https：//www. bilibili. com/video/BV1dP411K7QK/）。

《关注不文明现象：上海"凤爪女"惹热议》（https：//v. qq. com/x/cover/c86t4af3k2p3284/l0019kuvl55. html？ptag＝v＿qq＿com％23v. play. adaptor％233）。

2. 阅读资料

"浦东旅游""浦东文明"公众号文章。

"桥"见上海

——三年级语文跨学科主题学习设计

上海浦东新区民办正达外国语小学　金　芸

一、主题背景

古往今来，桥，沟通彼此，便利了人们的同时，也成为城市建设的重要组成部分。上海市内水网稠密，河道纵横交错，一座座桥梁串连起了上海的河道里弄。小溪淙淙，河流潺潺，桥韵悠悠，上海有着许多历史悠久、造型别致的古桥，这些桥的建造特点和背后的故事又是怎样的？带着这样的问题与思考，结合语文教材三年级下册第三单元课文《赵州桥》，设计了以"桥"为主题的跨学科主题活动。本单元主要以"传承深厚传统文化，挖掘中国人的根"为主题，是对坚定文化自信、构建语言运用和激发审美创造等核心素养内涵培养的重要落实。"桥"是历史文化的载体，是中华传统文化传承的重要体现。为了奠定学生文化自信和培养学生审美意趣，从一年级到三年级学生已学过许多与中华传统文化相关的课文，为学习本单元奠定了坚实基础。

基于此，本单元对《赵州桥》的教学主要以"教、学、评"一体为主要依托。本活动以语文学科为主导，通过访谈、观看视频等方法深入认识"赵州桥"，通过整合文字资料、抓住关键信息等方式来了解上海古桥，学习如何"从几个方面介绍事物"来介绍"上海古桥"。本活动实施过程中需要进行实地测量，了解上海古桥的基本信息，这就需要用到数学学科统计与测量的相关知识。在子任务三：设计翻新古桥时，需要运用探究学科的工程试验知识来了解桥梁的结构与承重。最后，通过美术学科来协助美化古桥的翻新模型。学生通过综合运用数学、探究、信息与美术学科的知识与技能，用可视化的方式来呈现自己对上海古桥的认识，将零散的知识点整合转化为系统的跨学科实践活动的内容。充分发挥课程的整体育人价值，促进语文学科与其他学科互相依托、共同发展，实现"1＋1＞2"的效果。

二、学情分析

本活动的教学对象是三年级第二学期的学生，在学习本主题活动之前，学生已经有了一定的语文学习经验作为基础。关于"概括一个自然段意思"的知识，在三年级上第一学期安排了一次单元学习：借助关键语句理解一段话的意思。这意味着《赵州桥》中相关知识的学习是在温习中提升的，作为本单元的精读课文需要进一步教方法，学习借助过渡句，用后半句"赵州桥美观"来把握这一自然段的意思，进而进行迁移表达，介绍上海的古桥。

学生在数学课堂中学习了数据测量与收集，并且初步掌握了一些统计的基本方法，但是缺乏实地测量大型建筑的经验。学生在二年级下的探究学科中已经学过了"桥"这个单元，对桥的主要功能和承重本领有了基本的认识。在三年级下STEM课程中还会学习工程实验，了解桥梁的承重和压力，为桥梁的制作做好铺垫。美术学科方面，学生已经能创作平面、立体或动态等表现形式的美术作品，创造性地表达对自然与社会的感受、思考和认识，创造性思维能力得到一定的锻炼。

在过去两年多的学习中，学生已经完成了一年级的"寻找诗词中的节气"项目，了解了夏天的节气风俗，学习了相关的诗词。通过参与二年级的"美丽中国　魅力家乡"项目了解了自己家乡的风土人情、自然风光与著名建筑。三年级上的"弘扬传统文化　引领国潮风尚"项目又带领学生将诗词大会搬上舞台，用国潮方式演绎传统诗词。因此，学生对于PBL项目式学习和小组合作已经有了一定的经验。

本活动实施中学生需要尝试实地采访与调研，并将已学的"阅读文本，提取信息""围绕一个意思写一段话"的能力进行整合，在此基础上，运用"从几个方面介绍一个地方"的能力来介绍上海古桥。这是一种语用能力的进阶。最后，通过"桥博会"这种展示形式，帮助学生在真实情境中提升语文核心素养和跨学科能力。

三、学习目标

（1）通过深入理解课文内容，尝试介绍上海古桥，培养语言运用能力和思维表达能力，同时积极宣传上海桥梁文化，增强文化的认同感和自豪感。

（2）课后亲身探寻上海古桥，了解桥梁历史。通过采访、测量、统计和工程实验等方法，全面了解古桥的信息和桥梁建造特点，感受古代劳动人民的智慧。

（3）通过绘画、手工和电脑绘图等方法，激发学生的创造力和想象力，提升学生审美鉴赏与创造等综合素养。

四、任务规划

（一）问题及任务框架

问题及任务框架如图1所示。

核心问题：作为桥梁文化宣传员，如何深挖上海特色古桥的历史底蕴，彰显民族特色。	核心任务：深挖古桥历史，借助历史书籍等资料设计介绍古桥展板，进行文化宣讲。
问题一：你能为赵州桥制作一张明信片并通过视频的方式来介绍它吗？	任务一：走近文中之桥
问题二：你能通过查阅历史书籍与网络资料，尝试讲述这些桥的造型背后的故事吗？	任务二：探索上海石桥
	任务三：介绍上海古桥
问题三：如果你是一名桥梁设计师，你想设计建造一座怎样的桥？	任务四：制作桥梁模型

图1　问题及任务框架

（二）任务学习规划

任务学习规划如图2所示。

五、学习过程

（一）任务一：走近文中之桥

1. 活动一：观看关于赵州桥的视频，了解赵州桥的基本信息

赵州桥体现了劳动人民的智慧与才干，是我国宝贵的历史文化遗产。赵州桥的视频主要介绍赵州桥的位置、设计者、建造年代及其历史意义等。

2. 活动二：识桥之美——通过关键词感受赵州桥的美观

教师针对课文提问，如"文中第一句就写了赵州桥雄伟的特点，这样写的好处是什么？""文章当中用3个'有的'来描写不同姿态的龙，

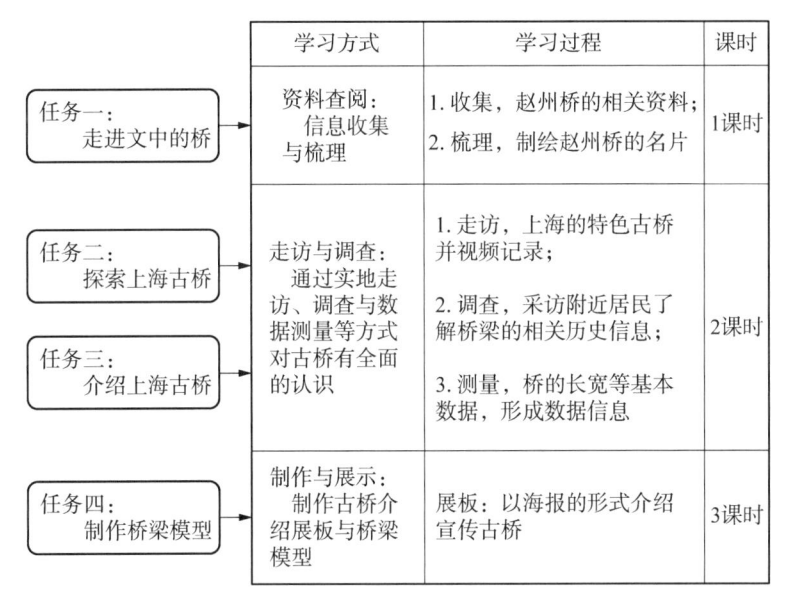

	学习方式	学习过程	课时
任务一：走进文中的桥	资料查阅：信息收集与梳理	1. 收集，赵州桥的相关资料； 2. 梳理，制绘赵州桥的名片	1课时
任务二：探索上海古桥 任务三：介绍上海古桥	走访与调查：通过实地走访、调查与数据测量等方式对古桥有全面的认识	1. 走访，上海的特色古桥并视频记录； 2. 调查，采访附近居民了解桥梁的相关历史信息； 3. 测量，桥的长宽等基本数据，形成数据信息	2课时
任务四：制作桥梁模型	制作与展示：制作古桥介绍展板与桥梁模型	展板：以海报的形式介绍宣传古桥	3课时

图2　任务学习规则

读完后你有什么感觉呢?"学生小组讨论并回答，之后教师总结：作者先给我们一个总的印象"美观"，再通过3个"有的"具体生动地写出了龙的动作特点，最后表达赞叹总结。就这样围绕美观这个意思把一段话写清楚了。

3. 活动三：寻桥之秘——制作赵州桥名片

(1) 学完课文后，以桥梁设计师的身份再次进入课文，找寻与赵州桥建造有关的信息，并进一步探寻赵州桥背后的历史，完善"赵州桥"名片卡（见表1）。

表1　"赵州桥"名片卡

（照片或图片）

续表

建造时间：	设计者：
所在的位置：	所用时间：
建造特点：	
关于桥的故事：	
我的思考：	

（2）尝试根据课文信息绘制关于赵州桥的思维导图，让建造时间、设计者、所在位置、建造特点等信息一目了然。

（3）尝试在父母的帮助之下，结合原文拍摄介绍赵州桥的视频，讲述清楚与赵州桥相关的基本信息和历史来源，可从建桥历史开始讲述，时长不超过3分钟。

（二）任务二：探索上海古桥

1. 活动一：上海古桥知多少

（1）引导学生利用丰富的学习平台与网络学习资源，自主查阅相关资料，搜集并整理与上海古桥有关的信息，从中选择重要、有用的信息。可提供网络资源收集整理表（见表2），供学生参考。

表2 网络资源收集整理表

学习资源链接	该资源中有用的信息

（2）根据所搜集的资料开展小组讨论，确定要走访的古桥。可提供小组合作记录单（见表3）和前期学习记录单（见表4），供学生参考。

表3　小组合作记录单

上海古桥	
小组名称	
小组成员	
人员分工	组长： 采访稿： 文字记录： 照片记录： 美化设计：
探究计划	

表4　前期学习记录单

我们对_____古桥的了解	我们还想知道什么	我们打算怎么了解

2. 活动二：实地调查走访

（1）一砖一瓦有历史，一桥一木有故事。指导学生以小组的形式，通过实地走访、采访调查等方式用纸笔记录桥的历史与渊源，锻炼表达与梳理的能力，提升综合素养。可提供小组采访表（见表5）和小组分工表（见表6），供学生参考。

表5　第_____小组采访表

采访目的		
问题与回答	问题	回答
获得的信息（整理归纳）		

表6　第_____小组分工表

组长		
组员分工（准备工具）	提问：	记录1：
	拍照、录像：	记录2：
	录音：	整理：

（2）引导学生用卷尺、用步伐等方式测量所调查的桥的长度，融入数学测量板块的知识，将学习素养转化为学习实践。可提供"上海古桥"研学单（见表7），供学生参考。

表7　"上海古桥"研学单

桥梁名字：		地理位置：
形状特点：		使用材料：
建造时间：		设计者：
估一估	我用的是：	
	我的估测结果是：	

续表

	活动照片：
量一量	我用的是： 我的测量结果是： 活动照片：
其他信息	

（三）任务三：介绍上海古桥

1. 活动一：制作上海古桥名片

汇总整理之前收集的资料及实地调查的数据，为古桥设计一张独特的名片，大胆发挥想象与创意。

2. 活动二：拍摄古桥视频

以"小桥故事知多少"为题向大家介绍古桥，拍摄微视频。微视频内容丰富精彩、积极向上，构思新颖、制作精美，强调真实场景、躬行实践，能够展现古桥的时代特点和建造特点。

视频时长 3~5 分钟，分辨率 720P，MP4 格式。建议后期制作配上解说字幕、背景音乐等。

(四)任务四:设计制作桥梁模型

1. 活动一:了解桥梁结构,绘制桥梁设计图

(1)阅读教师提供的文字材料学习桥梁的基本结构及特点,之后展开小组讨论。

(2)不同类型的桥梁的用途和建造特点都有所不同,请学生以桥梁设计师的身份,尝试设计一架心目中的桥。

(3)请学生根据前面所测得的数据,完成桥梁设计表(见表8)。

表8 桥梁设计表

设计者:

桥长:	桥宽:	桥高:	比例:
设计理念:			
设计手稿:			

2. 活动二:制作桥梁模型

(1)请学生动手将自己的设计制成模型,制作要求如下:

1)作品完整、稳定,符合真实桥梁工程建筑基本要求。

2)主桥桥面长度不低于25厘米,宽度不低于10厘米。

3)两桥墩的间距(任意两个桥墩内侧距离)不得低于10厘米(为了体现出桥的特征,将把桥梁安放在间距为20厘米的两张桌子之间进行展示)。

4)两桥墩之间的主桥面最高点,与桥墩安放的平面间的距离不低于10厘米。

（2）对制作完成的桥梁进行工程承重试验，试验要求如下。

1）纸桥和桌面之间不允许粘连。

2）桥梁承重要求为300g，达到300g就给起评分60分，承重每增加10g加1分。

3）在桥面添加重物后，选手不能用手接触纸桥，5秒内纸桥未倒塌或断裂视为有效承重量，以纸桥倒塌前的最大承重计算最高成绩。

（3）结合试验结果总结并分组讨论，提出改进建议。可提供桥梁模型设计评价表（见表9），供学生参考。

表9　桥梁模型设计评价表

桥梁名称	设计团队
最大承重	
设计亮点	
改进建议	
互评：☆☆☆	
师评：☆☆☆	

3. 展示

六、学习评价

跨学科主题学习评价需要围绕核心素养提升来创新设计，并贯穿整个跨学科实践过程。如任务一中的名片评价表见表10，任务二中的采访评价表见表12，任务四中的桥梁模型评价表见表11。

表10　名片评价表

评 价 内 容	自评	互评	师评
能结合文本内容和搜集的资料理解内容，内容符合主题	☆☆☆	☆☆☆	☆☆☆
制作精美，图文并茂	☆☆☆	☆☆☆	☆☆☆
内容有创新	☆☆☆	☆☆☆	☆☆☆

表11　桥梁模型评价表

评 价 内 容	自评	互评	师评
能合理运用材料	☆☆☆	☆☆☆	☆☆☆
能合理运用所学知识承重能力强	☆☆☆	☆☆☆	☆☆☆
桥梁造型美观	☆☆☆	☆☆☆	☆☆☆

表12　采访评价表

	具体任务和要求	自评	互评
注意礼仪	能穿着校服，仪态大方，文明用语	☆☆☆	☆☆☆
	需要录音摄像等提前征得对方同意	☆☆☆	☆☆☆
	能认真倾听，及时回应，表达感谢	☆☆☆	☆☆☆
学会提问	采访前做好采访问题的准备	☆☆☆	☆☆☆
	敢于提问，提问的语气恰当	☆☆☆	☆☆☆
	能随机应变，适时调整问题顺序	☆☆☆	☆☆☆
认真记录	能及时记录关键词	☆☆☆	☆☆☆
	能记录疑点，补充提问	☆☆☆	☆☆☆
	能记全采访对象、地点等基本数据	☆☆☆	☆☆☆

要对学生在实践中表现出来的核心素养进行评价（包括语文、数学、探究和美术等课程所要培养的核心素养，也包括对批判性思维、收集与

处理信息的能力、团队合作能力等跨学科素养）。还要对学生学习成果进行评价，包括记录单、项目作品等。

本跨学科主题活动设计中，教师始终将评价融于教学过程中，通过交流、展示等方式，关注学生的参与度、与他人沟通合作的表现以及活动成果展示等；并通过使用数字化评价平台"达能综评"进行阶段性反馈评价数据，逐步形成评价数据库，构建学生个性化电子成长档案。

七、学习需求和相关资源

（一）学习需求

学生需要借助电子设备进行资料的搜索查阅，对上海的古桥有大致的了解，并利用信息技术呈现数据。学生需要踏入社会，接触不同的人群，如附近居民、居委会等，独立完成采访与调查。

（二）学习资源

赵州桥的视频介绍（https：//v.qq.com/x/page/y0769ha9s1b.html）。

高架道路上的城市立体花园图鉴

——四年级语文学科跨学科主题学习设计

上海市浦东新区林苑小学　徐晓舟

一、主题背景

积极观察生活、用心感知生活是激发学生创造潜能，提升形象思维能力的重要基础。语文三年级上、四年级上都涉及"观察"能力的培养。螺旋式地编排，让学生们经历了从"认识观察""感受细致观察""体会观察的好处""展示自己的观察所得"到"连续观察""做好观察记录"的过程。《义务教育语文课程标准（2022年版）》指出，第二学段的学生能留心周围事物，结合语文学习观察大自然，观察社会，书面与口头结合表达自己的观察所得；能不拘形式地写下自己的见闻、感受，能将自己觉得新奇有趣或印象最深的内容写清楚；能提出学习和生活中的问题，有目的地搜集资料，共同讨论。

文学大家叶圣陶先生在《爬山虎的脚》一文中赞美过爬山虎叶子的美丽："那些叶子绿得那么新鲜，看着非常舒服。叶尖一顺儿朝下，在墙上铺得那么均匀，没有重叠起来的，也不留一点儿空隙。一阵风拂过，一墙的叶子就漾起波纹，好看得很。"在上海这座城市中，最常能见到爬山虎的地方就是高架桥的立柱上。而学生也不难发现，高架道路上的植物种类繁多，它们如同一条条锦带一般点缀着这座城市。那么，这些被种在高架道路上的植物中蕴藏着哪些学问呢？

基于四年级语文的学习要求，以培养学生积极观察、感知生活，激发学生好奇心、求知欲，崇尚真知，勇于探索创新，养成积极思考的习惯为目标，我们决定开展"高架道路上的城市立体花园图鉴"为主题的语文学科跨学科主题学习。要求学生能在文字材料中提取信息，并对信息进行甄别、筛选、解释和归类；通过观察、走访、调查问卷等方式收集和整理相关信息，了解高架道路植物的种植要求，完成一份调研报告，并绘制自己心目中的高架道路植物图鉴。

在实际解决问题时，还需关联自然、信息科技、数学、美术等其他学科。利用自然学科知识，了解高架道路上常见植物的名称及特征，了解植物对人类生活环境的美化作用；利用信息技术，从网络、媒体等途径检索高架道路上的植物的相关信息；运用数学学科知识，填写统计表、画条形统计图；运用美术学科知识，用图画来描述和记录植物的形态，了解植物的外形特点，学会用线条和色彩表现植物排列及穿插组合的形态。

二、学情分析

四年级的学生们已经初步尝试了观察实践活动，了解如何细致观察，可以调动多感官进行观察，并将自己的观察所得写下来，具备了一定的观察和写作能力。在四年级的学习中，学生们将进一步学习"观察"，养成了连续细致观察的习惯，并学习做好观察记录。

在一到三年级的学习生活中，学生经历过多次涉及了解、观察周遭事物的活动。如二年级时，结合课文《树之歌》，对校园中的大树进行观察，和美术学科联动完成了一次"我最爱的大树"绘画活动；三年级时，结合习作《我眼中的缤纷世界》进行观察，和信息技术学科联动制作了一份记录观察所得的电子小报。

上述这些知识能力与跨学科的学习经历，都为本次学习活动的开展打下了基础。但是，此次跨学科主题活动中，需要学生们通过搜集和阅读大量的材料，整合信息，这是一个比较大的挑战，需要语文学科教师提供引导和协助。此外，学生们还需要走访社区、相关部门进行深入采访和调研，如何设计采访调查表，如何分析数据也是一个不小的难关，需要数学和信息科技学科给予支持。最终，学生们需要绘制一份高架道路上的城市立体花园图鉴，这就需要美术学科提供帮助。

三、学习目标

（1）通过图书馆、网络等途径查阅资料，提取信息，并对信息进行甄别、筛选、解释和归类，认识高架道路上的植物。

（2）通过观察和记录、问卷调查、实地走访等形式进一步了解高架道路上植物的信息；统计、梳理调查走访结果，并用正确、规范的语言以书面形式完成高架道路上的植物的相关调研报告，绘制高架道路上的城市立体花园图鉴。

（3）在活动中进一步养成留心观察身边事物的习惯；在采访、调查等合作探究活动中增强团队凝聚力；在生活中坚持对美的追求；从小树立环保意识，增强社会责任感。

四、任务规划

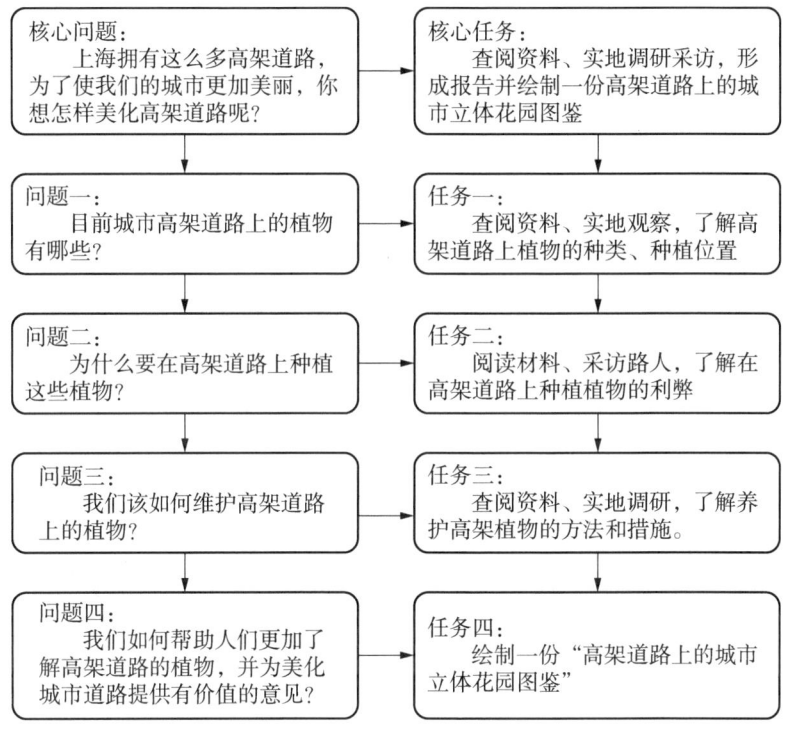

(一) 问题及任务框架

问题及任务框架如图 1 所示。

```
核心问题：                           核心任务：
  上海拥有这么多高架道路，              查阅资料、实地调研采访，形
为了使我们的城市更加美丽，你     →    成报告并绘制一份高架道路上的城
想怎样美化高架道路呢？                市立体花园图鉴

问题一：                             任务一：
  目前城市高架道路上的植物       →      查阅资料、实地观察，了解高
有哪些？                             架道路上植物的种类、种植位置

问题二：                             任务二：
  为什么要在高架道路上种植       →      阅读材料、采访路人，了解在
这些植物？                           高架道路上种植植物的利弊

问题三：                             任务三：
  我们该如何维护高架道路         →      查阅资料、实地调研，了解养
上的植物？                           护高架植物的方法和措施。

问题四：                             任务四：
  我们如何帮助人们更加了         →      绘制一份"高架道路上的城市
解高架道路的植物，并为美化            立体花园图鉴"
城市道路提供有价值的意见？
```

图 1　问题及任务框架

(二) 任务学习规划

任务学习规划如图 2 所示。

五、学习过程

(一) 学习导入

(1) 问题引入。从《爬山虎的脚》谈起，引发思考：我们经常在哪

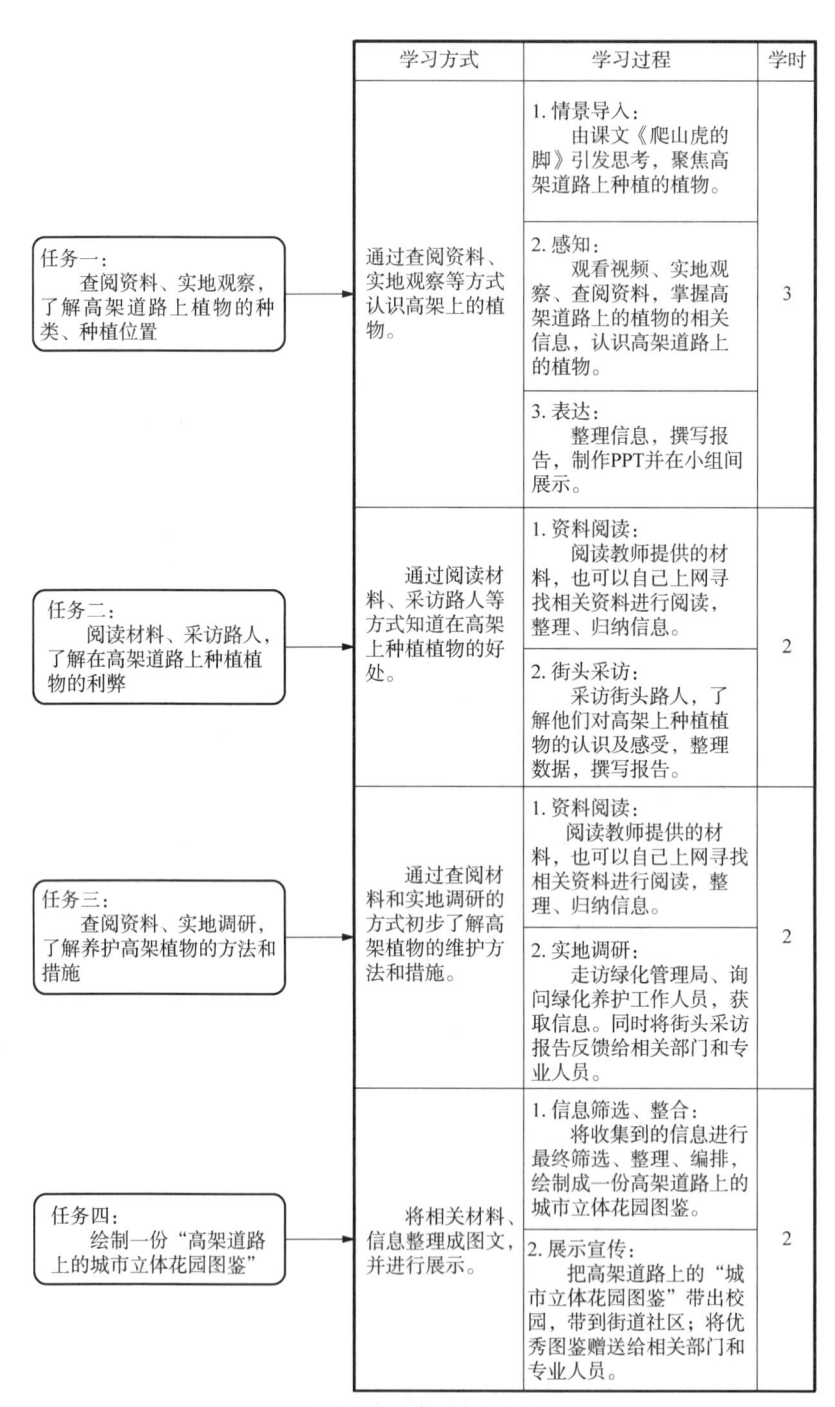

	学习方式	学习过程	学时
任务一： 查阅资料、实地观察，了解高架道路上植物的种类、种植位置	通过查阅资料、实地观察等方式认识高架上的植物。	1. 情景导入： 由课文《爬山虎的脚》引发思考，聚焦高架道路上种植的植物。 2. 感知： 观看视频、实地观察、查阅资料，掌握高架道路上的植物的相关信息，认识高架道路上的植物。 3. 表达： 整理信息，撰写报告，制作PPT并在小组间展示。	3
任务二： 阅读材料、采访路人，了解在高架道路上种植植物的利弊	通过阅读材料、采访路人等方式知道在高架上种植植物的好处。	1. 资料阅读： 阅读教师提供的材料，也可以自己上网寻找相关资料进行阅读、整理、归纳信息。 2. 街头采访： 采访街头路人，了解他们对高架上种植植物的认识及感受，整理数据，撰写报告。	2
任务三： 查阅资料、实地调研，了解养护高架植物的方法和措施	通过查阅材料和实地调研的方式初步了解高架植物的维护方法和措施。	1. 资料阅读： 阅读教师提供的材料，也可以自己上网寻找相关资料进行阅读、整理、归纳信息。 2. 实地调研： 走访绿化管理局、询问绿化养护工作人员，获取信息。同时将街头采访报告反馈给相关部门和专业人员。	2
任务四： 绘制一份"高架道路上的城市立体花园图鉴"	将相关材料、信息整理成图文，并进行展示。	1. 信息筛选、整合： 将收集到的信息进行最终筛选、整理、编排，绘制成一份高架道路上的城市立体花园图鉴。 2. 展示宣传： 把高架道路上的"城市立体花园图鉴"带出校园，带到街道社区；将优秀图鉴赠送给相关部门和专业人员。	2

图2 任务学习规划

里可以看到爬山虎？高架上除了爬山虎这种植物以外，还种了哪些植物？

（2）观看视频《上海高架道路上的植物》，初步了解高架道路上种植的植物种类。

（3）深入探究。你认识这些植物吗？这些植物中，哪些种在高架桥上，哪些种在高架的立柱上，哪些种在路边？

（二）任务一：查阅资料、实地观察，了解高架道路上植物的种类、种植位置

在本任务中，学生通过组建学习小组分配任务，开展调研，以资料查阅和实地观察为主要方式，了解高架道路上的植物，掌握这些植物的基本信息，并将它们按照种植的位置进行分类。

1. 活动一：实地观察

（1）以小组为单位，分别带着相机拍摄城市高架桥上、高架立柱上以及道路两边以及人行道旁的植物照片。

（2）信息交流。汇总照片信息，整理出不认识的植物。

2. 活动二：查阅资料

（1）利用植物识别App查找相关植物的基本信息。

（2）将结果进行整理、分类，完成高架道路植物表（见表1）。

表1 高架道路植物表

序号	名称	种植位置	种植在该位置的原因/特点（颜色、是否开花、生长季节等）
1			
2			
3			
4			
5			

3. 活动三：成果展示

（1）根据表格汇总信息撰写《高架道路上的植物》调查报告，并制作PPT。

（2）组长或组员代表进行汇报交流。

（三）任务二：阅读材料、采访路人，了解在高架道路上种植植物的利弊

在本任务中，学生通过课堂上阅读材料，课外小组合作进行采访的学习方式，了解在高架道路上种植植物的原因和好处，同时了解路人对于在城市高架道路上种植植物的认识及感受。

1. 活动一：材料阅读

（1）问题引入。为什么我们会在高架道路上种植植物呢？这些植物对人们的生活有哪些利弊？

（2）根据教师提供的阅读材料，摘录并整理信息。

立体绿化是充分利用空间优势，利用植物进行绿化、美化环境的一种方式。通过人工创造的特殊环境，使园林植物出现在建筑物的墙壁、阳台、窗台、屋顶和城市各类建筑物的表面，借以增加城市的绿化面积。城市立体绿化可以弥补地面绿化的不足，在丰富植物景观、提高城市绿化覆盖率、改善生态环境方面都起着重要的作用。

一、立体绿化特点：

1. 见效快。攀缘植物生长速度快，两到三年即可获得绿荫满壁，枝繁叶茂的效果。攀缘植物占地面积小，易于扩大绿化面积。

2. 造价低。种植攀缘植物，投资小，见效快。藤本植物适应性强，耐干旱，耐瘠薄，易于管理。

二、立体绿化的价值：

1. 有助于进一步增加城市绿量，缓解热岛效应，吸尘，缓解噪声和有害气体污染。

2. 立体绿化是城市绿化的重要形式之一，是改善城市生态环境，丰富城市绿化景观重要而有效的方式。

3. 发展立体绿化，能丰富城区园林绿化的空间结构层次和城市立体景观艺术效果。

4. 保温隔热，节约能源，也可以滞留雨水，缓解城市下水、排水压力。

5. 立体绿化可以延缓建筑防水层的老化和表面的风化，防止建构筑物表面产生裂缝，延长建筑外墙的平均使用寿命。

（节选自《浅谈城市立体绿化》）

（3）除了教师提供的阅读材料以外，自行寻找相关资料，将信息进行整理、汇总，完成高架道路种植植物利弊汇总表（见表2）。

表2 高架道路种植植物利弊汇总表

序号	好处	坏处
1		
2		
3		
4		

（4）组内、组间分享交流高架道路上种植植物的利弊。

2. 活动二：街头采访

（1）活动引入。除了文字材料以外，路人对于高架道路种植植物的感受也是种植植物的参考。

（2）学生观看采访视频，学习采访案例。

（3）教师指导学生规划采访流程，包括拟定采访计划、设计结构性问题、确定采访对象等。

（4）学生独立深入社区、街道，完成采访调查，填写采访记录单（见表3）。

表3　采访记录单

被采访者：_____

基本情况	年龄_____　性别_____　身份/职业_____	
问题		要点记录
问题一：		
问题二：		
问题三：		
我的感受或思考：		

（四）任务三：查阅资料、实地调研，了解养护高架植物方法和措施

在本项任务中，学生通过课上阅读材料、课外小组合作实地调研，了解相关部门和专业人员是如何维护这些高架道路上的植物的。

1. 活动一：材料阅读

（1）问题引入：高架道路上的植物维护和平时家里种植的植物的养护有什么相似之处，又有什么区别呢？种植在不同位置的植物，维护的方式是否一样呢？

(2) 根据教师提供的阅读材料，摘录并整理信息。

高架桥绿化的传统形式耗费大量人力物力财力进行后期维护，但是以科技为实力后盾的高架桥垂直绿化则方便很多，但也需要进行后期维护和养护。那么，高架桥绿化之后要怎么进行养护？

1. 水分管理

利用已安装的灌溉系统，根据植物种类、气候和实地环境等情况设定程序，自动控制供水。应配备充足的灌溉系统配件，及时更换老化的管件。经常检查灌溉系统，喷头堵塞应及时疏通或更换，缺失的应及时补装。

灌溉水量适宜，应既能满足植物的需求，又能避免过多的水流到天桥下影响行车和行人。灌溉应一次浇透，相对均匀，不应出现明显的局部干旱或积水现象。夏秋季宜早、晚灌溉，冬季及早春中午灌溉。对移植过程中根系受到损伤的植株，水分管理应更精细，可适当进行叶面喷雾。

2. 施肥

施肥以液肥为主，干肥为辅，无机肥为主，有机肥兼用。宜经常分析栽植基质的理化状况，结合植株的生长需求制定详细的施肥计划。施肥量应根据苗木种类、苗龄、生长期和肥源以及栽植基质理化状况，植株的营养状况确定。营养生长期宜选择含氮量高的复合肥；促花及开花季节，宜选择含磷钾量高的复合肥。冬季到来前适当增施钾肥以增强植株抗寒能力。施肥使用干肥时，宜采用缓效肥，均匀撒施在种植槽面。合理应用微量元素和根外施肥技术。根外施肥宜在早上10点之前或傍晚进行。施肥宜在晴天，除根外施肥技术，肥料不应触及植株叶片。施液肥或干肥后应及时洒水清洗叶面。

123

3. 基质管理

每年分别在 3 月和 10 月对栽植基质进行松土,并施用能够增加有机质含量和改善透气性的土壤改良剂。

(节选自《高架桥绿化要怎么养护》)

(3) 除了教师提供的阅读材料以外,自行寻找相关资料,将信息进行整理、汇总,完成高架道路植物养护方式汇总表(见表 4)。

表 4 高架道路植物养护方式汇总表

序号	植物名称	种植位置	养 护 方 法
1			
2			
3			
4			

(4) 组内、组间分享交流高架道路植物养护的方法。

2. 活动二:实地调研

除了文字材料以外,向绿化管理部门的相关专业人员请教也是一种有效的方式。引导学生以小组为单位走访调研,汇总信息,整理归类。并将街头采访时路人对于高架道路种植植物的各种感受反馈给专业人员和相关部门,为以后的城市高架道路的绿化建设提供建议。

(五)任务四:绘制一份"高架道路上的城市立体花园图鉴"

在本项任务中,要将活动过程中的阶段成果整理成图文,绘制成一份高架道路上的城市立体花园图鉴并进行展示。

1. 活动一：信息筛选和整合

（1）以小组为单位筛选信息。

（2）整理完成后，小组成员分工进行图文编排，合作绘制出一份"高架道路上的城市立体花园图鉴"。

2. 活动二：展示宣传

（1）利用公众号在校内进行展示和投票，选出最具特色和最受欢迎的图鉴。

（2）带着图鉴走出校园，在社区和街道中进行展示和宣传。

（3）将最优秀的作品赠送给相关部门。

六、学习评价

"高架道路上的城市立体花园图鉴"跨学科主题活动评价表见表5。

表5　"高架道路上的城市立体花园图鉴"跨学科主题活动评价表

评价类型	内容	基本标准	评价星级
过程性评价	分享：高架道路上的植物我知道	1. 能实地观察高架道路上的植物并拍摄照片 2. 能利用植物识别app等工具了解不认识的高架植物 3. 能对信息进行整理、分类	1. ☆☆☆ 2. ☆☆☆ 3. ☆☆☆
	学习：高架上种植植物的好处真不少	1. 能阅读材料，提取信息，自行查找相关资料 2. 采访记录单设计合理，指向清晰 3. 能形成图表式的报告，能分析路人对于高架道路种植植物的感受及原因	1. ☆☆☆ 2. ☆☆☆ 3. ☆☆☆
	调研：高架植物维护小贴士	1. 能阅读材料，提取信息 2. 能通过多种方式获取资料和信息 3. 能梳理出关键信息，并对信息进行整理	1. ☆☆☆ 2. ☆☆☆ 3. ☆☆☆

续表

评价类型	内容	基本标准	评价星级
	设计：高架道路上的城市立体花园图鉴我来画	1. 主题明确，结构清晰，能凸显高架道路植物的特点 2. 图鉴中说明性文字的语言运用准确，内容丰富多样 3. 能借助绘画等方式进行创意制作	1. ☆☆☆ 2. ☆☆☆ 3. ☆☆☆
成果展示	得票数：		

七、学习需求和相关资源

（一）学习需求

本学习活动需要借助电子设备进行资料的搜索查阅，利用信息技术呈现数据。学生需要走进社会，接触不同的人群，从而实现对路人的采访和对相关部门以及专业人员的咨询。学生需要得到采访提纲、报告撰写等方面的指导。

（二）学习资源：

1. 植物识别 App

如"形色""花伴侣""植物识别""plant｜dentifier"等。

我是三林非遗手工艺品推荐官
——三年级语文学科跨学科主题学习活动设计
上海市浦东新区南码头小学　应婷婷

一、主题背景

统编版小学语文教材三年级上册第五单元是习作单元，以"我眼中的缤纷世界"为主题，要求学生把最近观察时印象最深的一种事物或一处场景写下来，并通过展示交流，让学生进一步感受留心观察的好处，相互启发，开阔思路，从而养成留心观察、细致观察的习惯。《义务教育语文课程标准（2022年版）》中强调让学生在真实的语言运用情境中自主产生学习的愿望，并主动调派各种学习资源去完成学习任务，因此，创设真实性问题情境，设计真实的学习任务，让学生经历真实的学习活动是此次活动设计的关键。

我校自2021年在三林地区开设分校，生源绝大多数来自外区的动迁居民和新上海人家庭，学生们对三林本地的文化渊源并不熟知。近一年来，三林镇通过校社联动送课进校的模式，将三林本土非遗手工艺品文化课程在学生中加以传播推广，引起了学生极大的兴趣。学生们热衷参与三林本土非遗手工艺品的课程，在学习中对三林地区的文化传统越来越有认同感。

基于此，"我为三林非遗手工艺品做名片"的学习任务成为驱动性任务，学生在多种学习材料中自主归纳出"留心观察"的方法，并在真实的观察中不断应用该方法，记录观察所得，进阶式地完成名片。

在制作"三林非遗手工艺品名片"的过程中，阅读、梳理、探究、交流等活动之间形成了一种互动交流的关系，学生在综合运用语文、数学、信息、美术等学科知识的过程中发现问题、分析问题、解决问题，真正提高观察能力和语言文字运用能力，养成细致观察的好习惯。

二、学情分析

三年级的学生在二年级下册语文教材口语交际"推荐一部动画片"板块，掌握了介绍事物要抓重点、特点的技巧，提升了语言表达能力。在此基础上，学生通过仔细观察，挖掘三林非遗文化特色，组织规范通顺的语言进行描述推荐。但是在句序安排、用词的准确性上仍需要教师进行点拨与指导。

三年级的学生在信息技术第一学段中已经体验了文字、图片、语音等多种输入方式的表达与交流效果，能有意识地使用电子设备处理文字、图片和声音，为制作"三林非遗手工艺品名片"奠定了信息科技的基础。但是排版、色彩搭配的能力相对比较欠缺。

三年级的学生在美术学科第六单元"感受民间艺术"中，已经学会运用对称性、装饰性等民间艺术特点，为制作"三林非遗手工艺品名片"奠定了基础。

三年级的学生在数学学科第一学段中已经经历调查、记录、整理、分析等统计过程，并在数据整理环节初步认识条形统计图，正确认读，解决简单的问题，为"最受欢迎的三林非遗手工艺品"的问卷星调查结果奠定了数据分析的基础。

三、学习目标

（1）能够在制作名片的真实情境中发现和提出有意义的探究问题，逐步养成运用语文知识解决真实问题的能力，发展语言运用、思维能力、审美创造等语文课程核心素养。

（2）通过阅读文本，分析、比较、归纳观察方法，提升理解、欣赏、评价语言文字的能力，发展形象思维和归纳思维。

（3）通过整理、分析观察记录卡，完成观察习作；能利用美学知识与技能对名片进行配图、美化，完成名片制作。

（4）敢于在公共场合介绍自己制作的名片，声音响亮，有礼貌地交流；善于欣赏他人作品，并积极提出建议，也能虚心接受他人的建议；乐于对整个学习过程进行反思，表达自己的学习感受和收获。

（5）通过实地探访，观察演示，动手操作，体验手工艺品的制作流程，进一步了解本土文化的类别与发展，激发掌握本土文化技艺的愿望，促进本土文化的传承与发展，厚植本土文化情怀。

四、任务规划

(一) 问题及任务框架

问题及任务框架如图1所示。

问题及任务框架

核心问题： 在3月份三林镇组织的爱心义卖会上，推荐三林非遗手工艺品，厚植本土文化情怀。

核心任务： 作为三林非遗手工艺品的推荐官，通过仔细观察，组织介绍词，制作手工艺品的电子海报，手绘名片，全面介绍三林非遗手工艺品。

问题一： 哪些三林非遗手工艺品深受学生欢迎？

任务一： 收集、处理问卷星数据，遴选出最受欢迎的三林非遗手工艺品前五名。

问题二： 如何撰写三林非遗手工艺品介绍词？

任务二： 观察三林非遗手工艺品制作过程，搭建框架，撰写介绍文字。

问题三： 如何设计三林非遗手工艺品宣传海报？

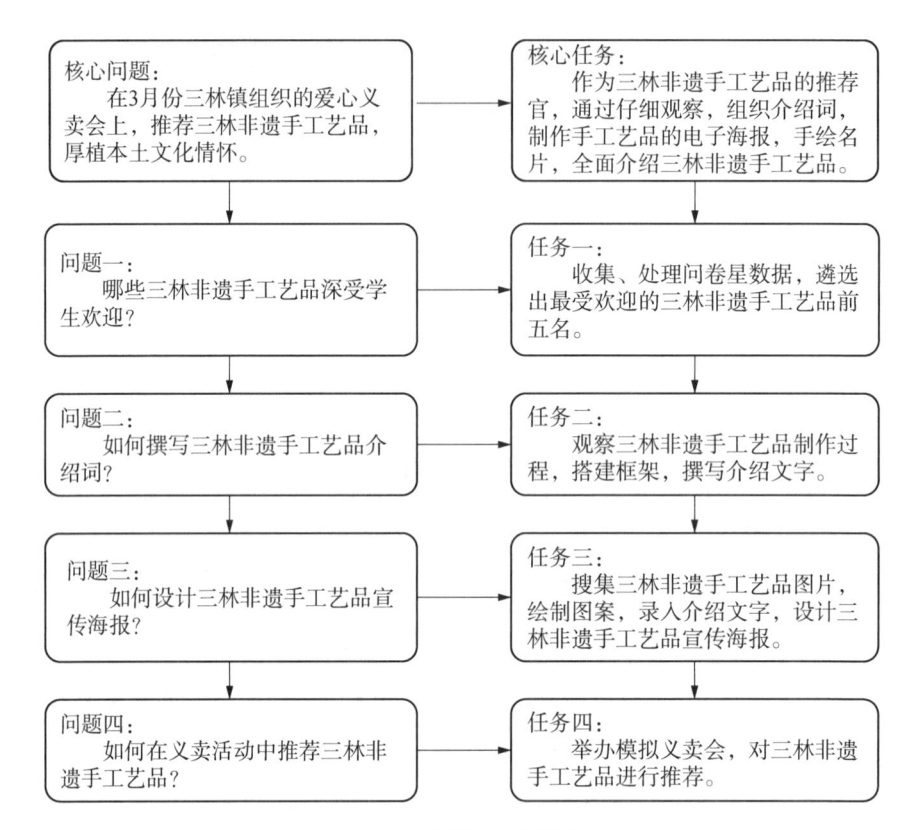

任务三： 搜集三林非遗手工艺品图片，绘制图案，录入介绍文字，设计三林非遗手工艺品宣传海报。

问题四： 如何在义卖活动中推荐三林非遗手工艺品？

任务四： 举办模拟义卖会，对三林非遗手工艺品进行推荐。

图1　问题及任务框架

(二) 任务学习规划

任务学习规划如图2所示。

五、学习过程

(一) 学习导入

本课的任务是通过真实性问题情境的提出，让学生明确学习任务：成为三林非遗手工艺品推荐官。学生在了解三林非遗手工艺品种类的过程中，评选最受学生欢迎的手工艺品，教师引导学生自主发现问题，激发学生成为推荐官的兴趣。

第二部分 | 跨学科主题学习怎么开展？

	学习方式	学习过程	课时
任务一：收集、处理问卷星数据，遴选出最受欢迎的三林非遗手工艺品前五名	调查立项：通过采访、问卷、分析等形式确定推荐的工艺品种类	观看三林非遗课程的小视频，初步了解三林非遗手工艺品的种类。 通过调查问卷，选出最受欢迎的三林非遗手工艺品前五名	1
任务二：观察三林非遗手工艺品制作过程，搭建介绍框架，撰写介绍文字	构建框架：通过观察讨论，构建介绍框架，撰写介绍文字	1.考察：三林非遗手工艺品的制作过程 2.讨论：从哪几个方面介绍手工艺品，构建介绍框架 3.撰写：根据介绍框架，撰写介绍文字	1
任务三：搜集三林非遗手工艺品图片，绘制图案，录入介绍文字，设计三林非遗手工艺品海报	研究海报：通过观察、分析等形式进行海报设计	1.观察：一张海报所包含的要素 2.绘制：三林手工艺品线描画 3.制作：将图片、文字放入海报中并加以美化	1
任务四：举办模拟义卖会，对三林非遗手工艺品进行推荐。	展示成果：配合海报进行推荐	1.布景：将海报布置成展板，放在模拟义卖会场	1

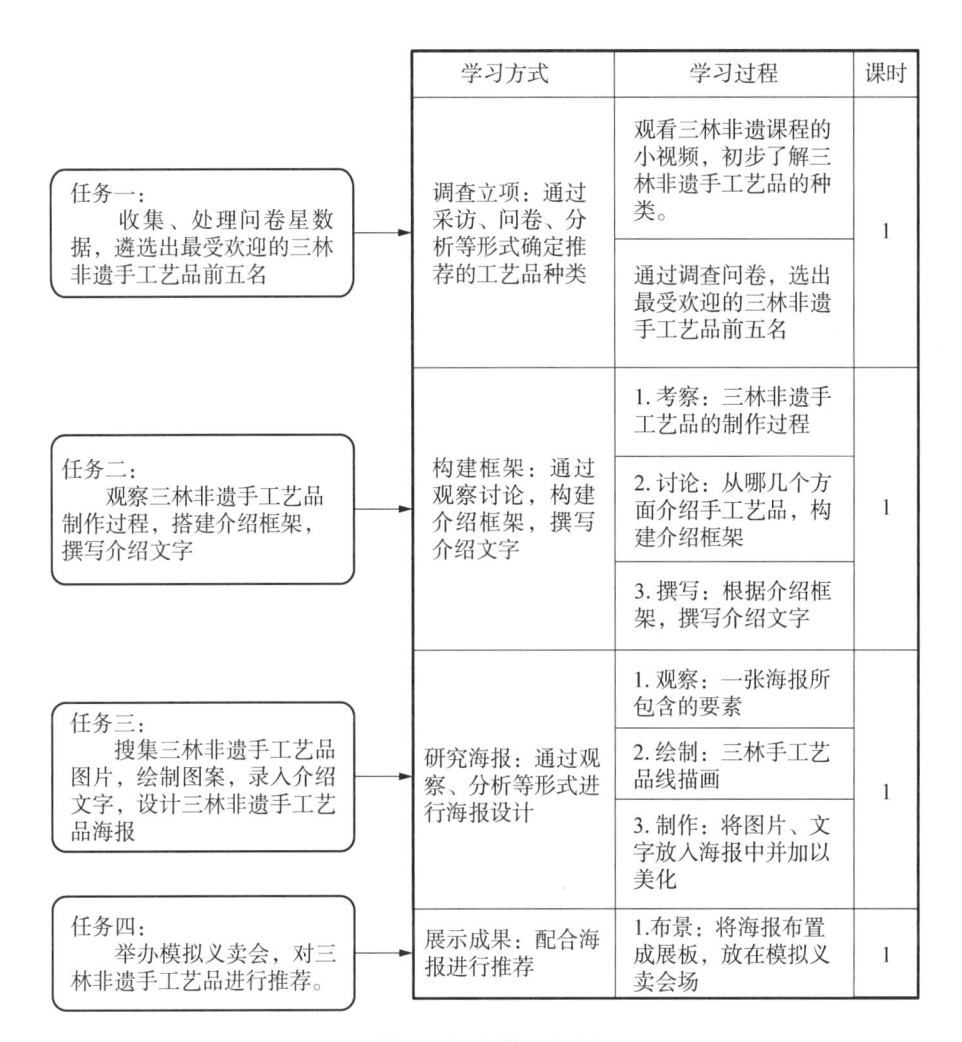

图 2 任务学习规划

1. 发布活动信息

三林镇每年的 3 月份都会在三林老街组织辖区内的学校、企事业单位进行一次爱心义卖专场，将筹得的义卖款项捐助辖区内的困难家庭。经过意见征询，三年级的学生将担当这次义卖活动的主力，义卖品为具有三林地区传统特色的非遗手工艺术品。

2. 发布任务

作为三林非遗手工艺品的推荐官，我们如何利用电子海报介绍三林非遗手工艺品，从而吸引游客的注意，慷慨解囊，借此推广三林地区特有的非物质文化遗产？

（二）任务一：收集、处理问卷星数据，遴选出最受欢迎的三林非遗手工艺品前五名

本任务中，学生将进入到任务情境，观看视频，通过问卷调查评选最受欢迎的三林非遗手工艺品前五名，通过组建学习小组、分配任务，逐步进入到探究活动中。

1. 活动一：信息感知

（1）播放三林非遗送教课程小视频，使学生大致了解三林非遗手工艺品。

（2）让学生说说对哪个产品感兴趣，以及理由。

2. 活动二：调查立项

（1）运用问卷星 App，设计一张"你最喜欢的三林非遗手工艺品"电子调查问卷。可提供"你最喜欢的三林非遗手工艺品"调查问卷（见表1），供学生参考。

表1　"你最喜欢的三林非遗手工艺品"调查问卷

1. 你是否了解三林非遗手工艺品？	□A. 是　□B. 否
2. 你最喜欢的三林非遗手工艺是？ ［多选题］	□A. 木雕　□B. 竹编　□C. 剪纸 □D. 皮影戏　□E. 扎染　□F. 风筝 □G. 绘制京剧脸谱
3. 你认为三林非遗手工艺品的价格如何？	□A. 很贵　□B. 适中　□C. 很便宜

续表

4. 你是否曾购买过三林非遗手工艺品？	☐A. 是　☐B. 否
5. 如果你想了解更多三林非遗手工艺品，你会选择哪种方式？〔多选题〕	☐A. 上网搜索　☐B. 到实体店购买 ☐C. 参加手工艺品展览 ☐D. 向朋友了解

（2）选派4位学生代表在四年级学生群体中发放问卷调查二维码，动员学生完成问卷调查。

（3）导出后台数据，遴选出最受欢迎的三林非遗手工艺品前五名。

3. 活动三：落实任务

（1）选取排名前五的三林非遗手工艺品，让学生认领自己喜欢的手工艺品。

（2）学生按照所选择的三林非遗手工艺品组成小分队，并安排分工，如分为文字介绍组和电子海报设计组。

（三）任务二：观察三林非遗手工艺品制作过程，搭建介绍框架，撰写介绍文字

在阅读《我家的小狗》《我爱故乡的杨梅》两篇习作例文的基础上，学生感受、归纳观察习作的谋篇布局。整理自己的三林非遗手工艺品观察记录卡，完成三林非遗手工艺品介绍词。

1. 活动一：实地考察，观察手工艺品的制作过程

（1）提前了解手工艺品的展示区或体验门店的地址，做好记录。

（2）实地观察制作过程，填写体验记录卡（见图3）。

2. 活动二：阅读习作例文，总结学习要点

（1）阅读例文，总结习作要点①——表达真实想法。

（2）回顾单元，总结习作要点②——归纳谋篇布局。

图3 三林非遗手工艺品调查记录卡

（3）讨论可以从哪几个方面介绍手工艺品，形成介绍框架（见图4）。

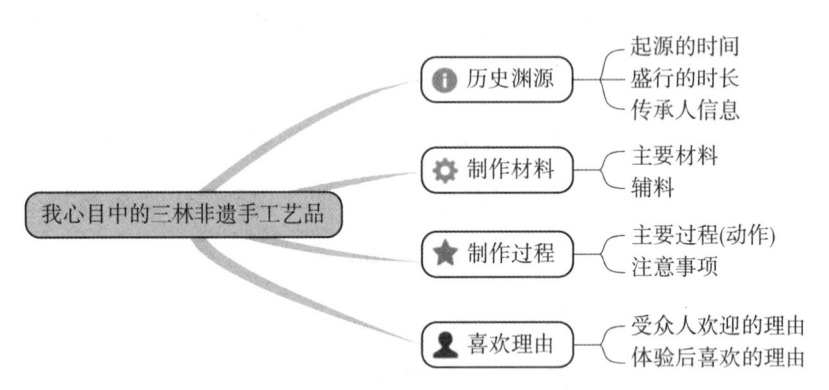

图4 "我心目中的三林非遗手工艺品"介绍框架

3. 活动三：整理观察记录卡，形成文字内容

（1）小组成员各自根据介绍框架，撰写介绍文字。

（2）小组组内交流，依据评价表，评出最佳产品介绍，入选集市介绍词。

(四) 任务三：搜集三林非遗手工艺品图片，绘制图案，录入介绍文字，设计三林非遗手工艺品海报

观察各种各样的电子海报，了解海报的配色、形式、材质等特点，设计自己的海报、输入介绍文字，并配图、美化、打印。

1. 活动一：了解一张海报一般包含哪些要素

（1）教师展示各种各样的海报，如旅游景点海报、活动海报、电影海报、精选海报、图书海报等，引导学生了解海报的图文、配色、形式、材质等特点。

（2）教师引导学生了解一款电子海报 App 的操作技能，为设计电子海报做技术准备。

2. 活动二：利用信息技术知识与技能设计电子海报

（1）学生根据自己的兴趣对海报进行插图、配色、收集字体等素材。

（2）学生学做电子海报，可以配上合适的背景音乐。

(五) 任务四：举办模拟义卖会，对三林非遗手工艺品进行推荐

举办义卖会活动，学生通过生生交流、师生交流对介绍词、海报进行修改、完善。学生对整个跨学科学习过程进行反思，表达学习收获。

1. 活动一：义卖会——讲解、交流、完善

教师指导学生布展、讲解、交流、评价，在生生交流、师生交流中对海报进行修改、完善。

2. 活动二：学习评价——反思、收获、改进

利用评价卡对跨学科学习进行过程评价与结果评价，促进反思、收获与改进。

六、学习评价

"我是三林非遗手工艺品推荐官"跨学科主题活动评价表（见表2）。可以看到，过程评价贯穿制作名片核心任务的始终，对学生在各类学习、实践、探究活动中的真实表现做出了评价，也是学习成果可视化表现的评价依据。跨学科学习十分重视学生的感受和收获，以鼓励肯定为主，引导学生自我反思与提升。

表2 "我是三林非遗手工艺品推荐官"跨学科主题活动评价表

评价维度	内容	标准	自评 ☆☆☆	同学评 ☆☆☆	老师评 ☆☆☆
过程评价	一、阅读文本归纳方法	1. 认真阅读文本，感受作者的留心观察			
		2. 能归纳出观察方法，体会"抓特点""抓变化"等观察方法的好处			
	二、仔细观察认真记录	1. 能运用观察方法对所选的三林非遗手工艺品的制作过程进行观察			
		2. 将观察所得记录在卡片上			
	三、资料整理名片设计	1. 通过例文发现观察习作的要点			
		2. 通过整理观察记录卡，完成名片的文字部分			
		3. 能利用美术知识与技能对名片进行配图、美化			
	四、资料搜集海报设计	1. 通过多途径搜集图片、配乐、字体			
		2. 能利用信息技术知识与技能对海报进行制作			

续表

评价维度	内容	标准	自评 ☆☆☆	同学评 ☆☆☆	老师评 ☆☆☆
	五、名片发布分享交流	1. 敢于在公共场合介绍自己制作的名片，声音响亮，有礼貌地交流			
		2. 善于欣赏他人作品，并积极提出建议，也能虚心接受他人的建议			
		3. 乐于对整个跨学科学习过程进行反思，并表达自己的学习感受和收获			
结果评价	一、名片文字部分	主题明确，结构合理，观察细致，描写准确、生动，表达真实感受			
	二、名片形式部分	图文并茂，颜色、图案、线条、字体等合理、美观			
	三、海报效果部分	图文并茂，颜色、图案、线条、字体等合理、美观，配乐动听			

七、学习资源

（1）三林非遗活动介绍链接（https：//baijiahao．baidu．com/s?id＝17719329568624 69654＆wfr＝spider＆for＝pc）。

（2）社区提供的三林镇非遗课程电子画册介绍（见图5）。

图5 三林镇非遗课程电子画册及三林发布公众号

（3）实践体验点推荐：非物质文化遗产保护基地三林民俗馆。

遇见浦东第一镇，我为"小上海"代言

——三年级语文跨学科主题学习活动设计

上海市周浦实验学校　黄元笑

一、主题背景

三年级第一学期语文教材第六单元围绕"祖国河山"这一人文主题编排了描写山水美景的《古诗三首》，表现海疆风景优美、物产丰富的《富饶的西沙群岛》，描绘南国美丽风光的《海滨小城》，展现北国四季迷人景色的《美丽的小兴安岭》，以及习作《这儿真美》，启发学生运用从课文中学到的方法，围绕一个主题去写，体会祖国山河的壮丽，激发学生热爱大自然、热爱祖国的情感。

通过本单元的学习，学生感受到祖国风光秀丽，对祖国山山水水的热爱之情油然而生。我校95％以上的学生在周浦出生并在周浦学习生活，但总体上，学生对周浦并不是足够了解，对周浦的地域特色知之甚少，被问及"周浦究竟有哪些值得一去的地方？"的时候往往答不上来。因此，基于三年级语文的学习要求，结合学生的需求，我们以"遇见浦东第一镇，我为'小上海'代言"为主题设计跨学科主题学习活动。要求学生查找资料，设计采访问题，实地探究，选择一个周浦值得一去的地方，为它做一份宣传单，把它介绍清楚。

学生通过实地调查，将身边的美景、美食介绍给别人，运用学过的观察方法发现周浦的美。他们用镜头记录动人的美景，同时，用课文中学到的方法，抓住景物的特点，围绕一个主题，把景物介绍清楚，表达对周浦的热爱。此外，学生用口语交际的技能在采访时用合适的语气和音量与他人交流，有礼貌地请教他人。本跨学科主题学习活动有助于拓宽学生视野，增加他们对家乡独特的文化、美食、旅游资源的了解，提升他们对家乡文化的自信和认同感。同时，活动将通过宣传展现"小上海"周浦的魅力，吸引更多的游客前来探访和感受周浦的独特魅力，培养学生热爱祖国，热爱家乡的情感。

此活动以语文为本位学科，同时需要学生综合运用美术、道德与法治、信息科技等学科知识，有助于提高学生综合运用多学科知识解决实际问题的能力。学生利用美术学科中的知识技能，用线条和简单的图形设计宣传单的版面，用彩笔绘制周浦景物作为宣传单中的插图；利用道德与法治学科教授的方法调研家乡的历史文化、风土人情；利用信息科技的知识技能从网络、媒体等途径了解周浦的信息。

二、学情分析

三年级的学生已经学习了第六单元《富饶的西沙群岛》《海滨小城》《美丽的小兴安岭》等三篇课文，能在充分的阅读中，领略美丽的自然风光，体会作者的思想感情，能借助关键语句理解一段话的意思，能用自己的话介绍文中的景物或场景，并摘抄课文中写得好的句子，与同学交流阅读体会。通过《这儿真美》的习作练习，学生能仔细观察一处景物，围绕一个主题写一段话，并能主动运用平时积累的描写景物的词语，能自己改正错别字，有了一定的能力为宣传单撰写介绍词。

虽然学生没有做过宣传单，但他们解决类似的问题已有一定基础。比如，二年级时结合美术学科已经做过"课间十分钟"的海报设计，三年级时做过"逃生路线图"的绘制以及"我为果树挂名牌"的设计。结合道德法制中"请到我的家乡来"的学习，学生也能够识别本地区旅游景区等小区域的平面示意图，并做过"校园道路取名"的项目。

这些知识能力与跨学科的学习经历，都为开展本次学习活动打下基础。但是，此次学习活动中宣传单的绘制，涉及运用线条及图片与文字的排版设计，这需要与美术学科紧密联动。同时，关于周浦的信息的采集，网络上有很多视频，有的哗众取宠，有的缺乏语言文字美，这对学生的信息素养及批判性思维提出更高要求，需要信息学科给予支持。另外，学生需要走上社会，进行采访和探究考察，这两个环节中有许多未知的情况，他们是否有能力应对，需要教师提前预测并给予指导。本次跨学科主题学习活动，最终需要学生用宣传单的形式，并能够在一定范围的公开场合（如班级、家庭、社区等）向大家介绍周浦值得一去的地方，这就需要和道德与法治学科进行密切联动。

三、学习目标

（1）能根据实际问题的需要，通过查阅资料、采访调查、实地走访、了解周浦的历史文化、风土人情。

（2）能正确、规范运用语言文字撰写介绍辞，绘制宣传单，宣传周浦美，赞美周浦，热爱周浦。

四、任务规划

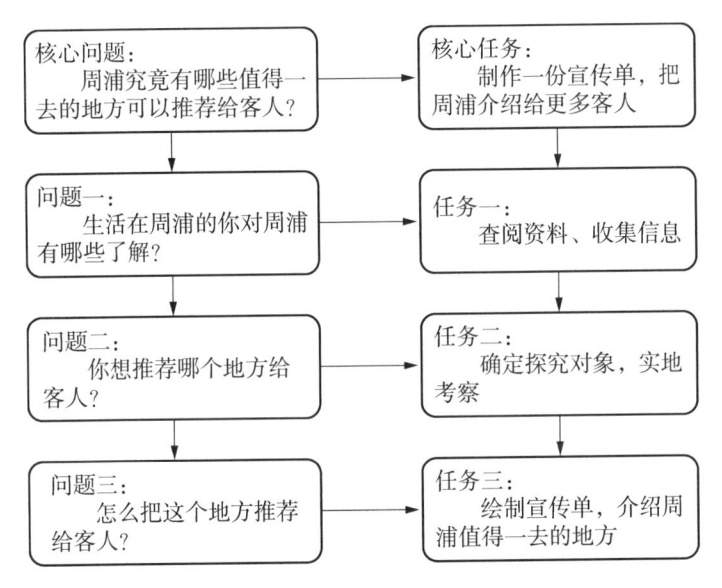

(一) 问题及任务框架

问题及任务框架如图 1 所示。

```
核心问题:                          核心任务:
  周浦究竟有哪些值得一    →          制作一份宣传单,把
  去的地方可以推荐给客人?            周浦介绍给更多客人
       ↓                                ↑
问题一:                            任务一:
  生活在周浦的你对周浦   →          查阅资料、收集信息
  有哪些了解?
       ↓                                ↑
问题二:                            任务二:
  你想推荐哪个地方给     →          确定探究对象,实地
  客人?                             考察
       ↓                                ↑
问题三:                            任务三:
  怎么把这个地方推荐     →          绘制宣传单,介绍周
  给客人?                           浦值得一去的地方
```

图 1　问题及任务框架

(二) 任务学习规划

任务学习规划如图 2 所示。

五、学习过程

(一) 学习导入

通过提供视频与材料,让学生知晓我们生活的土地周浦有着悠久的历史,初步建立我是周浦小主人的主人翁意识,激发小学生热爱家乡、宣传家乡文化的社会责任感。

学习方式	学习过程	课时
查阅资料：信息收集与整理	查阅书籍、地图、网络资源，了解周浦的地理位置、名字由来、别名、美食、景点等基本信息	2
	用表格将信息进行整理汇总，对周浦形成初步的认识	
小组合作学习	采访：采访生活在周浦的人们，了解周浦值得去的地方有哪些	3
	观察探究：通过实地探究，观察这些地方有哪些事物，是什么样子的，并填写观察表	
小组合作学习	成果展示：绘制宣传单、撰写介绍词	3
	小上海旅游代言会：把周浦值得去的地方介绍给客人	

问题一：生活在周浦的你对周浦有哪些了解？

问题二：你想推荐哪个地方给客人？

问题三：怎么把这个地方推荐给客人？

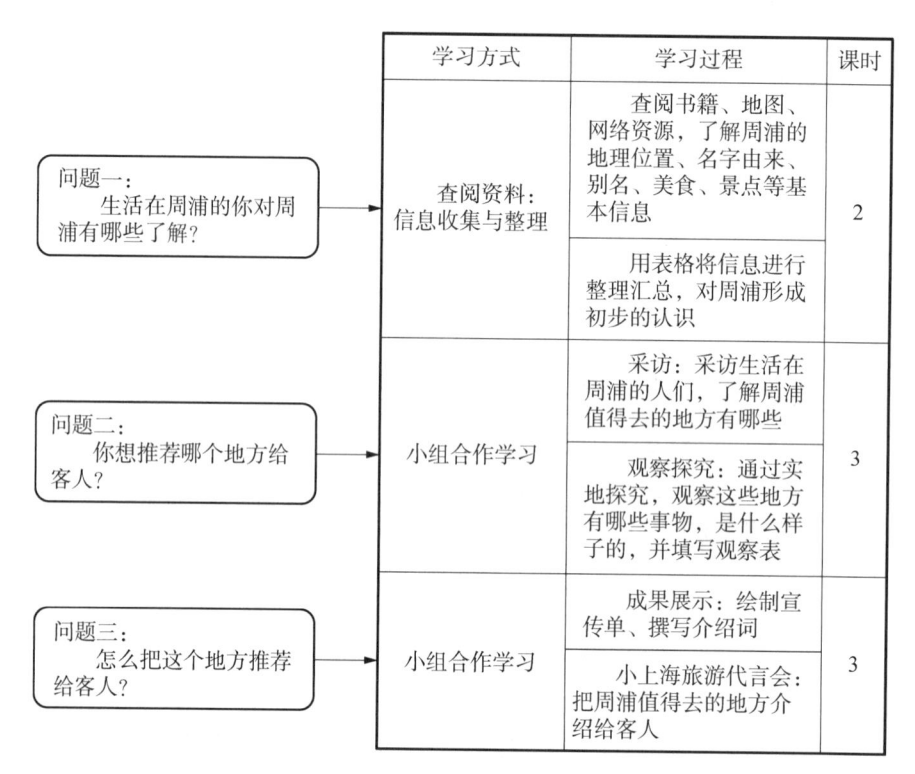

图 2　任务学习规划

1. 阅读材料

千幅影像再现"老周浦"，了解周浦的历史文化，激发学生对家乡的热爱（可参考微信公众号"浦东发布"）。

2. 思考与交流

周浦是我们学习、生活的家园，每逢节假日，家中有朋友、亲戚来周浦做客时，我们身为周浦的小主人，周浦究竟有哪些值得一去的地方可以推荐给客人？

（二）任务一：查阅资料、收集信息

本任务中，学生将进一步理解问题情境，通过组建学习小组、分配任务开展调研，以资料查阅为主要方式，了解周浦别名、由来、地理位置、周浦的景点、美食等基本信息，激发学生对周浦的热爱。

1. 活动一：查阅资料

查阅书籍、地图、网络资源，了解周浦的地理位置、名字的由来、别名、美食、景点等基本信息。

2. 活动二：梳理资料信息，完成"周浦小档案"（见表1）

表1　周浦小档案

周浦的地理位置	
周浦名字的由来	
周浦的别名	
周浦的景点	
周浦的美食	

（三）任务二：确定探究对象，实地考察

本任务中，学生通过小组合作采访、问卷调查、实地探究等学习方式，对周浦值得去的地方进行探究。

1. 活动一：采访

（1）分组，制定小组契约（见表2）。

表2　小组契约

小组 logo		组名	
		成员	（姓名＋任务分配）
小组合作契约			
● 我们承诺真诚对待每一位组员，尊重互相的想法。 ● 我们承诺当组员发表意见时，能静下心来倾听，并给予真诚的回馈。			

续表

● 我们承诺按时开展任务，并积极执行。 ● 我们承诺在团体中拿出勇气，积极主动地表达自己的想法。 ● 我们承诺给予伙伴正向的鼓励与肯定，平等对待他人。 ● 我们承诺全员积极参与，尽最大努力完成任务。 ● 我们承诺＿＿＿＿＿＿＿＿＿＿＿＿＿＿＿＿。 ● …… 约定日期：＿＿＿＿
签名

（2）指导学生梳理采访问题。比如，周浦有哪些值得去的地方？你最喜欢周浦的是哪一个地方？这个地方在哪里？怎么到达这个地方？要准备什么物品？这个地方有哪些方面吸引你？这个地方的景物有什么特色？

（3）设计采访单。可提供如下采访单（见表3），供学生参考

表3 采访单

小记者：

采访对象		年龄		采访日期	
采访地点					
问题列表		他/她的回答			
你去过周浦哪些游玩的地方？					
在你去过的这些地方里，你最喜欢周浦哪一个地方？					
……					

（4）深入学校、社区完成采访报告。

(5)交流。

2. 活动二：制订考察计划

(1)小组确定考察地点。

(2)小组讨论考察计划，内容包括考察时间、出行方式、外出考察需要准备的物品及外出考察中的注意事项等。

3. 活动三：实地探究，发现周浦之美

(1)用镜头记录看到的景物。

(2)完成观察记录表（见表4）。

表4　观察记录表

有哪些景物	景物的样子

(3)借助观察单记录表，指导学生抓住景物的外形、颜色、数量等多角度观察。

(四)任务三：绘制宣传单，介绍周浦值得一去的地方

本任务中，要将探究过程中的阶段性成果整理成宣传单，对外展示，向大家介绍周浦值得一去的地方。

1. 活动一：绘制宣传单

(1)教师出示宣传单的样张，引导学生观察宣传单上有哪些内容，并小组讨论确定设计主题，规划出文字、图案的位置。

（2）撰写介绍词。借助观察记录表，运用从课文中学到的方法，围绕一个主题写，将景物介绍清楚。

（3）小组分工绘制宣传单，运用丰富的色彩，增强视觉冲击力。

2. 活动二：举办"小上海旅游代言会"

（1）各小组展示交流。

（2）各组自评、互评。

（3）学生对学习活动进行评价，表达自己的学习收获。

六、学习评价

我们把对学生评价看成教与学的主要的、本质的、综合的一个组成部分，作为与跨学科教学过程并行的同等重要的过程，并且从评价内容与指标，评价工具的设计着手，在每次活动结束后，就对学生进行一次评价，以表格的形式呈现（见表5～表8）。

表5 "周浦档案"评价表

要素	评价内容	评价等级		
		☆☆☆	☆☆	☆
资料收集	运用多种方法，如查找文献、走访调研等形式，认真负责地进行资料收集			
资料内容	资料全面、丰富			
小组合作	每个组员积极参与，收集资料能共享，分工具体合理			

表6 采访评价表

内容	评价等级☆☆☆	
	自评	互评
能积极参与采访计划的制定	☆☆☆	☆☆☆
小组讨论时能积极思考、发言	☆☆☆	☆☆☆
能大胆实施采访	☆☆☆	☆☆☆
采访过程态度大方，有礼貌	☆☆☆	☆☆☆
认真记录采访内容	☆☆☆	☆☆☆
做得好的地方： 需要改进的地方：	总评：☆☆☆	

表7 观察记录评价表

评 价 要 点	自评	互评
仔细观察，记录景物的样子和特点		
能围绕景物特点，围绕一个主题把观察到的景物清楚地写下来		
描写景物时，能运用比喻、拟人等修辞方法		
语句流畅、连贯，能恰当运用平时积累的好词佳句		
字迹端正，没有错别字		

表8 宣传单评价表

评价指标	评价等级标准			自评	互评	师评
	☆☆☆	☆☆	☆			
汇报交流	态度积极主动，语言表达清楚、生动、流畅，语句通顺，表情大方自然	语言表达清楚、流畅，语句通顺，表情不够生动	语言表达基本清楚，但不够流畅，语句比较通顺			

续表

评价指标	评价等级标准			自评	互评	师评
	☆☆☆	☆☆	☆			
成果设计	作品内容完整，书写工整，图文并茂	作品内容较完整，书写工整、图片较少	作品内容完整，书写较工整，但图片较少，图文搭配不合理			
	版面设计美观，绘画生动表现场面面貌	版面设计较美观，绘画平实能表现场景面貌	版面设计不雅致，绘画缺少生动，场景面貌不够吸引人			
	介绍词条理清晰、围绕一个意思写，语言优美	介绍词条理比较明确，围绕一个主题，语言平实	介绍词条理不够明确，不能围绕一个意思，个别语句不通顺			

七、学习需求和相关资源

(一) 学习需求

本学习活动需要借助电子设备进行资料的搜索查阅，学生需要踏入社会，接触不同的人群，需要得到采访提纲、绘制宣传单等方面的指导。

(二) 学习资源

1. 微信公众号

浦东发布、周浦发布、重现老周浦、傅雷图书馆、周浦公园、周浦花海等。

2. 书籍资料

(1)《周浦镇志》(方志出版社 2005 年版)

(2)《浦东时报》2019 年 10 月 29 日。

话说美丽山河

——三年级语文跨学科主题学习活动设计

上海市浦东新区明珠临港小学　王　燕

一、主题背景

三年级语文教材上册第六单元的人文主题是"祖国河山",本单元围绕这一主题编排了 4 篇课文,单元语文要素是:"借助关键语句理解一段话的意思。写习作的时候,试着围绕一个意思写。"基于以上学习基础,学生已经能用多种方法理解词句的意思,并能围绕一个想法简单陈述自己的理由,这些都为本单元语文要素的落实提供了扎实的基础。

跨学科主题活动"话说美丽山河"的灵感,实际上源自学生们丰富多彩的生活体验。在暑假、"十一黄金周"等珍贵的节假日时光里,班里的大多数同学都选择背上行囊,踏上探索祖国大好河山的旅程。这些旅行不仅丰富了他们的视野,更在他们心中留下了深刻烙印,是学生的实际生活经验的一部分。

每周二的"小小演讲者"活动是学校的传统活动,许多同学都怀揣着激动和期待，渴望能有一个机会站在台上，向大家分享他们曾经游览过的那些令人心旷神怡的地方。但如何让自己推荐的地方脱颖而出，成为大家心驰神往的旅游胜地呢？这就需要同学们在推荐时，不仅要描绘出景点的自然美景，还要结合个人的真实感受，用生动、形象的语言讲述那些令人难忘的瞬间。通过这样的分享，相信每个人都能在心中勾勒出一幅属于自己的美丽山河画卷。

以"话说美丽山河"为主题，针对三年级学生的认知特点与兴趣，我们以语文学科为主导，巧妙融入数学、信息技术、自然和美术等多学科元素，形成有机的跨学科融合。学习的核心目标不仅在于知识的传授，更着重于培育学生敏锐发现问题、深入分析问题并团结协作探寻解决之道的能力。

这一过程不仅是对学生语文、计算机等学科知识与技能的全面检验和提升，更是一次心灵的洗礼和视野的极大拓展。我们希望通过这样的学习方式，引领学生们深入领略祖国各地的自然美景与人文风情，同时激发他们内心深处对祖国山河的无限热爱。

二、学情分析

三年级的学生经过前面阶段的语文学习，已经具有用简单的句式来介绍食物的能力。同时，结合三年上册第六单元的学习，大部分同学都能够围绕一个主题，将事物的特点介绍清楚。

在二年级开展的"我家的菜谱"的项目化活动中，学生已在实践中初步习得搜索资料、整理资料、分析资料的能力，这都为此次跨学科活动的展开提供了坚实的保障。

根据班级实际情况调查，三年级的学生在假期中都有过出游经历，对祖国的山川实际游览的经验，是学生的实际生活经验的一个部分。

本次跨学科学习需要学生完成在地图上标记曾经踏足的地点、运用信息技术制作精美的PPT等一系列丰富多彩的任务。这些任务不仅要求学生们运用语言文字来描绘山河的壮美，还需要他们结合数学、自然、美术知识及计算机技能，以图文并茂的形式生动展示个人游览的所见所感与独特视角。和各科老师沟通后，我们了解到学生已在各科具备以下能力。

数学：三年级学生已经具备进行基本算术运算的能力，能够处理加减乘除等运算，并已在三年级伊始时就接触更复杂的三位数计算，比如在解决时间、费用等实际问题中进行简单的数值计算。

信息技术：三年级已经开设信息技术课程，学生已经初步掌握了基本的搜索信息的方式和简单的图文处理操作方法，但部分学生还不是很熟练。

自然：学生初步建立了地图的概念，在日常的自然探究活动中，能运用相关知识寻找地图上的地点。在本次活动中，他们可以更加深刻地认识自己所游览的地点的特征和位置，探索自然现象和规律。

美术：学生具备一定的审美能力，能够合理运用色彩、线条、文字搭配来表现达自己对祖国山川的喜爱。

此次"话说美丽山河"跨学科主题活动也给同学们带来了一定的挑战，不仅要对介绍地点有比较多的理解，还需要他们梳理出最想推荐的几个景点，并能够"围绕一个主题进行写作"。学生不仅要收集资料，还要将相应内容按照要求进行筛选和加工，最终形成一份图文并茂的景点推荐PPT。

三、活动目标

(1) 通过信息化手段，了解推荐地的基本情况，结合数学知识分析对比，推荐出行方式；结合实际旅行经验，完成行程图，深入挖掘游览地的特点；

(2) 撰写关于景点的介绍，明确提出评价标准，并在此过程中培养围绕一个主题进行写作的能力，使文章内容更加聚焦、表达更加清晰；

(3) 运用信息技术手段整合小组 PPT 内容，以图文、视频等方式介绍推荐地，激发学生对祖国山川的热爱之情。

四、任务规划

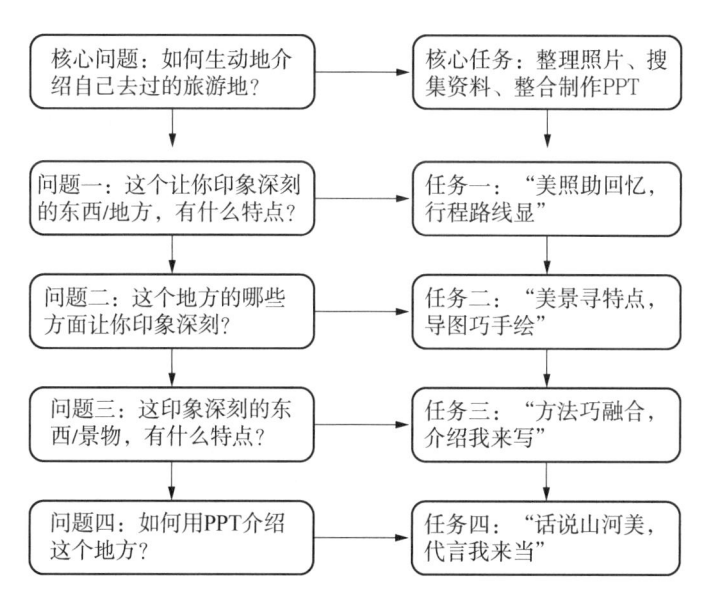

（一）问题及任务框架

问题及任务框架如图 1 所示。

图 1 问题及任务框架

(二) 任务学习规划

任务学习规划如图2所示。

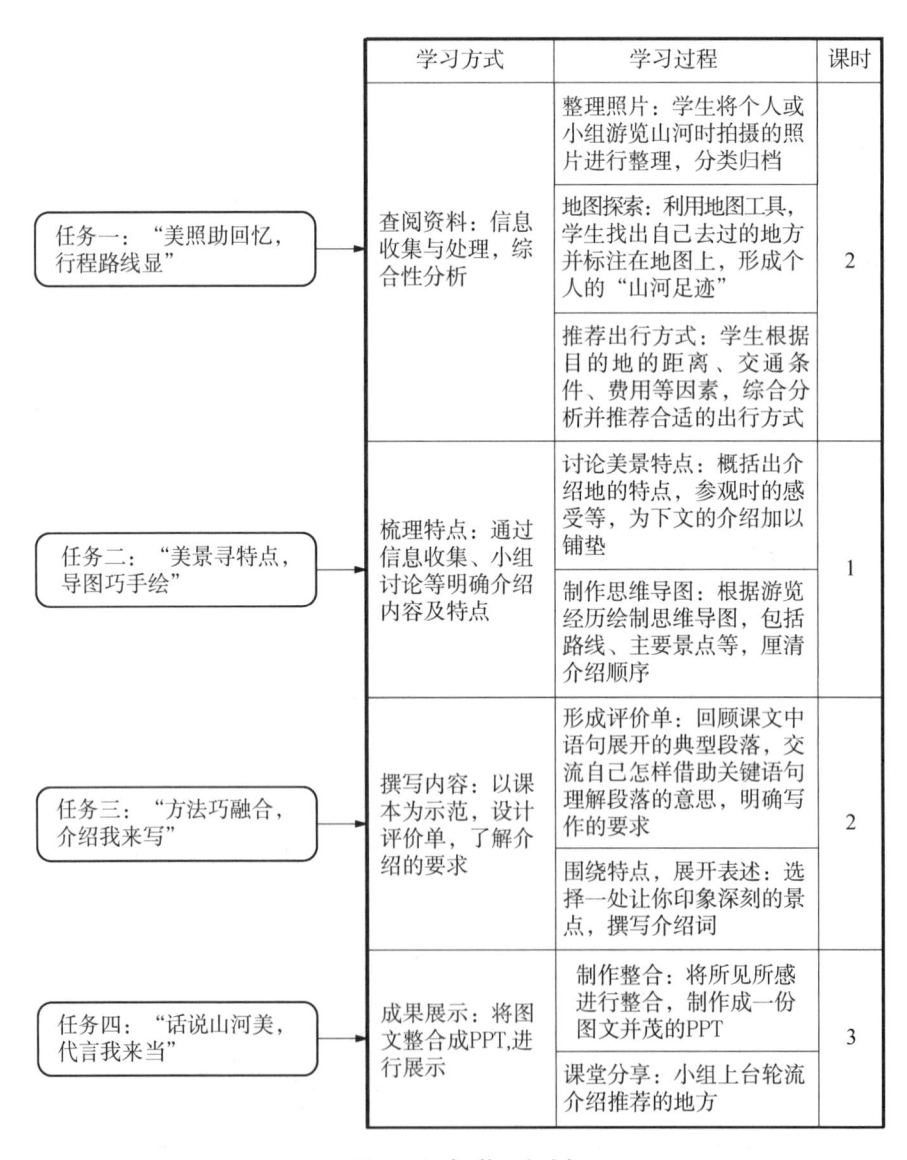

学习方式		学习过程	课时
任务一："美照助回忆，行程路线显"	查阅资料：信息收集与处理，综合性分析	整理照片：学生将个人或小组游览山河时拍摄的照片进行整理，分类归档	2
		地图探索：利用地图工具，学生找出自己去过的地方并标注在地图上，形成个人的"山河足迹"	
		推荐出行方式：学生根据目的地的距离、交通条件、费用等因素，综合分析并推荐合适的出行方式	
任务二："美景寻特点，导图巧手绘"	梳理特点：通过信息收集、小组讨论等明确介绍内容及特点	讨论美景特点：概括出介绍地的特点，参观时的感受等，为下文的介绍加以铺垫	1
		制作思维导图：根据游览经历绘制思维导图，包括路线、主要景点等，厘清介绍顺序	
任务三："方法巧融合，介绍我来写"	撰写内容：以课本为示范，设计评价单，了解介绍的要求	形成评价单：回顾课文中语句展开的典型段落，交流自己怎样借助关键语句理解段落的意思，明确写作的要求	2
		围绕特点，展开表述：选择一处让你印象深刻的景点，撰写介绍词	
任务四："话说山河美，代言我来当"	成果展示：将图文整合成PPT，进行展示	制作整合：将所见所感进行整合，制作成一份图文并茂的PPT	3
		课堂分享：小组上台轮流介绍推荐的地方	

图2 任务学习规划

五、学习过程

(一) 任务一:"美照助回忆,行程路线显"

在本课时中,学生将明确"话说美丽山河"任务,通过小组讨论、调查交流等方式,理解推荐地点的任务要求,组建小组,讨论确定完成任务所需要的信息,通过有条理地制订计划的过程,积累语文实践活动经验。

1. 活动一:选地方,定小组

(1) 分享旅游美景。

1) 观看旅游照片、视频:了解各地的美景(如青岛、云南、北京、临港等地的美景),照片由学生提前上传到钉钉文件夹内。

2) 思考与交流。教师提问:"看了这么多美丽的地方,哪里让你印象深刻?说说原因。"

3) 教师根据交流随机板书。如风景美、习俗特别、饮食丰富、服饰有特色等。

(2) 确定组员,组成小组

1) 引导学生确定自己要推荐的地点,按照地点分成几个小组,每个小组4~5人,并选出一名组长。

2) 组长填写任务表,安排任务分工。任务表包括小组名称、小组成员等内容;任务分工包括制定计划、材料搜集、撰写文稿、制作PPT等内容。

3) 思考与讨论。教师提问:"你们准备怎么制定计划?你可以胜任哪项任务?"为了尽量使每位学生参与到活动中,在划分任务时需要考虑学生的能力现状。

（3）选择问题，罗列问题。

1）思考与记录。教师提问："想一想你们要推荐这个地方的哪些方面？"请学生把自己的问题记录在问题清单上。学生商讨、教师随机指导。

2）小组交流各组问题。教师主要引导学生可以从推荐地的地理位置、衣食住行、习俗、美景等方面来提问，为学生后期的信息搜集提供方向。

2. 活动二：看地图，探美景

（1）看地图，找到推荐地的大概位置。

1）登录百度地图，按小组来上台输入推荐地，让全班学生对该地的位置有一个大概了解。

2）学生找出自己去过的地方并标注在地图上，形成个人的"山河足迹"。

3）记录下推荐地和居住地的距离。教师提问："你最推荐怎样的出行方式？请说说理由。"引导学生思考与交流。

4）教师顺势补充地理位置、气候等相关内容。

（2）课后探究。小组确定地点，完成出行方式推荐表。出行方式推荐表主要包括推荐地和居住地的距离、出行费用、舒适度等方面，再结合实际情况综合思考。学生围绕"我推荐那种出行方式，因为……"来说清推荐理由。

（二）任务二："美景寻特点，导图巧手绘"

1. 活动一：讨论美景特点

（1）根据路线图，描述出此地的特点。

1）回顾课文美景。游历了祖国的壮美河山，文中很多景点一定给你留下了深刻印象，请你根据词语猜地点。

险山、急流、楚江（　　　）

金色的沙滩、美丽的小城、整洁的街道（　　　）

五光十色的海水、成群结队的鱼、鸟的天下（　　　）

2）讨论美景特点。引导学生介绍假期里游览过的这些地方都有哪些特点。

（2）结合参观路线图，将每处的特点进行记录。请学生记录推荐地的特点如环境特点、气候特点等（见表1）。

表1　推荐地的特点

地点	特点（关键词）	理　　由
例：西沙群岛	海水五光十色	我看到海水有深蓝的、淡青的、浅绿的、杏黄的……

（3）教师分享相关资料——熊猫基地的熊猫趣闻。

1）小组阅读资料。引导学生说说感受（如可爱、淘气等）。

2）请学生围绕自己的感受，从资料中找出相关补充内容，并用自己的语言介绍熊猫。

（4）阅读资料（故宫介绍和泰山介绍）。引导学生谈谈感受，寻找有价值的信息，并总结使用资料的方法。

（5）组员按照不同的景点或者文化等进行资料调查。

（6）学生交流、筛选、整理相关资料，提炼推荐地的特点。

2. 活动二：制作思维导图

（1）教师给出提示：在绿色的框里填写你去的具体的地点；在紫色

的框中填写这个地点吸引你的东西以及其特点；小组讨论，借助树状图，填写介绍内容。

（2）学生交流展示。

（3）可以根据实际情况，修改思维导图。

（三）任务三："方法巧融合，介绍我来写"

1. 活动一：结合课文，形成评价

（1）回顾课文中围绕关键句展开的典型段落。

（2）小组内讨论交流：我们的介绍要怎么写才精彩？

（3）全班交流，教师记录。

2. 活动二：围绕特点，展开表述

（1）结合讨论交流结果，围绕推荐地的特点，撰写介绍内容。

（2）组内交流内容，提出修改意见。

（3）每组派代表交流分享比较成熟的介绍。其他组员结合评价表给出评价和建议。

（四）任务四："话说山河美，代言我来当"

1. 活动一：制作整合

（1）每位组员根据自己的任务为介绍文稿配上合适的图片或者视频，制作成PPT。

（2）组长收集本组成员的内容，根据思维导图的介绍顺序，整合好全组的PPT，形成小组PPT。

（3）同组成员进行介绍演练。

2. 活动二：课堂分享

（1）各小组轮流上台展示自己组的PPT成果。

（2）聆听的同学完成汇报评价单。

(3) 跨学科活动汇报完毕后，组内同学互相评价，完成"跨学科主题学习组内活动互评表"。

(4) 每人一票，选出最佳小组。

六、学习评价

"话说美丽山河"跨学科主题学习活动汇报评价表和组内活动互评表分别见表2和表3。

表2 "话说美丽山河"跨学科主题学习活动汇报评价表

姓名_____ 评价组号_____

评 价 内 容	他评	师评
1. 能够写出关键句	☆☆☆	☆☆☆
2. 能够围绕关键句把内容写得清晰、具体	☆☆☆	☆☆☆
3. 能够恰当运用比喻、拟人、排比等修辞手法	☆☆☆	☆☆☆
4. 介绍时声音响亮，仪态自然	☆☆☆	☆☆☆
5. PPT制作完整，有出行方式和推荐地介绍，恰当使用图片、视频等	☆☆☆	☆☆☆
6. 听了介绍，你是否想去？	是（ ）	否（ ）
7. 是否有改进建议？		

表3 "话说美丽山河"跨学科主题学习活动组内活动互评表

姓名_____ 组号_____

评 价 内 容	自评	他评
1. 能够积极参与活动，认真倾听、回答、思考问题。	☆☆☆	☆☆☆
2. 按时完成分配的任务。	☆☆☆	☆☆☆

续表

评 价 内 容	自评	他评
3. 能够在讨论中提出建议。	☆☆☆	☆☆☆
4. 团结同学，当发生歧义时，能够采用较好的方式去解决。	☆☆☆	☆☆☆
5. 是否有改进建议？		

七、学习需求和相关资源

（一）学习需求

本学习活动需要学生借助电子设备进行资料的搜索查阅，利用信息技术呈现图文和视频，结合自身的旅游经验，勇于表达。在收集出行方式的信息、梳理推荐地的景物和具体的介绍内容时，也需要教师的学习支持。当然，学生也需要在撰写介绍文稿方面得到教师的指导。

（二）学习资源

（1）关于介绍熊猫的资料（熊猫基地的熊猫趣闻 https：//www.panda. org. cn/cn/news/interesting/）。

（2）关于故宫的资料（https：//beijing. cncn. com/jingdian/zijincheng/profile）。

（3）关于泰山的资料（https：//baike. baidu. com/item/％E6％B3％B0％E5％B1％B1/5447? fr＝ge _ ala）。

发现身边的中草药，设计中草药图鉴
——三年级语文学科跨学科主题学习设计

上海市浦东新区崂山小学　唐丹婷

一、主题分析

大自然是那么神奇，永远值得我们去探索。在统编版语文学科教材中，多次出现"大自然"相关主题。在三年级第一学期第五单元，学生正式开始学习细致观察自然的方法；第七单元以"我与自然"为主题，单元导语"大自然赐给我们许多珍贵的礼物，你发现了吗？"也激发了学生观察大自然的兴趣。

而在实际生活中，学生很少能够主动观察身边的事物，其实我们身边的许多植物就是大自然的珍贵礼物，它们既是食物，又是药物。我们的祖先经过千万次尝试，在一次次实践中总结经验，形成中医药学中的"药食同源"理论。生活中，中草药无处不在。由此，本次学习活动以"发现身边中草药，设计中草药图鉴"为主题，旨在结合课堂与生活，围绕语文学科学习，开展阅读、梳理、探究、交流等活动，引导学生观察自然、观察生活，发现大自然赐予我们的珍贵礼物，在活动过程中拓宽学生学科学习与运用的领域，让核心素养落到实处。

本次跨学科主题学习活动设计，在语文学科的学习中融合自然、美术、信息和劳技学科，通过实践活动引导学生学语文、用语文。学生能够在实践中提高语言文字运用能力，培养跨学科思维和实践能力，增强对大自然的认识和体验，同时感受中医药的魅力。

二、学情分析

总览小学各学科教材，学生从一年级就开始接触大自然相关知识。如自然学科，学生在三年级时已学习观察植物，能在观察中通过比较发现物体的特征；而美术学科，学生在二年级就已经学会感受植物世界的神奇魅力，能通过有变化的线条来表现植物。

三年级的学生已经具备了一定的语文基础和认知能力，对于观察和阅读等方面有一定的经验和兴趣。同时，这个年龄段的学生好奇心强，乐于探索和实践。

学生已经具备一定的阅读能力，同时开始接触文言文，通过教师的引导和帮助，学生能够阅读相关文章和资料，理解"药食同源"，了解药食两用的物质。在观察方面，学生已经学会通过"五感法"观察事物，从看一看、尝一尝、摸一摸、闻一闻、听一听的角度去发现事物的特点。此外，学生已经掌握了一定的写作技巧和表达能力，能够记录自己的观察和感受。通过运用"中草药观察记录卡"，他们能够把自己的观察和感受记录下来，锻炼写作能力和表达能力。

三年级学生初步具备搜集和整合信息能力，能够根据不同的学习活动主题搜集、整理相关信息。同时，他们能够运用照片、图表、视频和文字等多种形式展示学习成果，并乐于与他人分享。这些能力将有助于学生更好地进行此次学习活动，并为他们的全面发展奠定坚实基础。

在制作中草药图鉴时，学生将以小组为单位进行讨论、分工，确保各项工作之间顺利衔接。这需要组内成员不断地进行良好的沟通与协调，这对学生来说是一个小小的挑战。

而运用身边的中草药制作一份美食对三年级学生来说是一种新的尝试，对于他们的劳动能力也是一种考验，需要事先观看视频进行学习，并在家长的指导下完成。

三、学习目标

（1）能够在发现、了解、运用身边的中草药等真实情境中进行探究和实践，通过阅读资料、观察记录、小组合作等方式，有条理地把一种中草药介绍清楚；能利用美学知识与技能完成中草药图鉴的制作和美化。

（2）通过寻找身边的中草药、绘制中草药图鉴、动手制作中草药美食等多种方式，感受中医药的魅力，产生对中医药文化的热爱之情和民族自豪感，树立文化自信。

（3）敢于在公众场合介绍自己制作的中草药图鉴，有礼貌地与他人交流；善于欣赏他人作品，积极提出建议，也能虚心接受他人建议；乐于对整个学习过程进行反思，表达自己的学习感受和收获。

四、任务规划

（一）问题及任务框架

问题及任务框架如图1所示。

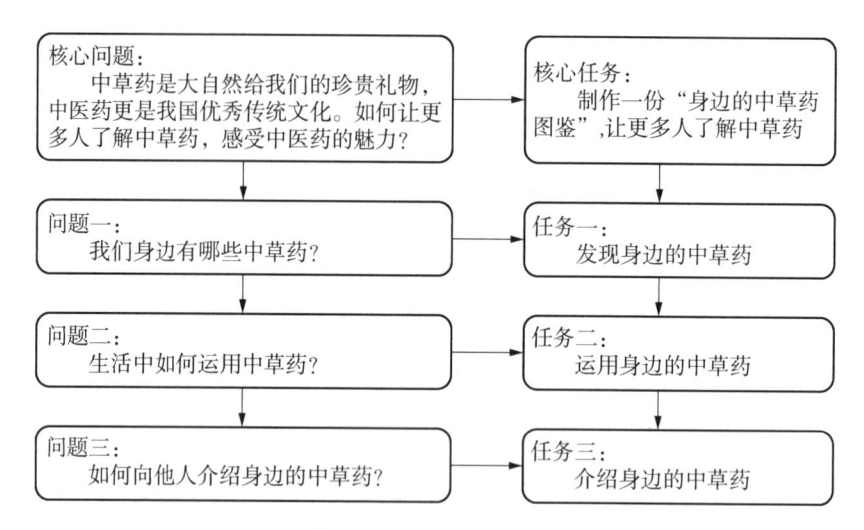

```
核心问题：                          核心任务：
  中草药是大自然给我们的珍贵礼物，      制作一份"身边的中草药
中医药更是我国优秀传统文化。如何让更   图鉴"，让更多人了解中草药
多人了解中草药，感受中医药的魅力？

问题一：                            任务一：
  我们身边有哪些中草药？              发现身边的中草药

问题二：                            任务二：
  生活中如何运用中草药？              运用身边的中草药

问题三：                            任务三：
  如何向他人介绍身边的中草药？        介绍身边的中草药
```

图 1　问题及任务框架

（二）任务学习规划

任务学习规划如图 2 所示。

五、学习过程

（一）学习导入

在炎热的夏季，我们经常没有胃口，学校时常在午饭时间给我们准备酸梅汤，喝下一碗酸梅汤，顿时胃口大开，也感觉没那么热了，真是太神奇了。这是因为酸梅汤有生津解渴和开胃的作用。制作酸梅汤的材料不仅是我们生活中常用的食材，也是常见的中药材。

通过观看视频和阅读文字资料，初步了解"药食同源"，感受大自然的神奇，为中医药这项中华优秀传统文化感到自豪。

思考：大自然的这份馈赠多么神奇和宝贵啊！我们该如何让更多人了解身边的中草药呢？

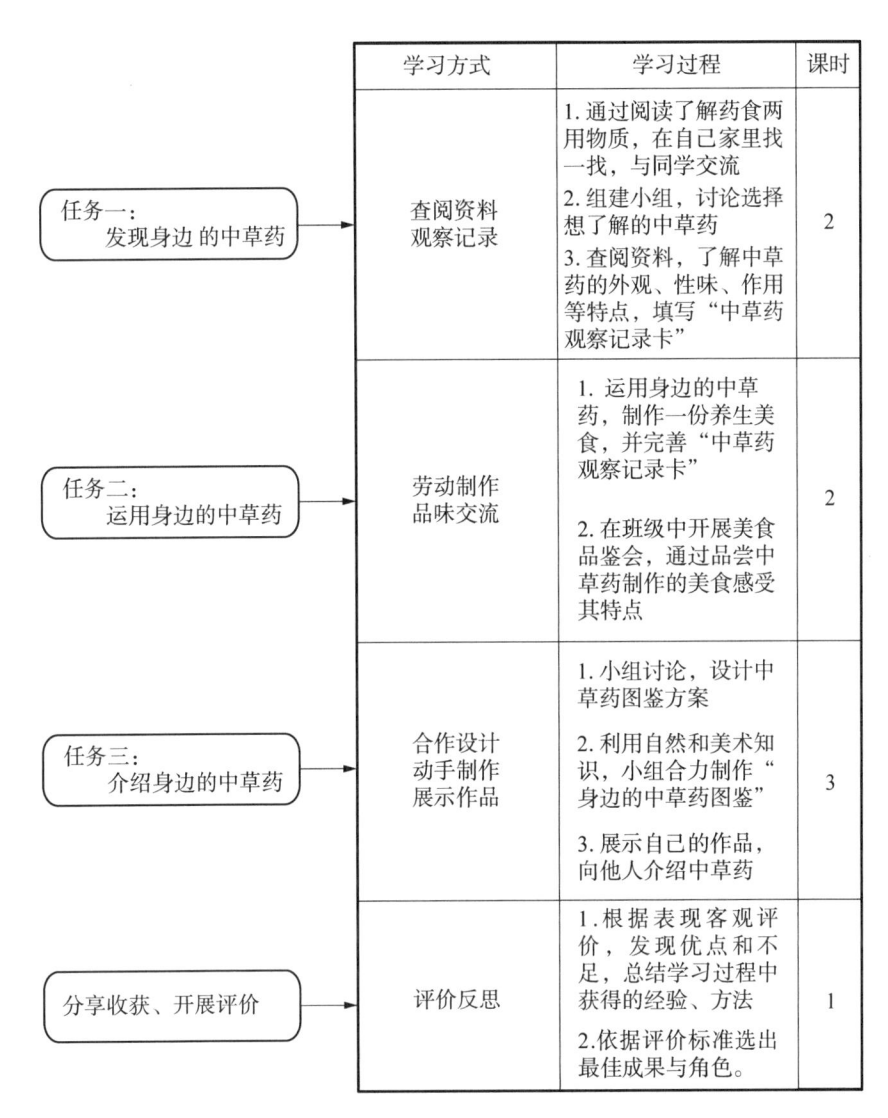

第二部分 | 跨学科主题学习怎么开展？

	学习方式	学习过程	课时
任务一：发现身边的中草药	查阅资料 观察记录	1. 通过阅读了解药食两用物质，在自己家里找一找，与同学交流 2. 组建小组，讨论选择想了解的中草药 3. 查阅资料，了解中草药的外观、性味、作用等特点，填写"中草药观察记录卡"	2
任务二：运用身边的中草药	劳动制作 品味交流	1. 运用身边的中草药，制作一份养生美食，并完善"中草药观察记录卡" 2. 在班级中开展美食品鉴会，通过品尝中草药制作的美食感受其特点	2
任务三：介绍身边的中草药	合作设计 动手制作 展示作品	1. 小组讨论，设计中草药图鉴方案 2. 利用自然和美术知识，小组合力制作"身边的中草药图鉴" 3. 展示自己的作品，向他人介绍中草药	3
分享收获、开展评价	评价反思	1. 根据表现客观评价，发现优点和不足，总结学习过程中获得的经验、方法 2. 依据评价标准选出最佳成果与角色。	1

图 2 任务学习规划

（二）任务一：发现身边的中草药

自主梳理探究，整合信息，发现身边的中草药。学生通过小组合作、查阅资料、整合信息等活动，尝试在真实情境中迁移运用所学知识，锤炼语言文字的综合运用能力。

1. 活动一：寻找身边的中草药

(1) 阅读文字材料、提取信息，知道我国卫健委规定的102种药食两用的物质，并且种类在不断增加。

(2) 在自己家里找一找药食同源的中草药，与同学交流自己的发现。

2. 活动二：了解身边的中草药

(1) 班级成员分成若干小组，每组4~5人，为自己的小组取名。

(2) 小组讨论，选择一种感兴趣的中草药，探讨可以从哪几个方面对其进行了解。

(3) 通过查阅资料，了解所选中草药的外形、性味、作用等特点。

(4) 整理已有资料，填写"中草药观察记录卡"（见图3）。

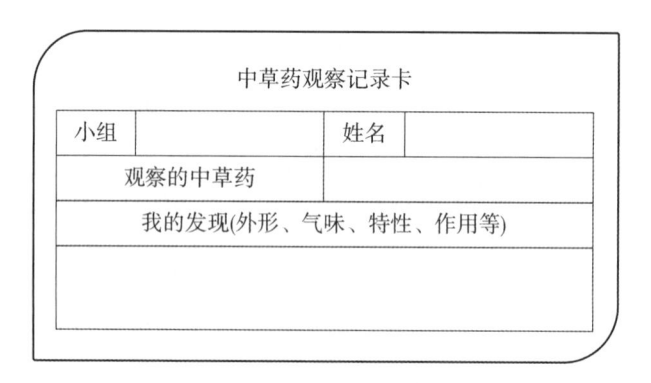

中草药观察记录卡		
小组		姓名
观察的中草药		
我的发现(外形、气味、特性、作用等)		

图3 中草药观察记录卡

（三）任务二：运用身边的中草药

通过动手制作中草药美食，提升生活自理能力、家务劳动能力和家庭责任感。在制作和品尝过程中进一步感受中医药的魅力。

1. 活动一：制作中草药美食

(1) 选择制作便捷的中草药美食，根据食谱或者视频学习，在家长指导下进行制作。

（2）从制作过程、口感、食用价值等方面进行记录，完善"中草药观察记录卡"。

2. 活动二：品尝中草药美食

在班级里举行中草药美食品鉴会，在一道道美食中品味中草药，让中医药文化浸润心灵。

（四）任务三：介绍身边的中草药

运用艺术知识，设计中草药图鉴，锻炼设计、绘画、语言文字运用能力。

1. 活动一：设计"身边的中草药图鉴"

（1）观察中草药图鉴范例，根据图鉴制作需求，小组成员依据自身特长进行角色分工。所需角色及对应负责内容见表1。

表1 所需角色及对应负责内容

所需角色	负 责 内 容
插画师	设计、绘制图画
排版师	将文字与图画合理布局、排版
美图师	选择合适的材料、配色、字体，进行制作
美文师	编辑文字内容、书写文字

（2）各小组按照分工，制作"身边的中草药图鉴"。

（3）根据自己的"中草药观察记录卡"，写一份"身边的中草药"解说词。

2. 活动二：介绍"身边的中草药图鉴"

（1）召开"身边的中草药图鉴"赏析会，小组成员在班级内对自己的作品进行展示与讲解。

(2)在生生交流、师生交流中对自己的图鉴和解说词进行修改、完善。

(五)分享收获,开展评价

本课时主要任务是回顾整个学习过程,让学生畅所欲言,谈谈自己在学习中获得的经验和方法,通过同学互评的方式,发现自己的优点和不足之处,改进学习方法,完善自己的作品。

1. 活动一:回顾过程,畅谈感受

总结自己在学习过程中的收获和经验,以小组为单位在班级中互相交流、提出建议。

2. 活动二:讨论标准,开展评价

(1)根据评价标准,评选出"001号讲解员"。

(2)通过投票的方式,选择自己最喜爱的中草药图鉴,最终评选出"最美中草药图鉴"。

六、学习评价

"发现身边的中草药,珍惜大自然的礼物"跨学科主题学习活动评价表见表2。

表2 "发现身边的中草药,珍惜大自然的礼物"跨学科主题学习活动评价表

评价维度	评价内容	评价标准	自评	组内评
学习过程	查阅资料、提取信息	1. 能认真阅读文本或观看视频,提取有用信息 2. 能根据需要搜集资料	☆☆☆	☆☆☆
	仔细观察、认真记录	能运用观察方法对所选择的中草药进行观察,并进行记录	☆☆☆	☆☆☆
	小组合作、互帮互助	1. 能与同伴沟通协商、友好合作 2. 同伴之间互相帮助	☆☆☆	☆☆☆

续表

评价维度	评价内容	评价标准	自评	组内评
	制作中草药美食	1. 能用简单的烹饪方法制作日常饮食，初步建立健康饮食观念 2. 形成热爱劳动观念	☆☆☆	☆☆☆
	整理资料、设计图鉴	1. 通过整理记录卡，完成解说词 2. 能利用美术知识与技能设计图鉴	☆☆☆	☆☆☆
	图鉴赏析、分享交流	1. 敢于在公共场合介绍自己设计的中草药图鉴，声音响亮 2. 善于欣赏他人作品，积极提出建议，也能虚心接受建议 3. 乐于对整个跨学科学习过程进行反思，表达自己的学习感受	☆☆☆	☆☆☆
学习结果	图鉴解说词	1. 主题明确，结构合理，观察细致 2. 从多个方面有条理地介绍	☆☆☆	☆☆☆
	图鉴形式	1. 图文并茂，颜色、图案、线条、字体美观 2. 布局合理、美观	☆☆☆	☆☆☆

"001号讲解员"评价表和"最美中草药图鉴"评价表分别见表3和表4。

表3 "001号讲解员"评价表

评价内容	评价标准	自评	组内评
讲解过程	1. 语言规范、声音响亮、口齿清晰、表达流畅 2. 语气、动作、表情自然	☆☆☆	☆☆☆
内容效果	能借助图片、文字、音乐、视频等资源	☆☆☆	☆☆☆
草药特点	条理清晰，从多方面介绍中草药的特点	☆☆☆	☆☆☆

表4 "最美中草药图鉴"评价表

评价内容	评 价 标 准	自评	组内评
排版设计	布局合理,各部分内容协调性好	☆☆☆	☆☆☆
绘画插图	线条清晰,色彩鲜明,能突出中草药特点	☆☆☆	☆☆☆
美工制作	选材有新意,配色协调,制作精良	☆☆☆	☆☆☆
文字内容	能从多个方面介绍中草药特点,内容有吸引力	☆☆☆	☆☆☆

七、学习资源

(1)中国卫健委官方网站的相关内容。

1)《关于当归等6种新增按照传统既是食品又是中药材的物质公告》(http：//www.nhc.gov.cn/sps/s7885/202001/b941b6138e93414cb08aed926ca3c631.shtml)。

2)《关于党参等9种新增按照传统既是食品又是中药材的物质公告》(http：//www.nhc.gov.cn/sps/s7892/202311/f0d6ef3033b54333a882e3d009ff49bf.shtml)。

3)《卫生部关于进一步规范保健食品原料管理的通知》(http://www.nhc.gov.cn/wjw/gfxwj/201304/e33435ce0d894051b15490aa3219cdc4.shtml)。

(2)书籍资料。《黄帝内经》等。

(3)视频资源。可参考北中医健康全球——北京中医药大学"国家中医国际传播中心"官方账号。

城市养犬要文明　争当小小宣传员
——三年级语文跨学科主题学习设计

上海市康城学校　金　辉

一、主题背景

在语文学科中，通过三年级教材中《燕子》《小虾》《搭船的鸟》等文章的学习，让学生感受到了人和动物相处的和谐。但是近年来频频出现宠物犬伤人的新闻报道，不禁让人产生质疑，本应是人类最好的朋友的它们为什么却让人害怕、让人厌恶呢？究其原因，还是饲养者缺乏责任意识与文明素养。而这也激发起学生对"城市养犬要文明　争当小小宣传员"这一跨学科主题学习的兴趣。

《义务教育语文课程标准（2022年版）》总目标中指出，学生应关心社会文化生活，积极参与和组织校园、社区等文化活动，发展交流、合作、探究等实践能力，增强社会责任意识。我们以"城市养犬要文明，争当小小宣传员"为主题，设计跨学科主题学习活动，让学生能够提出学习和生活中的问题，有目的地搜集资料，共同讨论，运用语文学科知识技能展开观察采访，整合信息等。既体现了跨学科主题学习中的语文本位，又让学生走出课堂，走入社区，去了解城市中不文明养犬的现象，关心社会问题，增强社会责任意识。最终学生将运用学科知识及能力通过书面及口头表达的形式来展现此次跨学科主题学习的成果。

学生在实际解决问题时，需要借助美术技巧，美化宣传手册；利用信息技术，从网络、媒体等途径检索适合城市内饲养犬只的相关信息并拍摄宣传片；运用数学方法，进行数据的收集、整理和分析；通过道德与法治学习，树立责任意识、提高文明素养。本次"城市养犬要文明，争当小小宣传员"跨学科主题学习活动所涉学科知识如图1所示。

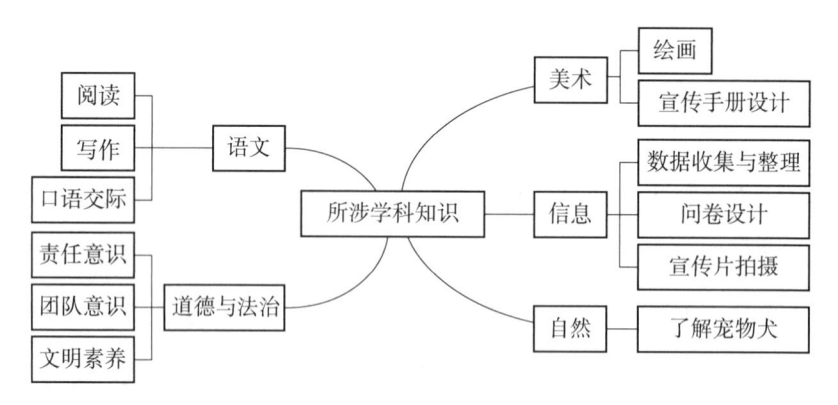

图1 "城市养犬要文明，争当小小宣传员"跨学科主题学习活动所涉学科知识

二、学情分析

三年级的学生经过前面阶段的语文学习，已经具备了一定的"表达与交流"的能力。尤其是通过三年级下册第七单元《劝告》《国宝大熊猫》的学习，学生已经能够整合信息进行表达；能够主动根据不同的场

合，尝试运用合适的音量和语气与他人交流，有礼貌地回应等。

同时，他们也经历过多次以"表达与交流"为主的综合性实践活动。如一年级时，学习完《猜字谜》后，学生以小组为单位进行了"赏灯猜谜"活动，制作灯笼、编字谜、竞相猜谜，在有趣的实践活动中学生积极参加讨论，乐于表达自己的意见；二年级时，以闯关游戏的形式逐步开展看图写话的活动，学生对写话产生兴趣，愿意用口头或图文等方式表达自己在活动中的想法。

这些知识能力与跨学科的学习经历，都为开展本次学习活动打下基础。本次跨学科主题学习以社会热点新闻——烈性犬咬伤女童一事来构建学习线索，通过"宣传文明养犬"的语文实践活动，联结课堂内外，拓宽语文学习和运用场景，激发学生进行多角度思考，在发现、提出并尝试解决问题的过程中，借助多学科知识完成调研及宠物犬文明饲养宣传。随着社会生活的发展，饲养宠物犬已经成为很多家庭的生活方式，而如何在城市中文明养犬却是一个值得深思的问题。学生将通过问卷设计、制定宠物犬宣传手册、拍摄文明养犬宣传片等方式宣传文明养犬。在此过程中，教师应提供给学生学习的支架、范本资源等，让学生能够自主地综合运用多学科知识，去解决真实情境中的问题。

三、学习目标

（1）在真实的任务情境中，通过收集资料、整合信息、列好提纲，制作介绍卡，完善宠物犬宣传手册，了解不同种类犬的生活习性。

（2）展开调查，采访身边的同学、朋友、家人等对于文明养犬的了解程度，根据自己的发现提出问题，根据问题制定问卷进行调研。

（3）根据调研，选定文明养犬宣传片拍摄内容，使用合适的语气，通过讲道理使别人接受意见，发出在城市中文明养犬的呼吁。

（4）在采访、调研、排演等合作探究活动中培养团队意识；通过宣传达到提高城市养犬人的文明素养及责任意识的目的。

四、任务规划

（一）问题及任务框架

本单元核心问题为：城市中不文明养犬现象频发，影响居民生活，甚至造成人身伤害，我们可以如何宣传来达到提高城市养犬人的文明素养及责任意识的目的？我们将核心问题分解成3个子问题，共6个课时。3个子问题之间基于调查、设计、宣传的逻辑路径，学生将完整地经历一位文明养犬宣传员的活动过程。问题及任务框架如图2所示。

```
核心问题：                              核心任务：
城市中不文明养犬现象频发，影          整合信息，实地走访，展开调
响居民生活，甚至造成人身伤害，我   →   研，进行宣传，呼吁城市文明养犬
们可以如何宣传城市内文明养犬？
        ↓
问题一：                               任务一：
城市养犬应该选择哪类犬只？      →      查阅资料，整合信息，完善宠
                                       物犬宣传手册，明确城市宜养犬种
        ↓
问题二：                               任务二：
文明养犬要注意些什么？哪些不    →      采访，制作"热度表"；设计
文明养犬现象影响到居民日常生活？       问卷，采集数据，了解城市养犬存
                                       在的不文明现象
        ↓
问题三：                               任务三：
针对不文明养犬现象，你该如何    →      拍摄宣传片，进行宣传
劝告？
```

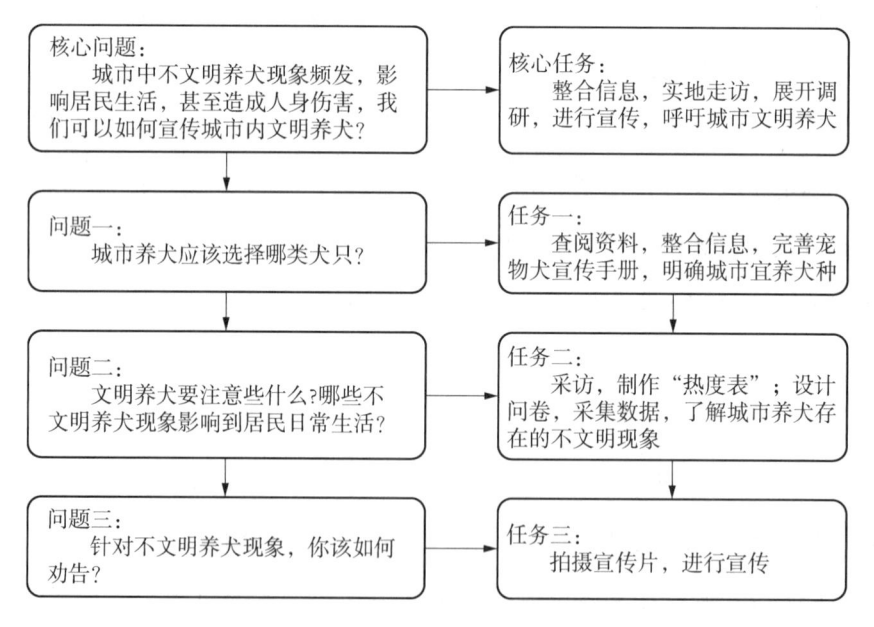

图2　问题及任务框架

（二）任务学习规划

任务学习规划如图 3 所示。

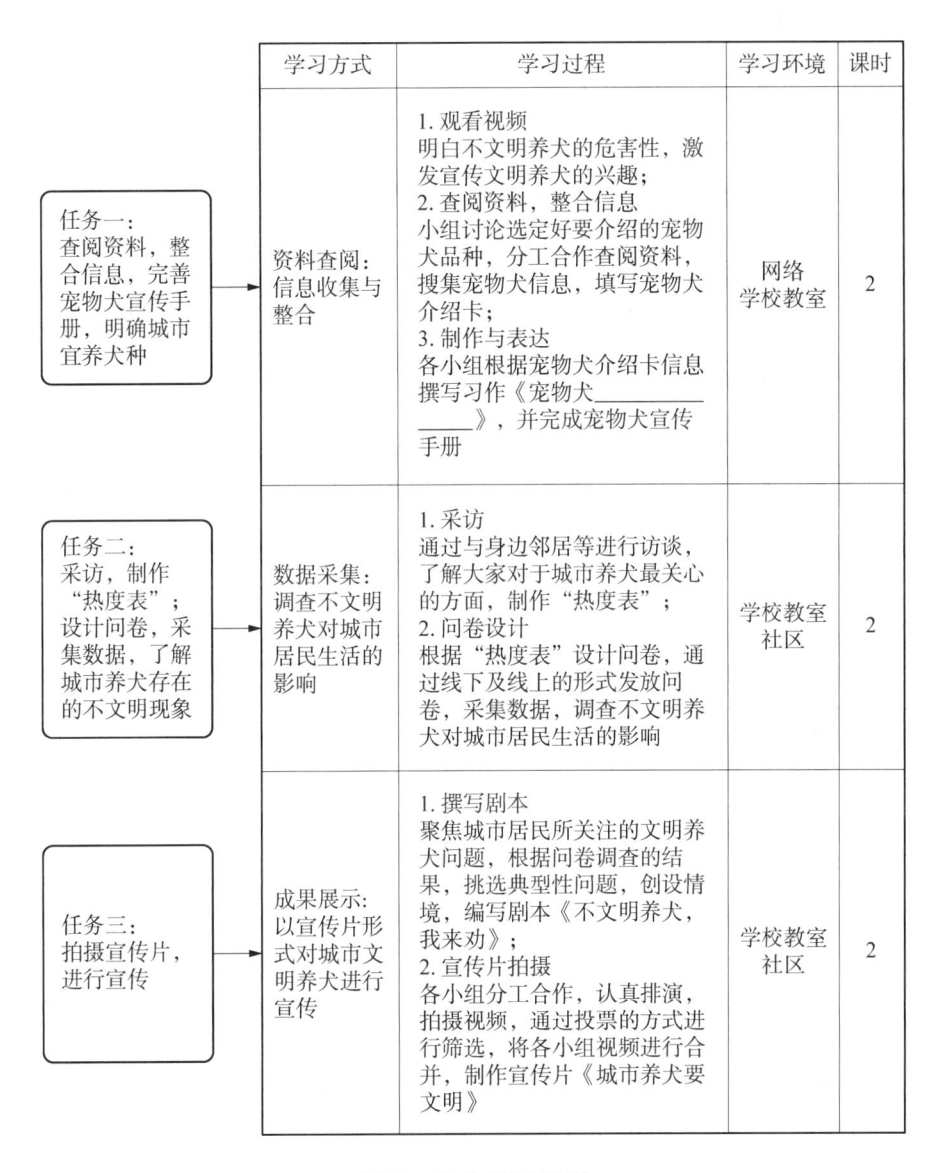

	学习方式	学习过程	学习环境	课时
任务一：查阅资料，整合信息，完善宠物犬宣传手册，明确城市宜养犬种	资料查阅：信息收集与整合	1. 观看视频 明白不文明养犬的危害性，激发宣传文明养犬的兴趣； 2. 查阅资料，整合信息 小组讨论选定好要介绍的宠物犬品种，分工合作查阅资料，搜集宠物犬信息，填写宠物犬介绍卡； 3. 制作与表达 各小组根据宠物犬介绍卡信息撰写习作《宠物犬_____》，并完成宠物犬宣传手册	网络学校教室	2
任务二：采访，制作"热度表"；设计问卷，采集数据，了解城市养犬存在的不文明现象	数据采集：调查不文明养犬对城市居民生活的影响	1. 采访 通过与身边邻居等进行访谈，了解大家对于城市养犬最关心的方面，制作"热度表"； 2. 问卷设计 根据"热度表"设计问卷，通过线下及线上的形式发放问卷，采集数据，调查不文明养犬对城市居民生活的影响	学校教室社区	2
任务三：拍摄宣传片，进行宣传	成果展示：以宣传片形式对城市文明养犬进行宣传	1. 撰写剧本 聚焦城市居民所关注的文明养犬问题，根据问卷调查的结果，挑选典型性问题，创设情境，编写剧本《不文明养犬，我来劝》； 2. 宣传片拍摄 各小组分工合作，认真排演，拍摄视频，通过投票的方式进行筛选，将各小组视频进行合并，制作宣传片《城市养犬要文明》	学校教室社区	2

图 3　任务学习规划

五、学习过程

(一) 学习导入

学生通过观看视频、阅读材料，感受不文明养犬现象背后潜在的危害，懂得养犬不应只考虑自己的喜好，还要具备相应的文明素养和责任意识的道理，激发他们宣传文明养犬的兴趣。

（1）观看视频。组织学生观看烈性犬伤人相关新闻报道。

（2）阅读材料。教师出示《上海禁养犬名单》。

（3）思考与交流。随着身边越来越多的人开始饲养宠物犬，宠物犬伤人事件也日益增多，尤其是成都宠物犬咬伤女童一事引起社会的广泛关注。假如现在你们是城市文明养犬宣传员，该怎样宣传才能让周围的人了解如何文明养犬，提高城市养犬人的文明素养及责任意识呢？

(二) 任务一：查阅资料，整合信息，完善宠物犬宣传手册，明确城市宜养犬种

本任务中学生将对城市居民该养哪类犬只进行讨论，并根据问题筛选、整合信息，介绍宜养宠物犬。

1. 活动一：商定准备宣传的宜养宠物犬品种

（1）小组讨论，交流饲养宠物犬需要考虑的因素。

（2）阅读《犬只品种图鉴》，商定所要宣传的宜养宠物犬品种。

2. 活动二：查阅资料，搜集整合宜养宠物犬种信息

（1）课堂讨论，提出问题。

（2）教师提出问题："介绍宜养宠物犬信息时，应该选择哪些方面进行介绍？"引导学生从宠物犬的品种、外形、性格习性、食物、价格等方

面展开讨论。

(3) 学生以小组为单位,讨论,梳理、筛选问题,分工合作查阅资料,搜集宠物犬信息,填写宠物犬信息表(见表1)。

表1 宠物犬信息表

类别＼品种	_____(宠物犬品种)
形态特征	
性格	
食物	
……	

3. 活动三:制作手册,介绍宠物犬

(1) 各小组组长根据小组实际情况安排团队分工,团队分工及主要职责见表2。

表2 团队分工及主要职责

团队分工	主 要 职 责
组长	统筹本组的学习活动
写手	全员参与,并评选出本组优秀习作
美工	为文本配插图,美化宣传手册
宣传员	负责本组宠物犬品种宣传

(2) 以小组为单位,制作个性化宠物犬宣传页。

1) 根据宠物犬信息表内容,撰写习作《宠物犬_____》。

2) 各小组评选出一篇优秀习作。

3) 图文结合,进行美化,制作宣传页。

(3) 教师将各小组宣传页合并，最终形成个性化宠物犬宣传手册。

(4) 每组选派一名宣传员结合宠物犬宣传手册进行联合介绍宣传。

（三）任务二：采访，制作"热度表"；设计问卷、采集数据，了解城市养犬存在的不文明现象

本任务中，学生将走访身边的人，聚焦城市居民最关心的养犬问题，制作"热度表"。设计问卷，调查不文明养犬现象对于城市居民日常生活的影响。

1. 活动一：实地采访，制作"热度表"

(1) 小组讨论，商定采访内容。比如：你身边有没有养宠物犬的人？你知道他的宠物犬的品种吗？你一般会在哪里看到宠物犬？你觉得宠物犬安全吗？你身边的宠物犬有没有影响到你的正常生活？你最关心的养犬问题是什么？等等。

(2) 下发采访单，学生对身边的亲朋好友进行采访。

(3) 课堂讨论，聚焦城市居民所关心的养犬问题统计制作热度表，并以柱状图呈现（见图4）。

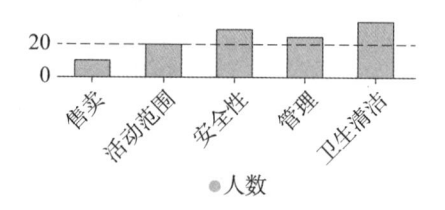

图4 城市居民所关心的养犬问题

2. 活动二：利用工具 设计问卷

(1) 阅读资料。《上海市养犬管理条例》。

(2) 设计鱼骨图并将"热度表"上的话题迁移到鱼骨图上（见图5）。

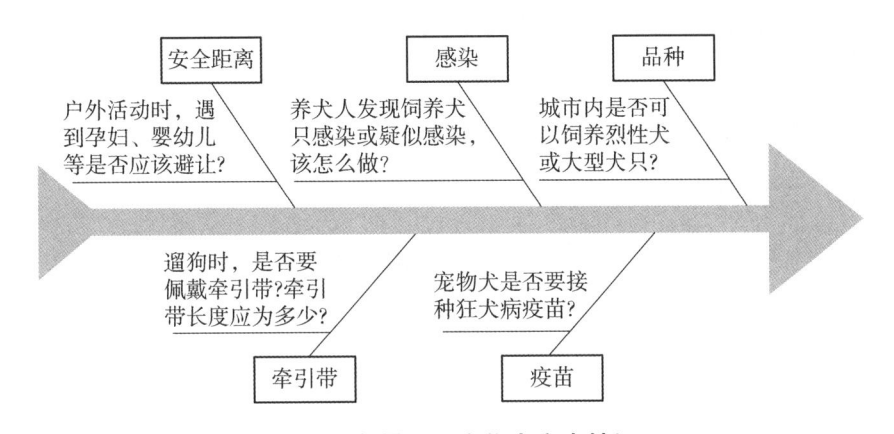

图 5　鱼骨图（宠物犬安全性）

图 6　百宝箱工具

（3）结合鱼骨图，展开课堂讨论，结合资料，提出新的问题。

（4）小组合作，运用百宝箱工具（见图 6）了解问卷设计思路并学习问卷设计格式。

（5）小组合作，以问卷模板（见图 7）为参考，设计问卷。

（6）利用微信小程序"问卷星"制作线上问卷，请求老师、家长等指导、助力，发放小问卷。

（7）回收问卷，梳理问题，小组讨论，明确宣传方向。

（四）任务三：拍摄宣传片，进行宣传

在本任务中，学生将在设计剧本后进行排演，拍摄，最终利用宣传片宣传城市文明养犬。

1. 活动一：创设情境，撰写剧本

（1）阅读剧本《小木偶的故事》，学习剧本的一般格式（见图 8），了解宣传片剧本的关键要素，如贴近生活、突出特点、有展望和规划、保持真实和诚信，具有个性和创意等。

标题：

城市文明养犬情况调查问卷（样例）

导语：

您好！我们在进行一项关于城市中文明养犬情况的调查，请您在百忙之中抽出一点时间，填写这张问卷。请在（　）里填入符合您情况的选项。谢谢您的合作！

问题和回答：

1. 您喜欢宠物犬吗？（　）

A. 非常喜欢　B. 比较喜欢　C. 一般　D. 不怎么喜欢

2. 您经常会遇到宠物犬吗？（　）

A. 经常　B. 有时　C. 很少　D. 基本没有

3. 您遇到的宠物犬是否佩戴牵引绳？（　）

A. 是　B. 否

4. 您认为宠物犬在乘坐电梯时，遇到孕妇、婴幼儿等是否应该避让？（　）

A. 是　B. 否

5. 您认为宠物狗是否要接种狂犬免疫？（　）

A. 是　B. 否

6. 宠物犬在外大便该怎么办？（　）

A. 不处理　B. 清理干净　C. 看看周围有没有人，有人就清理，没人就不清理

7. 如果宠物犬对路人不友善地吠叫，它的主人该怎么做？（　）

A. 及时制止　B. 不管

8. 如果宠物犬咬伤别人，它的主人该怎么做？

A. 及时送医，并支付医药费　B. 逃避、不承认

9. 您对于城市养犬的改进意见：_____

结束语：

再次感谢您的参与和支持！

图7　问卷模板

题目：	人物：	时间：	地点：
道具：	背景：	幕名：	正文：

图 8　剧本的一般格式

（2）根据问卷调查的结果，挑选典型性问题，创设情境，小组分工撰写剧本《城市养犬要文明》。

2. 活动二：排演剧本，拍摄宣传片

（1）根据剧本内容，选择拍摄地点，如宠物商店、公园、小区等。

（2）准备道具，小组分角色，合作排演。

（3）请求老师、家长等的指导、助力，完成视频拍摄。

3. 活动三：对外展示

（1）通过公众号、校门口电子屏等途径，将相关研究成果对外展示，呼吁大家文明养犬，树立责任意识、提高文明素养。

（2）评选最佳宣传小组。

六、学习评价

跨学科主题学习评价应主要以学生在各类综合性实践活动中的表现，以及活动过程中完成的成果为依据。评价表的设计须关注学生综合运用多学科知识思考问题、解决问题的态度和能力。同时，评价应以鼓励为主，要肯定学生的合作参与和个性化创造，也要引导学生发现问题并进行自我反思和提升，从而不断提高跨学科学习的质量。

宠物犬宣传手册制作小组合作评价表见表3。

表3　宠物犬宣传手册制作小组合作评价表

被评价小组：_____			
评 价 标 准	组评	师评	总评
能查找资料，整合信息，围绕提示的问题写一写宠物犬	☆☆☆	☆☆☆	____星
语句通顺，用词准确、生动，按一定的顺序，从各个方面介绍宠物犬	☆☆☆	☆☆☆	____星
排版合理、插图美观、图文相符	☆☆☆	☆☆☆	____星
介绍宠物犬时声音响亮、口齿清晰，大方得体、举止自然，表达流畅、有条理	☆☆☆	☆☆☆	____星
总得星	____星	____星	____星
评价小组：_____			

"城市文明养犬"宣传片评分表和最佳宣传小组评价表分别见表4和表5。

表4　"城市文明养犬"宣传片评分表

宣传小组：			
一级指标	二级指标	自评	组评
语言表达能力	口齿清晰，表达流畅，有条理		
	能注意说话的语气，不用指责的口吻劝告别人		
	能从别人的角度着想，更让人容易接受		
	能注意说话时的修养与礼仪		
小组协作能力	能关注同伴，具有良好的合作意识		
	能积极和组员探讨并解决问题，合作完成剧本的创编		

续表

一级指标	二级指标	自评	组评
	能主动积极参与排练,不散漫,配合宣传片的拍摄		
创新创造能力	经常会想到并提出一些新创意		
	能说明自己的创意,有理有据		
	能给予同伴的创意一些帮助和完善		
作品呈现水平	故事完整、流畅;情节合理		
	情感的表达符合故事内容,流露自然		
	宣传效果好,能吸引观众,获得普遍好评		

评价意见:
优点:

需改进之处:

评价等级:
"☆"完全符合;"△"比较符合;"○"不符合。评价方式:以符号进行记录为主,文字简述为辅。

表5 "城市文明养犬"最佳宣传小组评价表

请对_____小组的宣传效果进行评价	
宣传页	宣传视频
☆☆☆	☆☆☆
总计获得_____☆	

七、学习需求和相关资源

(一) 学习需求

(1) 借助电子设备进行资料的搜索查阅,呈现数据。

(2) 进入社区实地走访,接触不同的人群,进行采访与调查。

(3) 选择适合的拍摄地点进行宣传片拍摄。

(二) 学习资源

(1) 上海禁养犬名单(http：//sh. bendibao. com/zffw/20231020/278615. shtm)。

(2) 犬只品种图鉴(https：//baijiahao. baidu. com/s? id＝1787075185064218018&wfr＝spider&for＝pc)。

(3)《上海市养犬管理条例》(https：//flk. npc. gov. cn/detail2. html? NDAyOGFiY2M2MTI3Nzc5MzAxNjEyODVjZTk3ZDFjMjQ)。

(4)《小木偶的故事》课本剧剧本(https：//www. diyifanwen. com/jiaoan/kebenju/733638. html)。

叮，您有一份校园打卡地图请查收！
——五年级语文学科跨学科主题学习设计

上海市浦东新区航城实验小学　王　雯

一、主题背景

小学语文教材中的许多课文都是以"校园生活"为背景，这些课文内容贴近学生的实际生活，能够引起学生的共鸣。通过描写校园中的景物、人物和活动，激发学生对校园的热爱之情。如三年级上册教材中的《大青树下的小学》《花的学校》《掌声》等。《义务教育语文课程标准（2022年版）》指出，第三学段的学生，应能策划简单的校园活动，对所策划的主题进行讨论和分析，感受不同媒介的表达效果，学习跨媒介阅读与运用，并能初步运用多种方法整理和呈现信息。

毕业在即，相逢有时。在告别校园之际，不少同学和家长都想和学校来个合影，在校园留存下美好瞬间，给小学生涯画上圆满的句号，相信绘制一份"校园打卡地图"会是不错的选择。校园中肯定有不少宝藏打卡点，注意标清打卡点、写清推荐理由，绘制打卡路线示意图，制作专属于自己的"毕业回忆"吧！

基于五年级学生的学习要求，结合学生实际，我以"叮，您有一份校园打卡地图请查收！"为主题设计跨学科主题学习。设计校园打卡地图需要学生仔细观察校园环境，发现校园中的美景和特色地点，锻炼学生的思维能力。同时，在设计地图的过程中，学生需要了解校园的历史文化、建筑风格等方面的知识，并将这些知识融入到地图设计中，选择合适的打卡点，写清推荐理由，用语言文字表现校园的美，提升学生的语言运用、审美创造能力，打造出一张既实用又美观的校园打卡地图。通过这个过程，学生的核心素养又得到了进一步的提升。

在绘制校园打卡地图时，还需要关联信息、美术、数学、地理等其他学科。利用百度地图等工具，大致了解校园全貌，再利用数学中面积、测量与地理中比例尺等知识，绘制打卡地图。校园打卡地图不仅是一张简单的地图，还是一张充满文化气息的艺术品。在设计地图的过程中，学生还需要考虑地图的色彩搭配、布局设计等方面的美学因素，以打造出一张既实用又美观的校园打卡地图。

二、学情分析

五年级的学生经过前面阶段的语文学习，已掌握了基础的阅读、写作和表达能力。他们能够通过阅读理解文本信息，提取关键内容，并对所读内容进行简单的分析和归纳。在写作方面，五年级的学生已经能够写出结构完整、条理清晰的短文，并使用恰当的词语和句式来表达自己的意思。

在学习《记金华的双龙洞》这篇课文中，让学生了解了"按一定的顺序写景物的方法"，语文教材中还包含一些与地图阅读、方向指引或地理位置描述相关的练习或活动。在制作地图时，学生能够利用所学的语文知识，为各个打卡点编写简洁明了的介绍词，使地图更加生动和具有吸引力。

学生已有的知识能力与跨学科的学习经历，都为本次学习活动的顺利开展打下了基础，但在活动过程中他们仍可能面临一些难点。首先，对于如何将实际的校园环境与地图相对应，学生可能需要进行一些空间思维的转换，这可能会对他们的理解造成一定的困难；其次，虽然学生能够写出简单的介绍词，但如何在有限的篇幅内准确、生动地描述每个打卡点的特色，可能是一个挑战；此外，学生在整合各种信息、设计地图布局以及选择合适的颜色、图案等方面也可能感到困惑，需要教师的指导和帮助。

三、学习目标

（1）通过回忆校园里的景物以及小学生活中难忘的回忆，选择自己的打卡点，按一定的顺序把打卡路线讲清楚，完成打卡点推荐语。

（2）通过查阅资料、实地走访，绘制校园打卡地图。

（3）在制作校园打卡地图的过程中，激发学生对校园的热爱之情。

四、任务规划

（一）问题及任务框架

问题及任务框架如图1所示。

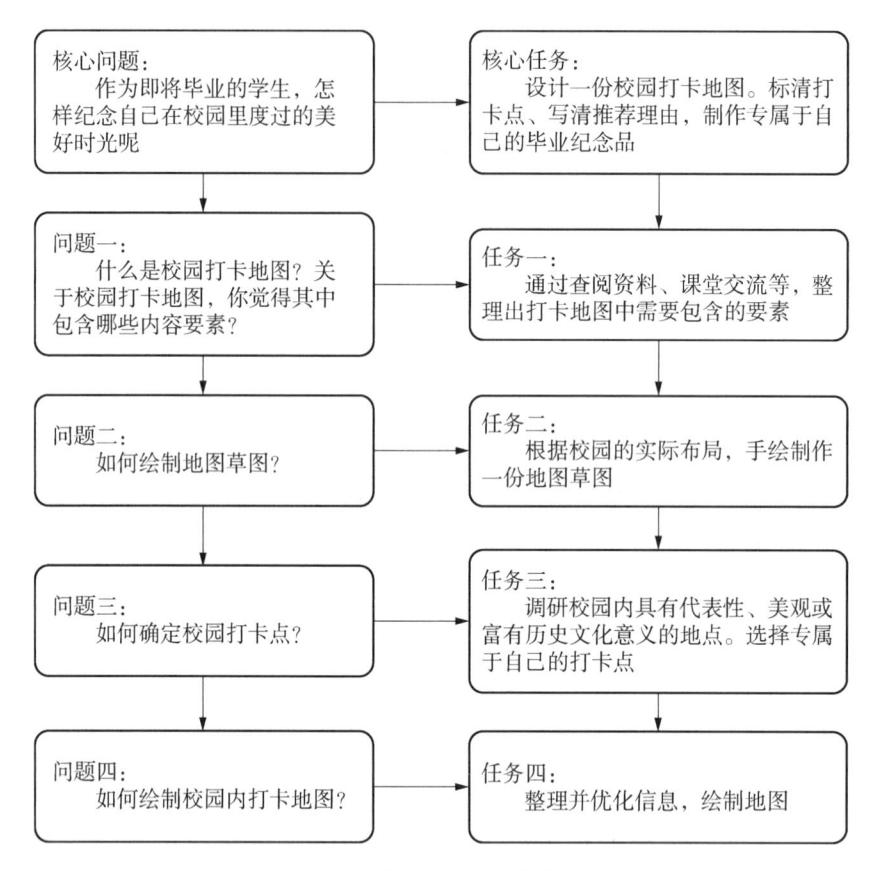

```
┌─────────────────────┐              ┌─────────────────────┐
│ 核心问题：           │              │ 核心任务：           │
│   作为即将毕业的学生，│─────────────▶│   设计一份校园打卡地 │
│ 怎样纪念自己在校园里 │              │ 图。标清打卡点、写清 │
│ 度过的美好时光呢     │              │ 推荐理由，制作专属于 │
│                     │              │ 自己的毕业纪念品     │
└─────────┬───────────┘              └─────────────────────┘
          ▼
┌─────────────────────┐              ┌─────────────────────┐
│ 问题一：             │              │ 任务一：             │
│   什么是校园打卡地图？│─────────────▶│   通过查阅资料、课堂 │
│ 关于校园打卡地图，你 │              │ 交流等，整理出打卡地 │
│ 觉得其中包含哪些内容 │              │ 图中需要包含的要素   │
│ 要素？              │              │                     │
└─────────┬───────────┘              └─────────────────────┘
          ▼
┌─────────────────────┐              ┌─────────────────────┐
│ 问题二：             │              │ 任务二：             │
│   如何绘制地图草图？ │─────────────▶│   根据校园的实际布局，│
│                     │              │ 手绘制作一份地图草图 │
└─────────┬───────────┘              └─────────────────────┘
          ▼
┌─────────────────────┐              ┌─────────────────────┐
│ 问题三：             │              │ 任务三：             │
│   如何确定校园打卡点？│─────────────▶│   调研校园内具有代表 │
│                     │              │ 性、美观或富有历史文 │
│                     │              │ 化意义的地点。选择专 │
│                     │              │ 属于自己的打卡点     │
└─────────┬───────────┘              └─────────────────────┘
          ▼
┌─────────────────────┐              ┌─────────────────────┐
│ 问题四：             │              │ 任务四：             │
│   如何绘制校园内打卡 │─────────────▶│   整理并优化信息，绘 │
│ 地图？              │              │ 制地图              │
└─────────────────────┘              └─────────────────────┘
```

图 1　问题及任务框架

（二）任务学习规划

任务学习规划如图 2 所示。

五、学习过程

（一）任务一：通过查阅资料、课堂交流等，整理出打卡地图中需包含的要素

本任务中，学生通过信息搜索、查阅资料，了解"打卡地图"是什么。通过小组合作，课堂交流，归纳、整理出打卡地图中需要包含的要

学习方式	学习过程	课时
任务一：通过查阅资料、课堂交流等，整理出打卡地图中需要包含的要素 → 查阅资料 合作探究	查阅资料，了解"打卡地图"是什么。搜集照片、视频等。通过课堂交流，归纳、整理出打卡地图中需要包含的要素，为之后的方案设计做铺垫	2
任务二：根据校园的实际布局，手绘制作一份地图草图 → 自主探究	根据校园的实际布局，借助百度地图等App，手绘制作一份地图草图 标注出主要的建筑、道路、绿化带以及打卡点的位置	2
任务三：调研校园内具有代表性、美观或富有历史文化意义的地点。选择专属于自己的打卡点 → 实践活动	调研校园内具有代表性、美观或富有历史文化意义的地点；收集每个打卡点的相关信息，如名称、简介、历史背景、特色等；回忆小学令你印象深刻的事情或地点，选择自己专属的打卡点	2
任务四：整理并优化信息，绘制地图 → 整理并优化信息	编写每个打卡点的详细介绍，包括文字描述和可能需要的图片；对地图上的信息进行分类和整理，确保内容清晰、简洁且易于理解；绘制学校平面图，再画出学校的标志性景物，最后在地图上标注打卡点，绘制出学校的地图	4

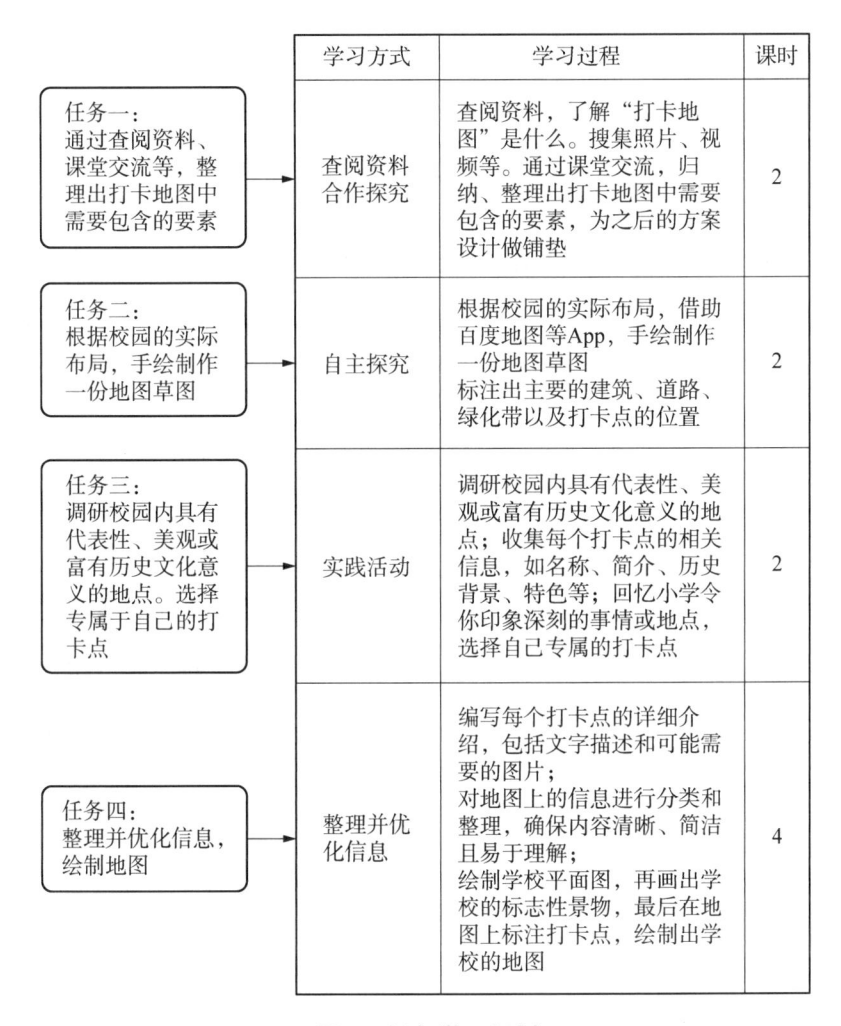

图 2　任务学习规划

素，为之后的方案设计做铺垫。

1. 活动一：信息搜索

以"校园打卡地图""打卡地图"等为词条进行检索，梳理提炼各方信息，筛选出有价值的信息，加深对"校园打卡地图"的理解。

2. 活动二：整理出打卡地图中所包含的要素

（1）完成探究单。引导学生列出校园打卡地图中应包含的要素，并为每个要素提供简短的描述。可提供校园打卡地图要素整理探究单（见表1），供学生参考。

表1　校园打卡地图要素整理探究单

学生姓名：_____　　日期：_____

要素名称	描　　述

（2）信息交流。教师提出问题，比如：在整理校园打卡地图要素的过程中，你遇到了哪些困难？你是如何克服这些困难的？通过实地走访和整理打卡点信息，你对校园有了哪些新的认识？等等。引导学生思考讨论。

（3）小组合作，简述整理结果。可提供要素名称及描述整理表（见表2），供学生参考。

表2　要素名称及描述整理表

要素名称	描　　述
教学楼	学生学习的主要场所，包括教室、实验室等
图书馆	提供图书借阅、自习等功能的场所
食堂	学生就餐场所，提供各种餐饮服务
运动场	学生进行体育活动的场所，如足球场、篮球场等
绿化景观	校园内的绿化区域，如草坪、花坛、树木等
校园道路	连接校园内各个场所的道路，包括主干道、支路等

续表

要素名称	描 述
标志性建筑	具有代表性的校园建筑，如校门、钟楼、雕塑等
打卡点	受欢迎的拍照留念地点，具有特色或美观的景观
其他	你认为还需要补充的要素，请在此列出并描述

（二）任务二：根据校园的实际布局，手绘制作一份地图草图

本任务中，学生根据校园的实际布局，借助百度地图等 App，手绘制作一份地图草图，标注出主要的打卡地图要素。

1. 活动一：准备工作

（1）给学生介绍地图的基本要素，如比例尺、方向、图例等。

（2）准备必要的绘图工具，如纸张、铅笔、橡皮、直尺、指南针等。

（3）安排一个合适的时间，带领学生在校园内进行实地观察，以便他们了解校园的实际布局。

2. 活动二：实地观察与记录

（1）带领学生按照一定的路线游览校园，注意观察校园布局。

（2）指导学生使用指南针确定各地点的大致方向。

（3）让学生记录下各地点的相对位置关系，如距离、方位等。

3. 活动三：手绘地图草图

（1）回到教室后，让学生根据实地观察的记录，在纸上绘制出校园的大致格局。

（2）指导学生使用直尺和指南针，借助百度地图等 App 确保地图的方向和比例尺的准确性。

（3）让学生在地图上逐步添加校园内的主要建筑、道路、绿化带、操场等设施，用简单的图形表示。

(4) 提醒学生在地图上标注出各设施的名称，以便识别。

(5) 鼓励学生发挥创意，为地图添加图例、颜色等元素，提高地图的可读性和美观度。

4. 活动四：交流与反馈

(1) 当学生完成手绘地图草图后，组织他们进行小组交流，分享彼此的作品和心得。

(2) 挑选几份具有代表性的作品进行展示，让全班学生进行评价和讨论。

(3) 填写问题反馈表，针对学生在绘制过程中遇到的问题和困难，给予及时的指导和帮助。问题反馈表参考示例见表3。

表3 问题反馈表参考示例

序号	问题描述	遇到困难	解决方法或建议
1	地图的比例尺如何确定？	不确定如何根据实际大小设定比例	可以使用步数或测量工具进行实际距离的测量，然后决定地图的比例尺
2	地点之间的相对位置关系如何表达？	不清楚如何准确表达地点之间的相对位置	可以使用方向指示和距离标注来表示
3	如何选择合适的图标表示各种设施？	缺乏绘图技巧，不知道如何设计图标	可以参考现有的地图或图标库，进行简化或改造
4	如何使地图更美观？	不擅长色彩搭配和设计	可以参考其他美观的地图或图案，尝试使用色彩搭配工具或网站
5	如何确保地图的准确性？	担心自己的观察和记录有误	可以多次实地核对，或与同学互相交流验证

(4) 让学生根据讨论和评价的结果，对自己的地图草图进行修改和

完善。

(三) 任务三：调研校园内具有代表性、美观或富有历史文化意义的地点，选择专属于自己的打卡点

1. 活动一：校园探险家

(1) 将学生分成若干小组，每组配备一份地图和指南针。

(2) 每组需要选择 5 个校园内的特色地点或标志性建筑作为打卡点。这些地点可以是具有代表性的建筑、风景优美的花园、富有文化气息的雕塑等。

(3) 学生需要在规定的时间内，通过团队合作，找到这些打卡点，并拍照或记录相关信息，完成推荐表格。打卡点推荐表格参考示例见表4。

表4 打卡点推荐表格参考示例

序号	打卡点名称	地点描述	图片	推荐理由
1	图书馆	宽敞明亮的阅读空间，丰富的学习资源		学习氛围浓厚，适合打卡留念
2	操场	宽敞的田径场，绿树成荫		运动健身的好去处，记录青春活力
3	教学楼	古典与现代结合的建筑风格		见证学子成长的地方，具有纪念意义
4	校园湖	碧波荡漾，景色宜人		校园美景的代表，适合拍摄美照
5	艺术楼	充满艺术气息的建筑，学校演出和大规模活动的举办地		感受艺术的魅力，留下美好回忆

（4）活动结束后，各小组分享自己的探险经历和选择的打卡点，并说明选择这些地点的理由。

2. 活动二：校园人气打卡点评选

（1）在校园内设置投票箱和投票纸，让学生自由投票选择自己心目中的最佳打卡点。学生可以在投票纸上写下自己推荐的打卡点名称和推荐理由。

（2）投票结束后，统计各个打卡点的得票数，并公布结果。

（3）根据评选结果，可以组织一次"校园人气打卡点游"活动，邀请学生一起参观这些受欢迎的地点。

3. 活动三：我的校园，我的选择

学生可以结合同学的推荐和自己五年小学生涯的点滴回忆，选择自己专属的校园打卡点。

（四）任务四：整理并优化信息，绘制地图

本任务要求学生编写每个打卡点的详细介绍，包括文字描述和可能需要的图片。对地图上的信息进行分类和整理，确保内容清晰、简洁且易于理解。绘制学校平面地图，在图上画出学校的标志性建筑、景或物，最后标注打卡点。

1. 活动一：整理并优化信息

学生根据之前活动积累的素材，确定打卡点并撰写推荐理由。

2. 活动二：打卡地图创意设计

学生绘制"校园打卡地图"。

3. 活动三：五年时光　定格美好

（1）教师可以在校园人气打卡点进行简单布置，为孩子们拍照打卡提供仪式感。

(2)学生可邀请家长共同参与打卡点的拍照。最终将照片打印，制作每个学生专属的"校园打卡地图"，定格他们小学五年的美好时光。

六、学习评价

评价是跨学科主题学习活动不可或缺的组成部分，能反映学生在活动中的学习情况和学习水平，同时对学生综合能力的要求也渗透在评价过程中。对跨学科主题学习活动成果进行合理评价，是保障活动持续发展的关键。评价应是有成效的，能使学生在学习任务过程中明确目标，使活动以正确的方式方法推进，因此评价要有针对性。在此次跨学科主题学习活动方案中，教师很重视学习评价的作用，在活动中总结学习评价的经验。

1. 目标完成度评价

"最美校园打卡地图"评价表见表5。

表5 "最美校园打卡地图"评价表

序号	评价项目	评价标准	自评	组评	师评
1	准确性	地图中的建筑、设施位置与实际布局相符，比例尺和方向准确	☆☆☆	☆☆☆	☆☆☆
2	清晰度	地图线条清晰，各元素之间不拥挤，易于辨认	☆☆☆	☆☆☆	☆☆☆
3	完整性	地图包含所有主要的建筑、设施，没有遗漏	☆☆☆	☆☆☆	☆☆☆
4	美观度	地图色彩搭配协调，图标、图例设计美观	☆☆☆	☆☆☆	☆☆☆

续表

序号	评价项目	评价标准	自评	组评	师评
5	创意性	地图中体现了独特的创意和设计元素	☆☆☆	☆☆☆	☆☆☆
6	标注明确	地图中的建筑、设施名称标注清晰、准确	☆☆☆	☆☆☆	☆☆☆

注：自评：学生根据自己的表现打分，组评：小组成员根据该同学的表现打分，师评：教师根据学生的学习成果打分。

2. 过程性评价

"叮，您有一份校园打卡地图请查收！"跨学科主题学习活动过程性评价表见表6。

表6　"叮，您有一份校园打卡地图请查收！"跨学科主题学习活动过程性评价表

评价项目	评价标准	自评	组评	师评
搜集资料	能够主动做好对资料的汇总、整理和分析	☆☆☆	☆☆☆	☆☆☆
实践能力	积极参与调查活动，完成学校的实地测量	☆☆☆	☆☆☆	☆☆☆
综合思维	绘制学校平面图，画出学校的标志性建筑、景或物，最后在地图上标注打卡点	☆☆☆	☆☆☆	☆☆☆
写作能力	推荐词写作规范，内容丰富，具有感染力	☆☆☆	☆☆☆	☆☆☆
口语表达	声音响亮、仪态大方、语言生动、语速适当	☆☆☆	☆☆☆	☆☆☆
成果展示	积极参与撰写和制作成果，展现风采	☆☆☆	☆☆☆	☆☆☆

七、学习需求和相关资源

(一)学习需求

本学习活动需要借助电子设备搜索查阅资料,利用 App 等辅助工具绘制校园地图。学生需要对校园的整体布局、各个区域的特色和功能有深入的了解,这样才能在地图上合理布局打卡点,并确保信息的准确性。为了使打卡地图更加美观和吸引人,学生需要具备一定的图形设计和美化技能,如颜色搭配、字体选择、图标设计等。在绘制打卡地图的过程中,学生可能需要收集和处理关于打卡点的数据,如打卡点人气、评价等,以便在地图上更直观地展示这些信息。绘制校园打卡地图也需要小组合作,需要学生之间进行有效的沟通和协作,能够分工合作、共同完成任务。另外,本次活动如果有地理或美术老师的专业指导就更好了。

(二)学习资源

(1)上海工程技术大学、哈尔滨工业大学关于校园打卡地图的介绍(https://mp.weixin.qq.com/s/eqBMuFLHeTMdbC-4KF7Bgg,https://mp.weixin.qq.com/s/jbnQADFholz1z5VeyynO9g)。

(2)新人教版二年级美术上册第 13 课《回家的路》同步微课视频(https://mp.weixin.qq.com/s/lNduH9fzjHX6t87J_Cx_dQ)。

藏不住的校园美景

——三年级语文学科跨学科主题学习设计

上海市浦东新区第二中心小学　戴文婷

一、主题背景

部编版语文教材三年级上册第六单元的语文要素是"借助关键语句理解一段话的意思",习作要求是"习作的时候,试着围绕一个意思写"。这一单元的语文要素与习作要求密切相关,体现了"由读到写"的迁移。《义务教育语文课程标准(2022年版)》指出,义务教育语文课程内容主要以学习任务群组织与呈现,本单元属于发展型学习任务群中的"文学阅读与创意表达"学习任务群。

校园是学生快乐成长的家园,一年级的弟弟妹妹们对校园尚不熟悉,与校园的情感联结还较弱,那么如何增进一年级新生对校园的美好感情呢?本次跨学科主题学习活动邀请三年级的哥哥姐姐们以"藏不住的校园美景"为主题,围绕"校园之美",制作一本"校园美景机关书",向一年级的弟弟妹妹们展现校园之美。

出于激发一年级学生阅读兴趣的考量,采用机关书的形式来展现校园美景;出于对一年级学生识字量的考量,机关书中不宜出现大段文字,详细的配文介绍应以"为你读"的方式呈现。

校园美景机关书的制作,不仅要求学生围绕自己感受到的校园之美进行言语表达,还要求学生思考如何结合机关书的特点做出成品来向一年级的弟弟妹妹呈现校园之美。这就需要运用语文和美术两门学科的知识和技能来解决问题。机关书上需要有二维码,这又需要信息学科的辅助。

二、学情分析

三年级学生已在本单元的阅读课文中学会了"借助关键语句理解一段话的意思"的方法,并在习作课上运用从课文中学到的方法,"围绕一个意思"对一处美景进行了写作,完成了由读到写的迁移。所以,学生对于如何用文章来介绍校园之美是有经验的,只是对于"校园"这一特定场景,对"美"的理解不应只停留在狭义上的"景美"上,而应引导学生发展对"美"的理解,进一步感受校园在不同方面展现出的"美",从而增进学生对校园的感情。

学生在二年级上学期的美术课上学习过《深情的敬师卡》一课,学会了开窗式、立体折叠式、伸缩式等贺卡制作方法,懂得了贺卡的图案装饰要与内容相互协调。校园美景机关书的制作与贺卡的制作有相似性,但机关书的内容更多,需要借助团队的力量完成,且机关书的结构比贺卡更加复杂。如何将机关书的组织结构与校园美景的习作内容进行有机整合,这对学生来说是一个挑战。

此外,三年级学生需要将详细的配文介绍进行录音,以方便一年级学生扫码倾听。"码上游"这一软件能够为此提供支持,学生可在信息老师的指导下完成这一尝试。

三、学习目标

(1)围绕"校园之美"这个意思,通过走访和观察校园里的各处场景,从多方面感受校园的美好,并与同伴交流自己的发现;通过文字描述校园场景中美的事物,表达对校园的美好情感。

(2)通过共享和借阅,收集各类机关书,在观察、比较和分析中探究机关书的特点;通过对比、分析和讨论,探索校园美景介绍与机关书有机融合的方法;通过讨论、设计、评价、制作等方法,合作完成校园美景机关书的制作。

(3)在跨学科主题学习活动中,综合运用语文、美术、信息学科的知识与技能,发展问题解决能力、沟通协作能力与创新思维能力,感受传播校园之美的意义。

四、任务规划

(一)问题及任务框架

问题及任务框架如图 1 所示。

```
核心问题：
    如何制作一本校园美景机关书，向一年级的弟弟妹妹们展示校园之美？
核心任务：
    制作一本校园美景机关书，向一年级的弟弟妹妹们展示校园之美
```

```
问题一：                          问题二：
    我们的校园美在哪里？              机关书是怎样的？
任务一：                          任务二：
    探究校园之美                     探究机关书的结构
```

```
问题三：
    如何制作一本校园美景机关书？
任务三：
    探究如何将习作与机关书有机融合，并完成机关书的制作
```

```
问题四：
    如何展示与分享校园美景机关书？
任务四：
    展示与分享校园美景机关书
```

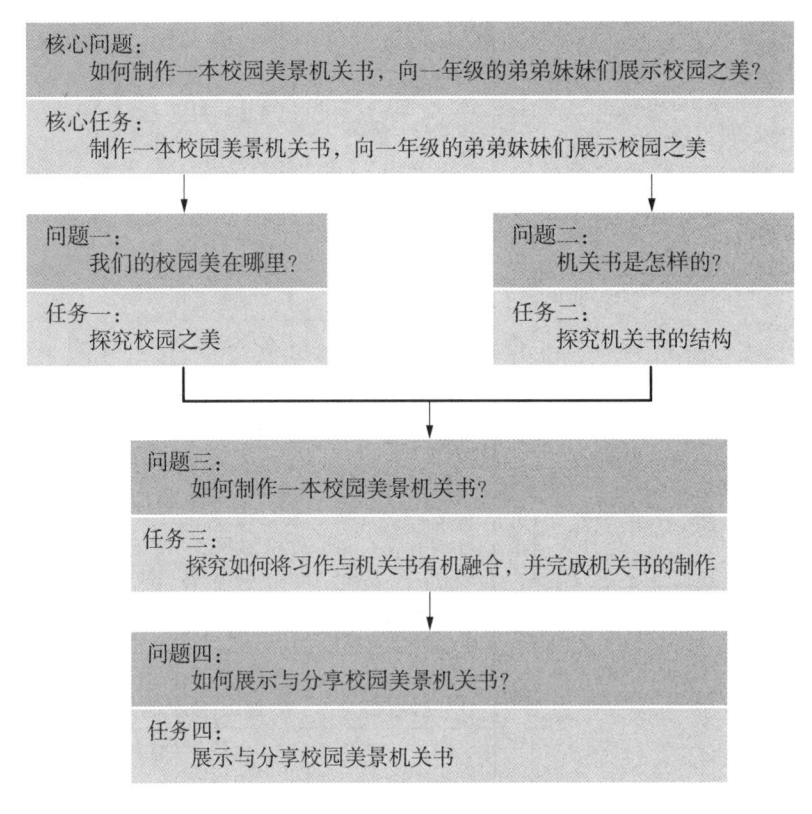

图 1　问题及任务框架

（二）任务学习规划

任务学习规划如图 2 所示。

五、学习过程

（一）学习导入

一年级的弟弟妹妹们入校时间短，对校园还不熟悉，作为三年级的大哥哥大姐姐，我们能不能用第六单元中学到的习作本领来向他们展示一下我们美丽的校园，让他们感受到我们的校园之美呢？

我们可以制作一本"校园美景机关书"，向他们展示校园之美。机关

学习方式	学习过程	课时
分析、讨论	1.结合单元习作经验，思考如何根据《这儿真美》的习作要求来写校园之美	1
观察、感悟、交流	2.进行分组，走访校园的各个场景，从多种角度理解与交流校园之美，选取写作对象	
记录、撰写	3.各小组选择一到两个场景，记录能体现该场景特点的景物，用文字描述该场景	1
共享、借阅	1.通过分享、借阅等方式，收集各类机关书	1
观察、比较、分析、讨论	2.阅读机关书，观察机关书的结构，与同伴交流自己的发现。小组间进行交流补充	
对比、分析、讨论	1.探究将习作与机关书有机融合的方法	1
讨论、合作	2.根据机关书的结构，进行组内分工。各小组统一机关书的风格和体例	
讨论、设计、评价、修改	3.组内讨论、生成场景页设计方案，组间交流讨论，修改设计稿	1
制作	4.小组分工完成本组场景页的制作，在制作机关时可参考贺卡的制作方法。各组汇总，加上封面与封底，完成整本机关书的制作	3
交流与展示	1.向一年级的弟弟妹妹进行成果展示与分享，收集反馈	1
成果反思	2.对学习成果进行反思	1

任务一：探究校园之美

任务二：探究机关书的结构

任务三：探究如何将习作与机关书有机融合，并完成机关书的制作

任务四：展示与分享校园美景机关书

图2 任务学习规划

书不仅好看，还好玩，相信弟弟妹妹们会喜欢的！那么，如何才能制作这样一本机关书呢？请同学们想一想，我们至少需要解决哪些问题？

（学生讨论、交流，教师对学生的回答进行归类，并梳理成任务链。）

(二) 任务一：探究校园之美

1. 活动一：从《这儿真美》迁移到《校园之美》

回顾习作《这儿真美》的习作方法，分析和讨论《校园之美》的写作思路。可提供《这儿真美》与《校园之美》思路对照（见图3），供学生参考。

习作：《这儿真美》　　　　　　　　习作：《校园之美》

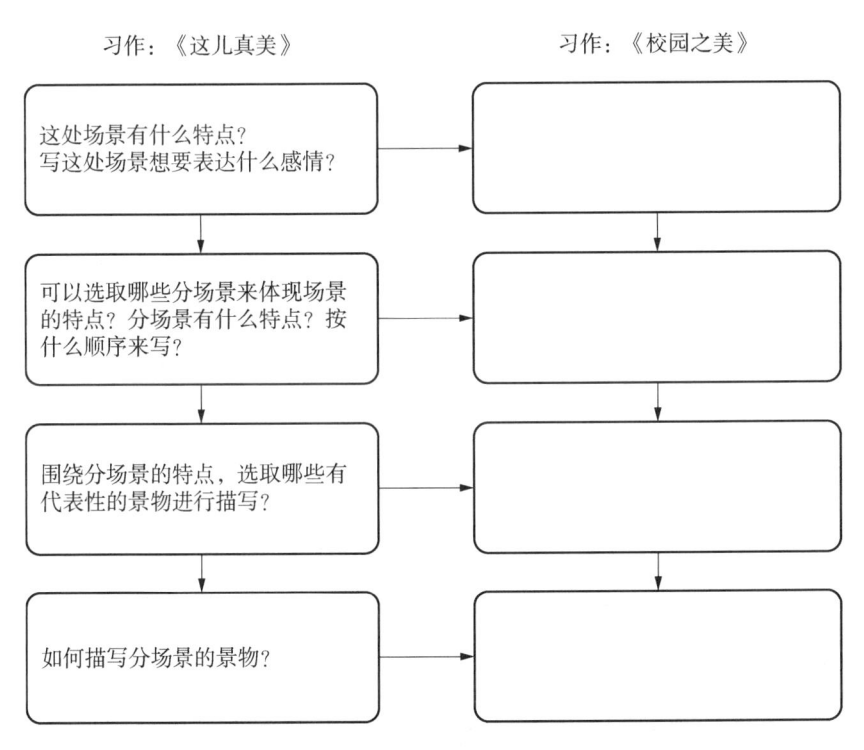

```
┌─────────────────────────┐        ┌─────────────────────────┐
│ 这处场景有什么特点？      │───────▶│                         │
│ 写这处场景想要表达什么感情？│        │                         │
└─────────────────────────┘        └─────────────────────────┘
           │
           ▼
┌─────────────────────────┐        ┌─────────────────────────┐
│ 可以选取哪些分场景来体现场景│───────▶│                         │
│ 的特点？分场景有什么特点？按│        │                         │
│ 什么顺序来写？            │        │                         │
└─────────────────────────┘        └─────────────────────────┘
           │
           ▼
┌─────────────────────────┐        ┌─────────────────────────┐
│ 围绕分场景的特点，选取哪些有│───────▶│                         │
│ 代表性的景物进行描写？     │        │                         │
└─────────────────────────┘        └─────────────────────────┘
           │
           ▼
┌─────────────────────────┐        ┌─────────────────────────┐
│ 如何描写分场景的景物？     │───────▶│                         │
└─────────────────────────┘        └─────────────────────────┘
```

图3　《这儿真美》与《校园之美》思路对照

2. 活动二：探究校园美在哪儿

（1）班级成员分成若干个小组，每组 4~5 人，为小组取名。

（2）知道校园之美可以是"景美"，也可以是"人美"，还可以是某种独特的魅力和活力。

（3）以小组为单位，走访、观察校园的各处场景，感受不同场景的特点。对不同校园场景，用一句话谈谈对"美"的感悟。

如：校园里的_____真美，这里的美在于_____。

（4）各小组交流对校园之美的感悟。每位同学记录同学的交流内容，并在"集赞卡"（见图 4）上选择"点赞"或"一般"。

校园场景集赞卡			
分场景	美在何处	点赞	一般
例：果蔬园	充满生机	👍	☹
		👍	☹
……	……	👍	☹

图 4　校园场景集赞卡

3. 活动三：写下校园之美

（1）对各场景进行集赞统计，各小组结合集赞情况，选择感兴趣的一到两处场景作为写作对象，各小组间进行协调，尽可能展现校园不同方面的美。

（2）小组完成分场景记录卡（见图 5），并在稿纸上撰写相关段落的文字介绍。

小组分场景记录卡

_____小组分场景记录卡	
校园里的（例：果蔬园）真美，这里的美在于（例：充满生机）。	
选取的景物	景物怎么样（描写景物）
例：南瓜	金黄色的南瓜花下，躺着一个胖胖的南瓜。
例：小蝴蝶	两只淡蓝色的蝴蝶绕着菜田翩翩起舞。
……	……

图 5　分场景记录卡

（3）按照集赞数量，确定分场景的段落编排顺序，完成《校园之美》的习作。

（三）任务二：探究机关书的结构

1. 活动一：收集各类机关书

（1）小组成员可以从家里带来自己的机关书，共享阅读。

（2）小组成员可以通过多方渠道（朋友、图书馆等）借阅机关书。

2. 活动二：探究机关书的结构

（1）小组成员传阅机关书，观察和比较不同机关书的结构，分析和发现机关书的共性特点，也可以找出个别机关书中别出心裁的设计。用一张思维导图展示小组的发现。可提供思维导图常见模型（见图 6），供

图 6　思维导图常见模型

学生参考。

（2）小组间就发现进行交流，完善思维导图。

（四）任务三：探究如何将习作与机关书有机融合，并完成机关书的制作

1. 活动一：探究习作与机关书有机融合的方法

（1）结合习作内容以及机关书的结构，探究两者相融合的方法。可提供跨学科关系对照表（见表1），供学生参考。

表1 跨学科融合关系对照表

习作：《校园之美》	机关书
题目	书名
分场景名称	页内小标题、背景绘画
分场景特点	小标题下文字概述
有特点的景物	机关设计与绘画
对景物的描写	保留少量文字，详细介绍以语音的方式存放于二维码链接中

2. 活动二：商定小组角色分工

（1）各小组成员根据自身特长商讨、确定角色分工。各角色分工及具体职责见表2。

表2 各角色分工及具体职责

设计师	负责与组员及其他小组的设计师沟通协调并设计分场景页的布局
绘画师	负责绘画设计
机关师	负责机关制作
美文师	负责编辑和书写文字
配音师	负责配音并生成二维码

（2）各小组设计师进行讨论，就机关书的制作统一风格和体例，商定材料运用。

3. 活动三：完成设计稿

（1）小组设计师完成设计初稿。具体任务如下。

1）与组员沟通机关书统一的风格、体例与材料。

2）根据《校园之美》的分场景内容，规划机关书页面布局、文字内容与机关位置。

3）倾听不同角色的组员意见，调整设计方案。

（2）小组间交流设计初稿，进行评价与建议。机关书分场景页设计初稿评价表见表3。

表3　机关书分场景页设计初稿评价表

_____校区　三（　　）班　_____小组

序号	设计稿要求与评价标准	自评	他评	师评
1	符合统一的格式	☆☆☆	☆☆☆	☆☆☆
2	布局合理，能反应习作内容，保留了必要的文字	☆☆☆	☆☆☆	☆☆☆
3	机关位置得当，突出重点景物	☆☆☆	☆☆☆	☆☆☆
来自同学和老师的修改建议				

（3）小组设计师根据反馈意见修改和完善设计稿，并与组员沟通确认。

4. 活动四：制作机关书

各小组成员按照角色分工，合作完成机关书的各场景页，最后汇总完成整本校园美景机关书。以下制作流程仅供参考。

（1）绘画师进行页面绘画。根据分场景页设计稿，选择绘画角度，描绘页面背景，就重点景物与机关师沟通，完成机关外页绘画。

（2）机关师制作机关。根据机关外页绘画尺寸，完成机关内页内容设计，结合"贺卡制作方法"制作机关，也可挑战更多新颖、有趣的机关（参考视频学习资源），在页面上完成机关的拼贴。

（3）美文师完成文字书写。根据统一格式，在恰当的位置工整地书写文字。

（4）美音师录制文字介绍。学习"码上游"小程序的使用方法，将有感情的详细介绍进行录音，生成相应二维码，打印、裁剪并粘贴在页面一角。

（5）制作封面和封底。从各组抽调合适人选，完成封面和封底的设计、绘画、文字编辑与书写等工作。

（6）合成完整的机关书。将各分场景页按照文章顺序排放，与封面和封底共同粘贴成册，最终以班级为单位，完成一本校园美景机关书。

（7）设计师全程追踪团队进程、把控制作质量、组织协调沟通；其他角色分工在制作过程中根据需要共同协商解决问题。

（五）任务四：展示与分享校园美景机关书

1. 活动一：成果展示

（1）三年级各班完成若干本校园美景机关书。图书馆开辟专门的书架陈列成果，供一年级同学借阅翻看，同时配备电子设备用于扫码听介绍。

（2）一年级同学以小组为单位，借阅校园美景机关书，并在小组间轮换传阅。

2. 活动二：成果反馈

（1）采访一年级学生的阅读感受。

（2）查看"码上游"二维码扫码次数统计，看看哪些场景做得特别吸引人。

（3）结合一年级学生的反馈和"码上游"数据统计，回顾本次学习活动的历程，就活动得失进行反思。"藏不住的校园美景"跨学科主题学习活动反思卡如图7所示。

"藏不住的校园美景"跨学科主题学习活动反思卡		
我的收获	我的不足	他人的优点
整个跨学科主题学习中，我的收获是_____	我在本次学习活动中，仍需要改进的不足之处是___	我特别欣赏_____，因为_____

图7 "藏不住的校园美景"跨学科主题学习活动反思卡

六、学习评价

本跨学科主题学习活动的评价设计着眼于过程性评价和成果性评价这两个方面，以成果为导向，同时注重对学生学习过程的引导。

（一）过程性评价

"藏不住的校园美景"跨学科主题学习过程性评价表见表4。

表4 "藏不住的校园美景"跨学科主题学习过程性评价表

评价内容	评价标准	自评	他评	师评
学科素养	1. 能从多种角度理解校园的"美"	☆☆☆	☆☆☆	☆☆☆
	2. 能迁移运用单元习作要素写出校园之美	☆☆☆	☆☆☆	☆☆☆

续表

评价内容	评价标准	自评	他评	师评
	3. 积极投入到校园美景机关书的创作中	☆☆☆	☆☆☆	☆☆☆
	4. 主动发现、挑战不同种类的机关制作	☆☆☆	☆☆☆	☆☆☆
跨学科素养	1. 能运用不同学科的知识和技能创作机关书	☆☆☆	☆☆☆	☆☆☆
	2. 参与发现问题、解决问题的全过程	☆☆☆	☆☆☆	☆☆☆
	3. 能与同伴合作，有良好的沟通能力	☆☆☆	☆☆☆	☆☆☆
	4. 能提出创造性的建议，有独特的想法	☆☆☆	☆☆☆	☆☆☆
	5. 能反思自己在活动中的收获和不足	☆☆☆	☆☆☆	☆☆☆

（二）成果性评价

1. 成果评价表

小组场景页成果评价表见表5。

表5　小组场景页成果评价表

评价项目	评价标准	自评	他评
版面设计	版面清晰，各部分内容协调性好，能反映校园之美	☆☆☆	☆☆☆
绘画制作	线条流畅，色彩和谐，画面精美	☆☆☆	☆☆☆
机关制作	机关开合顺畅、有创意，突出重点景物	☆☆☆	☆☆☆
文字书写	各级标题鲜明，文字书写工整，内容有吸引力	☆☆☆	☆☆☆

续表

评价项目	评价标准	自评	他评
语音介绍	声音清晰，语速适当，能有感情地详细介绍相关场景	☆☆☆	☆☆☆

2. 最佳角色颁奖。

根据小组场景页成果评价表，结合一年级学生反馈，评选出"最佳设计师""最佳绘画师""最佳机关师""最佳美文师""最佳配音师"5个奖项。

七、学习需求和相关资源

(一) 学习需求

(1) 对"美"的理解需要语文老师进行引导。如，自然教室中的"探索热情"、卫生室的"温暖关怀"、办公室中的"无私奉献"等。

(2) 机关书的制作方法需要得到美术老师的指导。

(3) "码上游"小程序的使用需要信息老师的支持。

(二) 学习资源

(1) 收集到的各类机关书，如，《小熊很忙》《中国年》《揭秘房屋》等。

(2) 上文涉及的各类学习支架，包括流程图、图表、思维导图等。

(3) 美术老师提供的机关书制作网络视频（参考如下链接）。

1) 立体蛋糕式机关（https：//www. bilibili. com/video/BV1JA4m1V7sp/）。

2) 悬浮平移机关（https：//www. bilibili. com/video/BV1dH4y1L7KD/）。

3）交错展开机关（https：//www.bilibili.com/video/BV1q84y1D7Vr/）。

4）抽拉"开门"机关（https：//www.bilibili.com/video/BV1CX4y1H7TK/）。

校园植物代言人
——小学三年级语文跨学科主题学习活动设计

上海市浦东新区王港小学　陶煜璐

一、主题背景

部编版语文教材三年级下册第一单元的习作要素是"试着把观察到的事物写清楚"主要是让学生会观察，并把观察到的事物写清楚。"观察"是中年级的训练重点，三年级上册第五单元已经有初步的铺垫——让学生仔细观察，把观察所得写下来。而这个单元强调观察并能把观察所得写清楚。写清楚就要把观察的事物的样子、颜色、气味等写明白。以身边的植物为观察对象，能更有效地帮助学生细致观察。以跨学科视角解决现实问题，启发学生有意识地探究日常生活中的现象和事物，可以提高学生的写作技巧和综合素质，助力核心素养的发展。

"春有海棠夏有鹃，秋有丹桂冬有梅"，一年四季，校园总是被各种各样的植物点缀着。同学们在校园里寻找春天时发现校园中的植物繁多，但同时也发现了一些问题：一是有些植物没有铭牌，虽然天天看见，同学们却不知其名；二是还有些植物有铭牌，但因为风吹雨淋，铭牌已经破旧不堪，铭牌上的文字也已经模糊不清了。学生作为校园的一份子，需要从小培养爱护树木、保护树木的意识，也应该为校园的树木贡献上自己一份小小的力量。学生们可以根据植物知识，选择出最喜欢的植物，替它们宣传、替它们"讲话"，让更多的人认识了解它们。

"校园植物代言人"跨学科主题学习活动由语文学科切入，将数学、自然、信息技术等多学科知识深度融合，以给植物制作铭牌情境体验为主线，趣味十足。跨学科视角更具有延伸和拓展意味，它不仅打破了学科间的界限，形成体系，还利于学生增强对自然认识和体验，促进知识的融会贯通。结合数学学科的知识，测量、估算植物的高度、树围等，让学生们运用数学知识解决实际问题，提高数学应用能力。结合信息技术学科，通过PPT制作，为植物设计并制作铭牌。

二、学情分析

三年级的学生已经具备了一定的阅读能力和良好的阅读习惯，能独立借助网络、书籍等获取信息，也可以根据老师提供的材料，提取关键信息。

第二学段有关"观察"的编排和语文要素、习作表达的主题要求见表1，可以看出，在观察方面，学生已掌握一定的观察方法，三年级初步培养学生的观察能力，重点是"仔细观察，有序表达"。三年级下册第一单元是对之前学习的拓展与提升。本单元的语文要素是"试着一边读一边想象画面；体会优美生动的语句；试着把观察到的事物写清楚"，结合学生当前的学情，活动应以观察、记录、参观、体验为主。要求学生在观察、思考、表达的过程中，写出观察到的事物的特点，并记录当时的想法和心情。

表1 第二学段有关"观察"的编排和语文要素、习作表达的主要要求

单元人文主题	语文要素		习作表达的主要要求
	阅读要素	习作要素和习作话题	
三（上）第五单元 习作单元 留心观察	学习作者是怎样观察周围事物的	仔细观察，把观察所得写下来（我们眼中的缤纷世界）	观察重在发现。把最近观察时印象最深的一种事物或一处场景写下来
三（下）第一单元 可爱的生灵	试着一边读一边想象画面。体会优美生动的语句	试着把观察到的事物写清楚（我的植物朋友）	为自己的植物朋友做个记录卡。借助记录卡，写一写你的植物朋友。试着把自己观察和感受到的写清楚
三（下）第四单元 观察和发现	借助关键词句概括一段话的意思	观察事物的变化，把实验的过程写清楚（我做了一项小实验）	介绍自己做过的小实验，借助提示记录小实验的主要信息，把做小实验的过程写清楚
四（上）第三单元 连续观察	体会文章准确生动的表达，感受作者连续细致的观察	进行连续观察，学写观察日记（写观察日记）	试着进行连续观察，用观察日记记录自己的收获

学生经历过几次跨学科的项目化活动。如二年级时的"小水滴的奇妙旅程"，学生们通过学习课文、阅读绘本故事，在生活中观察水的不同形态，查找有关水的资料，体验水循环的有趣历程，创编绘本故事《小水滴的奇妙旅程》；三年级时的"乐享童话，趣味写作"，结合美术、信息学科，开展了品读童话、画童话、创编童话故事的活动。这些跨学科的学习经历与经验的积累，都为开展本次学习活动打下基础。学生知道如何划分小组、合理分配任务，以及借助信息工具开展资料的查询和整合。但是，此次活动中，根据观察记录表制作植物介绍铭牌这一环节学生可能会遇到一些挑战。

三、学习目标

(1) 以例文借鉴为抓手,引导学生对植物进行细致观察,掌握运用观察方法观察新事物的能力,培养学生认真观察周围植物并把观察到的现象记录下来的良好习惯。

(2) 学生以图文结合的形式,结合数学的测量相关知识,填写观察量表,记录植物的树围、长度等。通过观察记录表这一学习支架,整理资料,将观察中的所见、所闻、所感融入习作表达,把植物介绍清楚,并通过 PPT 制作,设计植物介绍铭牌。

(3) 让学生在寓教于乐中体验观察的乐趣,提升写作能力,同时激发学生对大自然的热爱,培养学生爱护树木的意识。

四、任务规划

(一)问题及任务框架

问题及任务框架如图 1 所示。

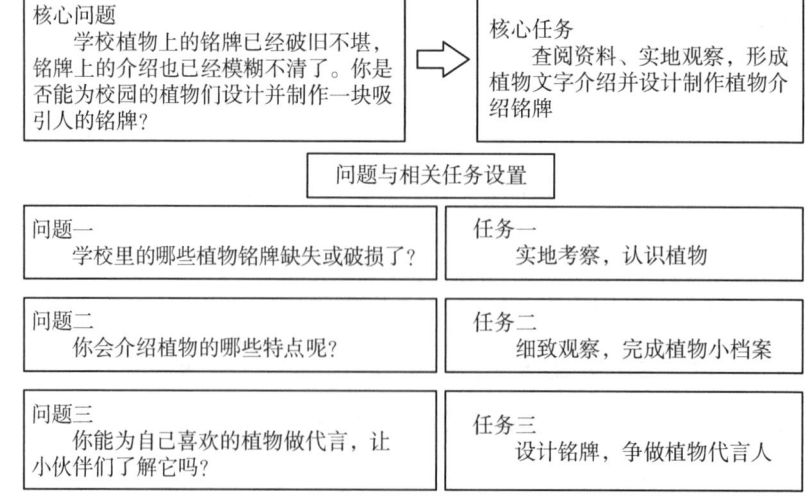

核心问题	核心任务
学校植物上的铭牌已经破旧不堪,铭牌上的介绍也已经模糊不清了。你是否能为校园的植物们设计并制作一块吸引人的铭牌?	查阅资料、实地观察,形成植物文字介绍并设计制作植物介绍铭牌

问题与相关任务设置

问题	任务
问题一 学校里的哪些植物铭牌缺失或破损了?	任务一 实地考察,认识植物
问题二 你会介绍植物的哪些特点呢?	任务二 细致观察,完成植物小档案
问题三 你能为自己喜欢的植物做代言,让小伙伴们了解它吗?	任务三 设计铭牌,争做植物代言人

图 1

（二）任务学习规划

任务学习规划

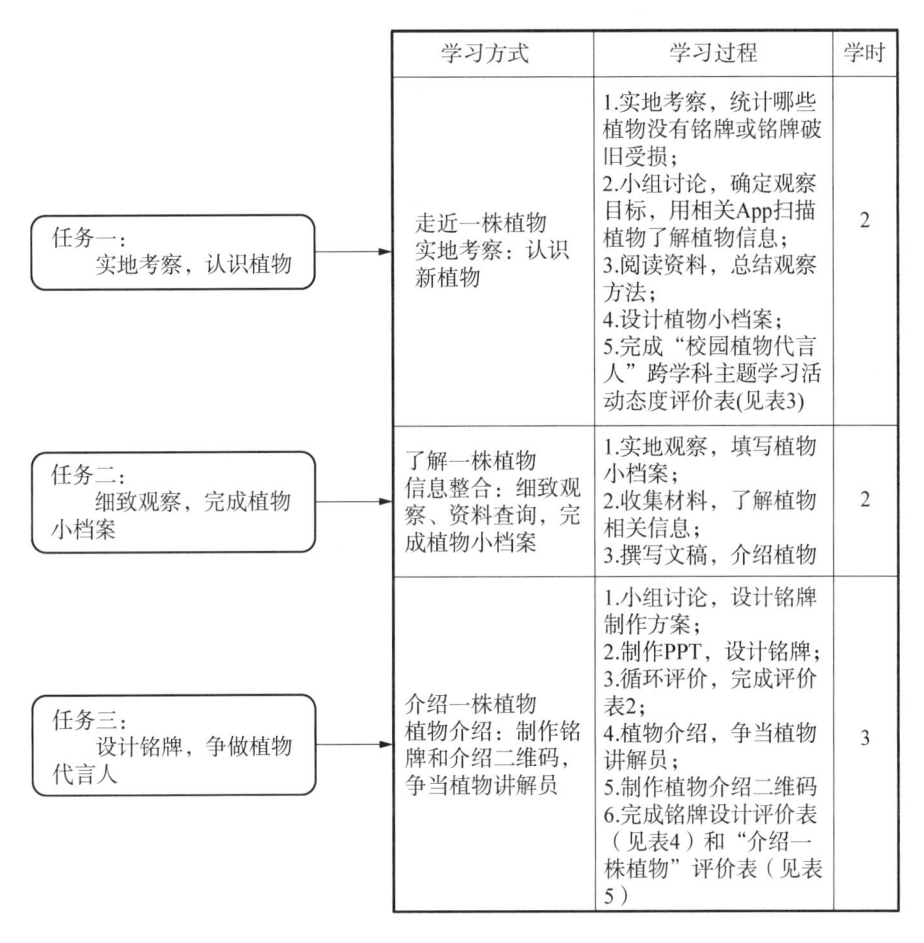

	学习方式	学习过程	学时
任务一： 实地考察，认识植物	走近一株植物 实地考察：认识新植物	1.实地考察，统计哪些植物没有铭牌或铭牌破旧受损； 2.小组讨论，确定观察目标，用相关App扫描植物了解植物信息； 3.阅读资料，总结观察方法； 4.设计植物小档案； 5.完成"校园植物代言人"跨学科主题学习活动态度评价表(见表3)	2
任务二： 细致观察，完成植物小档案	了解一株植物 信息整合：细致观察、资料查询，完成植物小档案	1.实地观察，填写植物小档案； 2.收集材料，了解植物相关信息； 3.撰写文稿，介绍植物	2
任务三： 设计铭牌，争做植物代言人	介绍一株植物 植物介绍：制作铭牌和介绍二维码，争当植物讲解员	1.小组讨论，设计铭牌制作方案； 2.制作PPT，设计铭牌； 3.循环评价，完成评价表2； 4.植物介绍，争当植物讲解员； 5.制作植物介绍二维码 6.完成铭牌设计评价表（见表4）和"介绍一株植物"评价表（见表5）	3

图2 任务学习规划

五、学习过程

（一）学习导入

通过参与校园"寻找春姑娘的身影"活动，让学生主动寻找春天、观察植物的变化，体验春天的美好，激发学生对大自然的热爱和保护环境的意识。

（1）观看新闻视频。观看"上海春日各大公园赏花指南"。

（2）校园参观，寻找问题。

（3）交流发现。在校园里寻找春天时，学生发现校园中的植物繁多，但同时也发现了一些问题：一是有些植物没有铭牌，虽然天天看见，却不知其名；二是还有些植物有铭牌，但因为风吹雨淋，铭牌已经破旧不堪，铭牌上的文字也已经模糊不清了。

（4）提出问题：我们是否能为校园的植物们设计并制作一块吸引人的铭牌？

（二）任务一：实地考察，认识植物

本任务中，学生将学校划分成5个区域，每个区域由一个小组负责，小组成员实地搜索，了解该区域内有哪些植物，对不认识的植物，通过"形色"识花软件扫一扫，鉴定植物种类。通过阅读资料，总结观察方法，根据老师给的植物观察表设计自己所需的表格。

1. 活动一：走近一株植物

（1）划分区域。

（2）分小组在区域内实地搜索不认识的植物，通过"形色"识花软件扫一扫，了解植物名称。

2. 活动二：认领一株植物

（1）小组讨论，选择区域内一到两种植物进行观察研究。

（2）结合阅读资料，总结观察方法。

（3）班级讨论，观察植物可以从哪些方面入手。

（4）小组讨论，借鉴老师的植物小档案范表（见表2），根据自己观察的植物设计观察记录表。

表 2　植物小档案（范表）

观察日期：　　　　　　　观察人：

植物的名称		是否有铭牌	
干/茎	高度： 树围： 颜色： 触感：		
叶			
花			
果实			
气味			
其他（寓意、作用）			

（5）完成"校园植物代言人"跨学科主题学习活动态度评价表（见表3）。

(三) 任务二：细致观察，完成植物小档案

本任务中，学生通过实地观察和信息查询，不断完善植物小档案，并结合记录表撰写植物介绍文稿，通过评价表，对同学在任务中的表现进行评价，鼓励他们在实践中学习，不断提升自己的习作能力。

1. 活动一：了解一株植物

（1）小组分工，实地观察，填写植物小档案。

（2）通过课外信息查询，搜索资料，完善植物小档案。

2. 活动二：撰写介绍文稿

（1）根据植物小档案，完成植物介绍文稿的撰写。

（2）小组交流，投票选择最佳介绍文稿。

(四) 任务三：设计铭牌，争做植物代言人

本任务中，学生运用美术技能，合理安排文字、图片等元素，并前

219

往学校电脑房运用 PPT 设计铭牌。教师课根据学生设计，完成铭牌的打印和展板的制作。之后，学生尝试介绍植物，并将介绍文稿转化为二维码。

1. 活动一：设计铭牌

（1）小组讨论植物铭牌设计方案。

（2）在电脑上用 PPT 设计植物铭牌。

（3）小组依次介绍本组制作的铭牌，交流所见、所思、所感。

（4）以小组为单位，结合铭牌设计评价表（见表 4）的项目，依次对其他组的作品做点评，要求选择最好的一点送出小花，并选择某一个点提出改进建议。

2. 活动二：介绍一株植物

（1）进行挂牌仪式和植物介绍。每组选派一位代表作为植物讲解员。

（2）评选最佳校园植物代言人

（3）完成"介绍一株植物"评价表（见表 5）。

3. 活动三：制作二维码

（1）将讲解员的介绍文稿转化为二维码，还可以为这份文稿加上音乐、朗诵等，将二维码复制到植物铭牌上，让大家可以扫码收听讲解。

六、学习评价

"校园植物代言人"跨学科主题学习活动态度评价表见表 3，该表主要评价学生的学习态度，如是否能采用不同途径解决观察时的疑惑，小组交流时是否愿意积极参与等。

表3 评价表1"校园植物代言人"跨学科主题学习活动态度评价表

评价内容	评价等第	
	自评	互评
能为解决问题积极查阅资料、搜集资料	★★★	★★★
小组交流时愿意表达看法，倾听同伴的建议，对同伴做出回应	★★★	★★★
能积极参与活动，主动完成组内分配的任务	★★★	★★★

铭牌设计评价表见表4，该表实为"校园植物代言人"跨学科主题学习活动成果评价表，它是对学生核心素养的评价，了解学生是否能掌握观察方法，能否运用多学科的知识较好地完成铭牌的制作。该表通过星级评价的方式，鼓励学生细致观察、清晰记录、合理搭配、创新设计，同时也为他们提供了改进的建议。"介绍一株植物"评价表见表5，该表重点评价学生的表达能力、解决问题的能力等综合能力。

表4 铭牌设计评价表

一级评价维度	二级评价维度	评价标准	评价等第
铭牌设计	文字内容	按照一定的顺序，清晰地描述植物的外形、颜色等特征。描述应突出植物的主要特点，详略得当	★★★
	色彩搭配	色彩鲜明和谐，既要能够突出植物的特点，又要符合整体的设计风格	★★★
	结构布局	结构布局应与文字介绍和谐匹配，既要美观大方，又要符合阅读习惯。合理安排文字、图片等元素的位置和大小	★★★
	设计创意	发挥创意思维，设计出具有个性和创意的作品	★★★
改进建议			

表5 "介绍一株植物"评价表

评价项目	评价等第 自评	评价等第 互评
能运用多种方法查阅资料，提取关键信息，完成植物小档案	★★★	★★★
能认真细致地观察植物，完成观察记录表，做到记录清晰、准确，可以采用文字描述、图片、图表等多种形式	★★★	★★★
采用不同途径解决观察时的疑惑，如上网查询、请教他人、翻阅资料等	★★★	★★★
展示交流时，声音响亮、语言流畅、自然大方，能将植物介绍清楚	★★★	★★★
植物介绍的音频能配上音乐，介绍清晰富有情感	★★★	★★★

通过上述评价，教师可以全面了解学生的学习状况，从而更好地指导学生的学习。

在学习评价过程中采用"循环问诊"的方法。在规定的时间内，各个小组需要依次前往其他小组的展示区，观看他们的学习成果，结合评价量表选择一个优点贴上点赞贴纸，选择一个做得不好的地方写上合理化建议。这种方式，不仅可以最大化地收集建议，提高评价的公正性和客观性，更好地培养学生的语文核心素养，还能激发学生间的互动，进一步推动学习成果的提升。在整个学习、评价过程中，学生们相互学习、相互促进，共同进步。

七、学习需求和相关资源

1. 网络资源

（1）上海春日各大公园赏花指南（上海发布）（https://mp.weixin.qq.com/s/UugmrUSz1mlYJ4qiPqmrLA）。

（2）在线中国植物志（http：//www.cn-flora.ac.cn/index.html）。

（3）植物之家（https：//www.zw3e.com/bk/）。

（4）图文信息转化为二维码的电子教程（https：//www.erweicaihong.cn/wenzi）。

2. 书籍文章资源

（1）例文鉴赏。《水仙花》（作者刘思滕）。

（2）《法布尔植物记》《小小自然观察笔记》《DK植物大百科》《中国植物很高兴认识你》等书籍。

我是班级"护绿小卫士"

——三年级语文学科跨学科主题学习设计

上海市浦东新区三灶实验小学　邱　欢

一、主题背景

部编版语文教材三年级上册第五单元的语文要素是"体会作者是怎样留心观察周围事物的",习作要求是"仔细观察,把观察所得写下来",通过该单元的学习,学生已经初步掌握了基本的观察方法,有了留心观察的意识;第七单元的人文主题是"我与自然",语文要素是"感受课文生动的语言,积累喜欢的语句",习作要求是"留心生活,把自己的想法记录下来",旨在引导学生将视角转向更广阔的生活空间,运用学过的观察方法,去观察身边的世界,并大胆表达自己的想法。三年级下册第一单元以"可爱的生灵"为主题,编排了《古诗三首》《燕子》《荷花》《昆虫备忘录》4篇课文,多角度展现了大自然中生灵的可爱与美丽。单元习作要求是"试着把观察到的事物写清楚",引导学生借助记录卡写一种植物。

每学期学校都会给每个班级送来 4 盆植物，同学们也会自己带植物来装饰、美化我们的教室，这些不同品种、姿态各异的绿植给教室带来了一抹亮色，也增添了一份生机。同学们把绿植整齐地摆放在教室后面的柜子上，热心同学会帮着植物角管理员一起给它们浇水，出太阳的时候也偶尔会把它们搬出去晒太阳。但每每等不到学期结束，原本精神抖擞挺立着的红掌就耷拉下了脑袋，文竹变得干枯，多肉变得干瘪甚至腐烂凋零，只有顽强的绿萝还在坚持生长。

究竟该如何养护教室里的绿植，不让它们变成"季抛植物"呢？也许我们可以去了解每一种绿植的特性，为每一株绿植做一张养护卡，做到有针对性的照顾，这样一来，教室的植物角就能长久地焕发勃勃生机了。制作这张养护卡，除了需要运用语文课上所学的观察方法、语言表达方法，还需要用到自然、探究、美术、信息科技等学科知识，运用科学的观察方法观察植物的生长，学会检索、辨别和提取网络上的信息，用准确、生动的语言撰写并用插图美化养护卡，最后，再严格按照养护卡的要求来照顾绿植。

二、学情分析

《义务教育语文课程标准（2022 年版）》对于第二学段的学生明确制定了如下要求："学习组织有趣味的语文实践活动，在活动中学习语文，学会合作。结合语文学习，观察大自然，观察社会，积极思考，运用书面或口头方式，并可尝试用表格、图像、音频等多种媒介呈现自己的观察与探究所得。能提出学习和生活中的问题，有目的地搜集资料，共同讨论，尝试运用语文并结合其他学科知识解决问题。"

通过三年级语文上册第五单元的学习，学生已经会用表格来记录观察内容，并且能够将自己的观察所得完整地写下来，观察过的对象包括植物、动物和场景。通过第七单元的学习，学生能运用已掌握的观察方法，去留心观察身边的世界，对于一些社会问题，比如过度使用电子产品、公共场所吸烟、文明养宠等，能积极表达自己的想法，提出改进建议和解决办法，并撰写倡议书。到了三年级下册第一单元，学生通过课文学习和习作中"桃花记录卡"的范例，能够用五感法观察并结合上网查找资料，完成自己的植物记录卡。

在自然学科方面，学生在一年级时认识了植物的各部分，在二年级时通过比较不同种子萌发的异同学会写观察表格，并了解了植物吸收和输送营养的方法和特点，在三年级时进一步学习了植物的根、茎、叶的生长和作用。在探究学科方面，三年级第二学期的探究活动"植物园里乐淘淘"让学生掌握了一些探究方法和观察方法。在信息科技学科方面，三年级的学生已经掌握了基本的信息检索能力和提取能力。在美术学科方面，学生对于绘画的热情和能力是十分旺盛的。

在以往的观察和探究活动中，都是教师给定观察对象和观察表格，学生只需要根据自己的观察所得填写表格即可完成任务，但是在制作"绿植养护卡"的过程中，学生需要根据自己查找到的资料，提取、分析信息，编写养护建议，这就要求学生有更强的独立自主能力、判断能力和统筹安排能力。

三、学习目标

（1）能运用课本中所学到的观察方法，细致观察、记录植物及其生长状况，并能运用规范简洁的语言撰写绿植养护卡。

（2）能运用信息技术查阅资料，并能对所获信息进行筛选、分析和提取，形成条理清晰、具有可操作性的绿植养护建议。

（3）能通过小组合作的方式进行探究，合理分配任务，增强团队合作意识，提高解决问题的能力。

（4）能通过本次探究活动，增强学生对植物的了解，激发他们爱护绿植的意识。

四、任务规划

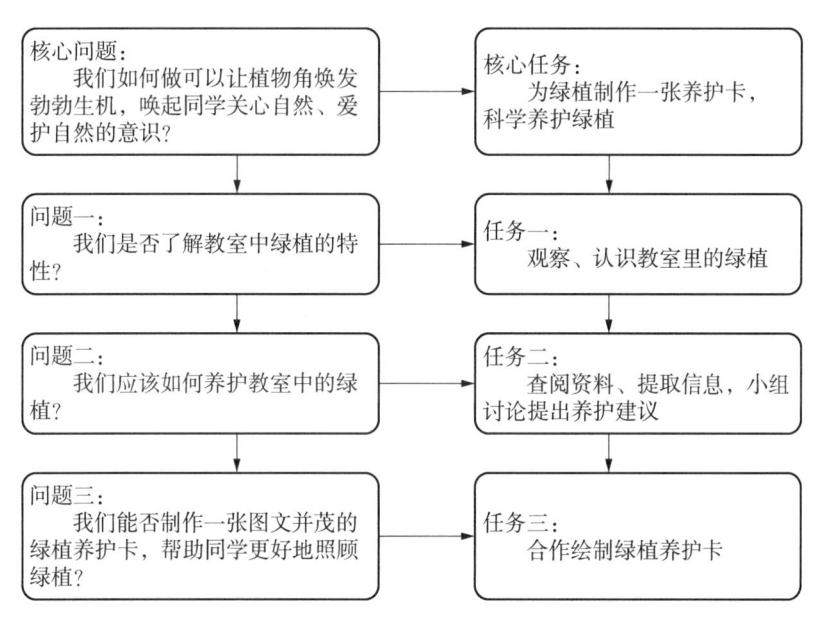

(一) 问题及任务框架

问题及任务框架如图 1 所示。

```
核心问题：                          核心任务：
  我们如何做可以让植物角焕发     →    为绿植制作一张养护卡，
勃勃生机，唤起同学关心自然、爱          科学养护绿植
护自然的意识？
         ↓                              ↑
问题一：                            任务一：
  我们是否了解教室中绿植的特   →      观察、认识教室里的绿植
性？
         ↓                              ↑
问题二：                            任务二：
  我们应该如何养护教室中的绿   →      查阅资料、提取信息，小组
植？                                讨论提出养护建议
         ↓                              ↑
问题三：                            任务三：
  我们能否制作一张图文并茂的   →      合作绘制绿植养护卡
绿植养护卡，帮助同学更好地照顾
绿植？
```

图 1 问题及任务框架

(二) 任务学习规划

任务学习规划如图 2 所示。

227

	学习方式	学习过程	课时
任务一：观察、认识教室里的绿植	查阅资料、观察研究：信息收集与处理	1. 阅读：分组选择一种绿植，阅读教师提供的"绿植百科"，了解其基本信息和习性，提取重要信息	1
		2. 观察：细致观察绿植的茎、叶、花等的生长情况，用准确、简洁的语句描述它	
		3. 表达：以表格的形式呈现对所选绿植的初步认识	
任务二：查阅资料、提取信息，小组讨论提出养护建议	查阅资料、合作讨论：信息收集、处理与整合	1. 信息处理：学生预先在网络上查找绿植养护的方法	1
		2. 小组讨论：提出简洁且具有可操作性的养护建议	
任务三：合作绘制绿植养护卡	成果展示：制作"绿植养护卡"	1. 成果呈现：小组分工合作完成绿植养护卡	1
		2. 交流展示：在班级内交流展示成果	

图 2　任务学习规划

五、学习过程

(一) 学习导入

1. 提问导入

教室中的植物总是"季抛"，我们有什么办法让植物角的植物一直生机勃勃？

2. 思考与交流

作为班级的小主人，该怎么做？

3. 总结

一盆小小的绿植也需要科学、用心的养护，让我们来为教室的绿植做一张养护卡，来指导我们更好地照顾它们吧！

(二) 任务一：观察、认识教室里的绿植

本任务中，学生将通过组建学习小组分工合作开展探究讨论，以查阅资料为主要方式，认识绿植，并以表格的形式呈现自己的阶段学习成果。

1. 活动一：认识绿植

(1) 学生选择教室植物角中自己感兴趣的植物，选择了相同观察对象的同学组建小组，阅读教师提供的植物百科，提取有用的信息，完成"_____观察记录表"（见表1）的第一、二部分。

表1 _____观察记录表

班级：_____ 姓名：_____

植物图片	植物名称	
	习性和特点	
	观察内容	观察所得

(2) 组内交流表格内容，取长补短，做到言简意赅。

(3) 小组代表向全班交流学习成果，教师指导查漏补缺。

2. 活动二：观察绿植

(1) 以小组为单位，从植物的根、茎、叶、花、颜色、气味等方面细致观察绿植，完成"＿＿＿＿观察记录表"（见表1）。

（2）组内交流表格内容，并互相评价。

（3）班级内展示，投票选出你心中的最美作品。

（三）任务二：查阅资料、提取信息，小组讨论提出养护建议

本任务中，学生将独立完成搜索、筛选、提炼、整合信息的全过程，也将通过小组讨论的形式得到最终的养护建议。

1. 活动一：信息处理

提前布置活动，教师给出参考资源，学生课前先搜索资源并独立进行信息的筛选、提炼和整合，编写养护建议和注意事项，＿＿＿＿养护建议表（见表2）。

表2　＿＿＿＿养护建议

班级：＿＿＿＿　姓名：＿＿＿＿

	具体建议	是否必要
养护建议		
注意事项		
参考网站	植物之家：www. zw3e. com/bk/ 百度百科：baike. baidu. com	

2. 活动二：交流展示

（1）组内讨论与交流。

（2）教师指导，学生编写的养护建议应语句简洁、指向性明确，并且简单可操作；注意事项应言简意赅，让人一目了然。

(3) 综合组内讨论与教师指导，对之前填写的"＿＿＿＿养护建议"表进行修改。

(4) 组内交流展示最终成果并互相评价。

(四) 任务三：合作绘制绿植养护卡

本任务中，同组学生将分工合作，结合讨论确定的观察记录表和养护建议表，完成最终的绿植养护卡，并在全班进行展示交流。

1. 活动一：制作绿植养护卡

(1) 小组进行合理分工，每个人认领一项任务。

(2) 合作完成绿植养护卡。

2. 活动二：成果展示

(1) 小组代表向全班展示成果。

(2) 完成最终评价。

六、学习评价

跨学科主题学习旨在培养学生跨学科素养，包括创新、实践和社会责任感，批判性思维，具体表现为质疑、沟通、交流、协作。因此，在设计评价表时，评价指标要指向这些角度。另外，跨学科主题学习强调学生亲历发现问题、分析问题、解决问题的全过程，所以在设计评价时还要综合考虑到过程性评价和成果评价。最后，跨学科主题学习还是要站在本位学科的立场，所以还加入了学科核心素养的指标。本跨学科主题学习活动任务一至任务三的学习评价表分别见表3～表5，"绿植养护卡"成果评价表见表6。

表3 任务一学习评价表

班级：_____ 姓名：_____

评价类型	评价指标		评价星级（★★★表示很棒）			
	一级指标	二级指标	个人评价	组内评价	教师评价	总评
过程性评价	独立思考	能通过自主学习获得一些信息				
		能对所获得信息加以筛选和提炼				
	合作交流	能与同伴交流自己的想法				
		能认真倾听同伴的发言，并发表自己的看法				
总结性评价	一级指标	二级指标	个人评价	组内评价	教师评价	总评
	实践指数	能参与整个学习过程				
	创新指数	能提出新颖的观点				
	成果展示	内容充实、字迹端正、页面整洁、图画美观	总评：			
学科素养	一级指标	二级指标	个人评价	组内评价	教师评价	总评
	语言运用	能规范运用语言文字				
	信息处理	能完成信息收集、筛选、提炼的全过程				
	艺术表现	能通过艺术创造表达个人情感或态度				
努力方向						

表4 任务二学习评价表

班级：_____ 姓名：_____

评价类型	评价指标		评价星级（★★★表示很棒）			
	一级指标	二级指标	个人评价	组内评价	教师评价	总评
过程性评价	独立思考	能通过自主学习获得一些信息				
		能对所获得信息加以筛选和提炼				
	合作交流	能与同伴交流自己的想法				
		能认真倾听同伴的发言，并发表自己的看法				
	一级指标	二级指标	个人评价	组内评价	教师评价	总评
总结性评价	实践指数	能参与整个学习过程				
	创新指数	能提出新颖的观点				
	成果展示	内容恰当且全面、字迹端正、页面整洁				
	一级指标	二级指标	个人评价	组内评价	教师评价	总评
学科素养	语言运用	能规范运用语言文字				
	信息处理	能完成信息收集、筛选、提炼的全过程				
努力方向						

表5 任务三学习评价表

班级：_____ 姓名：_____

评价类型	评价指标		评价星级（★★★表示很棒）			
	一级指标	二级指标	个人评价	组内评价	教师评价	总计
过程性评价	合作交流	能与同伴交流自己的想法				
		能认真倾听同伴的发言，并发表自己的看法				
	实践指数	能积极主动参与整个学习过程				
	创新指数	提出新颖的角度或形式				
	语言运用	能规范运用语言文字				
	艺术表现	能通过艺术创造表达个人情感或态度				
努力方向						

表6 "绿植养护卡"成果评价表

班级：_____ 姓名：_____

评价内容	评价星级（★★★表示很棒）	
	组间评价	教师评价
版面设计		
语言表达		
艺术表现		

七、学习需求和相关资源

(一) 学习需求

本学习活动需要学生借助电子设备进行资料的搜索查阅，运用学过的信息技术，独立完成资料的筛选及整合。

(二) 学习资源

植物之家（www. zw3e. com/bk/）及"形色"App 等。

发现生活中的"落花生"
——五年级语文学科跨学科主题学习设计

上海市浦东新区园西小学　童恋吉

一、主题背景

《落花生》是部编版语文教材五年级上册第一单元的一篇课文，旨在让学生初步了解借助具体事物抒发感情的方法。在这篇课文的学习中，学生不仅品味了生动优美的文字，更领略了作者所传达的深刻道理——那些看似平凡却默默奉献的事物，往往蕴含着非凡的价值，让学生对生活中的点滴有了更细腻的感受。

在我们身边，其实也有许多像"落花生"一样的人：他们可能是每天为我们准备早餐的父母，可能是默默在校园里打扫卫生的保洁阿姨，也可能是那位总是在课堂上耐心解答我们问题的老师。他们的付出往往不被我们察觉，但却在我们的生活中不可或缺。

基于这样的观察和思考，我们决定开展一次跨学科的主题学习活动——"发现生活中的'落花生'"。在这次活动中，我们不仅要从语文的角度去感受和理解这些默默奉献者，更要结合其他学科的知识，来全面认识他们。学生需要用心去观察，去发现，去记录身边的这些"落花生"，并通过写作、绘画、摄影等多种形式来表达你们的感受和思考。

当然，仅凭语文学科的知识去解读"落花生"的内涵是远远不够的。因此，本次跨学科主题学习将语文学科与道德与法治、美术、音乐等多学科紧密相连，实现知识的融合与碰撞。引导学生用心观察、用心思考，发现生活中的"落花生"，感受他们身上的美好与价值，从而更加珍视和感恩身边的人的每一份付出。

二、学情分析

五年级的学生已经具备了较强的阅读能力和初步的文学鉴赏能力。在日常学习中，他们不仅能够理解文章的字面意思，还能尝试深入体会作者的情感与意图。比如，五年级上册第六单元《19 父爱之舟》一课中，课文以梦的形式呈现往事，描写了作者和父亲在一起的一个个生活场景，学生已经能从字里行间感受到作者对父亲的无限思念。

同一单元的习作话题"我想对您说"，和生活紧密相连，让学生以写信的方式向父母、朋友或社会作出贡献的人倾诉自己的内心想法，表达对他们的情感，促进学生更好地与他人沟通、相处。虽然他们的表达可能还不够成熟和深入，但这种尝试已经显示出他们具有运用所学知识解决实际问题的意识和能力。

然而，对于"发现生活中的'落花生'"这一主题，五年级的学生还需要进一步提升自己的理解和表达能力。他们不仅需要观察花生的外观和生长过程，更要能够领会到花生所蕴含的勤劳、朴实、不求回报等品质，以及与人们情感的联系。这要求他们能够将这种理解转化为自己的语言表达，通过文字来传达自己的情感和思考。

之前，我们组织过一些"走近身边的人"的活动。如四年级时曾让学生分组采访身边的"隐形英雄"，了解这些人物的日常生活、工作内容和内心想法。如每年暑期学校会组织学生们参与各类志愿者服务项目，如探访孤寡老人、担任环保志愿者等等。所以，对于怎样发现"凡人微光"，孩子们是有一定经历、一定体悟的。但是，本次跨学科主题学习活动，对孩子的学习提出了更高的要求，要求他们能够更自主地去设计及实施观察、采访、调查等，并呈现学习成果，这对孩子来说具有一定的挑战。

这样的学习活动不仅能够加深学生对"落花生式人物"这一主题的理解，还能提升他们的观察力和思考力，培养他们对事物的敏感性和深入分析能力。同时，也能让他们更好地运用所学知识解决实际问题，提升他们的语文素养和情感表达能力。

三、活动目标

（1）通过阅读相关课文和资料，学生将学会如何从具体事物中提炼出深层次的含义，并理解这些含义如何与人们的情感产生共鸣。

（2）能够在日常生活中发现并关注具备"落花生"特点的事物，会从平凡的事物中发现不平凡的价值，尝试运用所学的抒发情感的方法去表达自己对这些事物的理解和感受。

（3）尝试通过运用文字、绘画、摄影等手段图文并茂地展现平凡中的美好，学会珍视和感恩。

四、任务规划

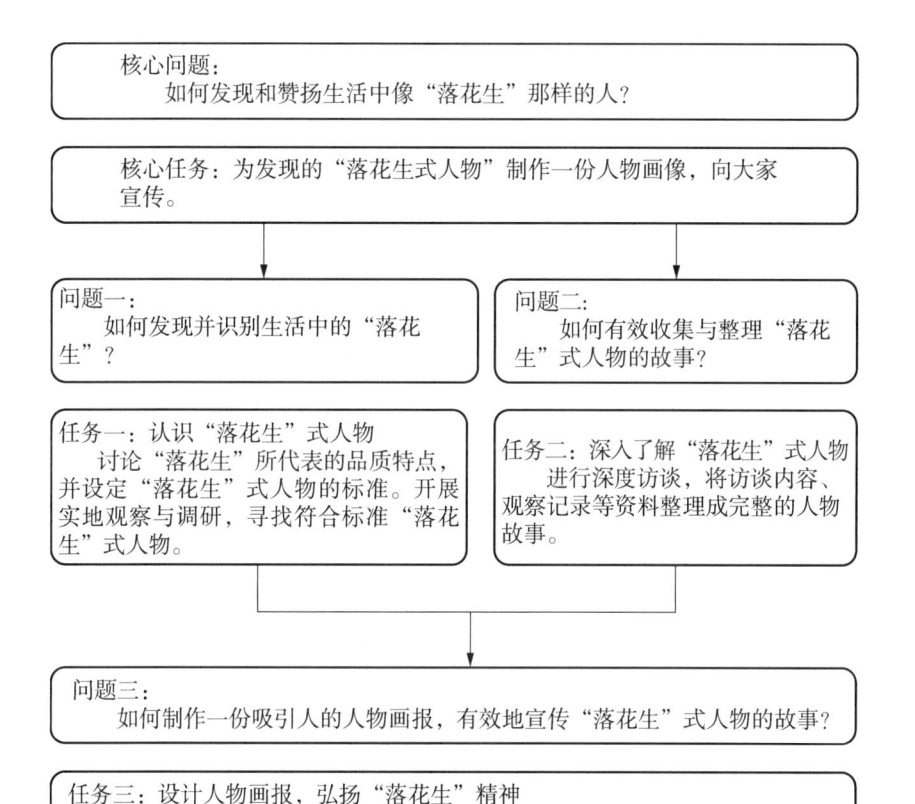

(一) 问题及任务框架

问题及任务框架如图 1 所示。

核心问题：
　　如何发现和赞扬生活中像"落花生"那样的人？

核心任务：为发现的"落花生式人物"制作一份人物画像，向大家宣传。

问题一：
　　如何发现并识别生活中的"落花生"？

任务一：认识"落花生"式人物
　　讨论"落花生"所代表的品质特点，并设定"落花生"式人物的标准。开展实地观察与调研，寻找符合标准"落花生"式人物。

问题二：
　　如何有效收集与整理"落花生"式人物的故事？

任务二：深入了解"落花生"式人物
　　进行深度访谈，将访谈内容、观察记录等资料整理成完整的人物故事。

问题三：
　　如何制作一份吸引人的人物画报，有效地宣传"落花生"式人物的故事？

任务三：设计人物画报，弘扬"落花生"精神
　　运用图文结合的方式，设计人物画报。举办故事分享会、制作宣传视频，在合适的平台进行宣传。

图 1　问题及任务框架

（二）任务学习规划

学习方式	学习过程	课时
讨论设定	讨论"落花生"所代表的品质特点，并设定"落花生"式人物的标准	2
观察调研	寻找符合标准的"落花生"式的人物	
访谈整理	进行深度访谈并整理资料	1
筛选制作	将访谈内容、观察记录等整理成完整的人物故事	1
设计美化	运用图文结合的方式，设计一份人物画报	1
交流宣传	以举办故事分享会等形式，在合适的平台进行宣传	2

任务一：认识"落花生"式人物（对应：讨论设定、观察调研）

任务二：深入了解"落花生"式人物（对应：访谈整理、筛选制作）

任务三：设计人物画报，弘扬"落花生"精神（对应：设计美化、交流宣传）

图 2　任务学习规划

五、学习过程

（一）学习导入

在我们身边，有许多像"落花生"一样的人。他们可能是每天为我们准备早餐的父母，可能是默默在校园里打扫卫生的保洁阿姨，也可能是那位总是在课堂上耐心解答我们问题的老师。也可能是……

（开展讨论，身边还有哪些像"落花生"一样的人）

他们的付出往往不被我们察觉，但却在我们的生活中不可或缺。在我们的跨学科主题学习活动——"发现生活中的'落花生'"中，大家要用心去观察，去发现，去记录身边的这些"落花生"，并通过写作、绘画、摄影等多种形式来表达你们的感受和思考。

活动：播放一段关于"身边的默默奉献者"的视频，引导学生思考并讨论这些人的共同点，从而引出"落花生"式人物的概念。

完成形式：观看视频、小组讨论、分享感悟。

(二) 任务一：认识"落花生"式人物

1. 活动一：讨论"落花生"代表的品质特点，设定"落花生"式人物的标准

（1）讨论"落花生"代表的品质特点，并完成"落花生"式人物的品格表（见表1）。

表1 "落花生"式人物的品格

人物	品格
清扫工	默默坚守在自己的岗位上
父母	照顾子女、不求回报
老师	倾囊相授，教书育人
志愿者	帮助需要帮助的人
医护人员	守护者人们的健康和生命
……	……

（2）角色体验。让学生体验并感受这些人物的品质特点，如无私奉献、低调谦逊等。

（3）设定"落花生"式人物的标准。教师提出问题："可以从哪些方面来设定这个标准？"并引导学生从品质特点、行为表现、社会贡献等方面展开讨论。

2. 活动二：开展实地观察与调研，寻找符合标准的"落花生"式人物

在我们身边，有哪些像"落花生"一样的人呢？分组在校园或者社区进行实地采访、调查，了解大家对"落花生"式人物的了解。

（1）问卷调查。图3所示为问卷星上的"落花生"式人物调查。

（2）将采访对象按职业、年龄、社会地位等进行整理并归类。

图3　问卷星上的"落花生"式人物调查

(三) 任务二：深入了解"落花生"式人物

1. 活动一：开展访谈交流

(1) 讨论，设计访谈提纲，如图4所示。

"落花生"式人物采访提纲

1. 开场与问候：向采访对象问好，并简单介绍自己及采访目的。
2. 了解采访对象：您平时喜欢做什么？有什么特别的爱好吗？
3. "落花生"式人物的特点：您觉得"落花生"式人物有哪些特点呢？
4. 采访对象的经历与行为：您有没有做过一些默默奉献的事情？
   可以和我们分享一下吗？您当时是怎么想的？为什么会这么做？
   做完这些事情后，您有什么感受？
5. 采访对象的品质：您觉得自己有哪些品质和"落花生"式人物很像？
6. 对落花生式人物的理解：您觉得我们怎样才能成为"落花生"式人物？
7. 采访对象的建议：您对我们这些小学生有什么建议吗？您觉得我们怎么做，
   才能更好地学习和传承"落花生"式人物的精神？
8. 结束与感谢：非常感谢您接受我们的采访！祝您天天开心，身体健康！

图4　"落花生"式人物采访提纲示例

(2) 小组合作与"落花生"式人物进行面对面交流，深入了解他们的内心世界。

(3) 编写"落花生"式人物的故事。

2. 活动二：制作人物档案

指导学生整理访谈资料，根据访谈内容，为每个"落花生"式人物制作一份详细的个人档案，包含基本信息、事迹介绍、品质分析等。

(四) 任务三：设计人物画报，弘扬"落花生"精神

1. 活动一：创作宣传作品

通过创作宣传作品，弘扬"落花生式人物"的事迹和精神。

(1) 学生以绘画、手抄报、电子小报等形式，创作一份人物画报。

(2) 举办故事分享会，夸一夸身边"落花生"式人物。

(3) 小组讨论：如何更有效地宣传"落花生"式人物的事迹和精神。

六、学习评价

(一) 过程性评价

"发现生活中的'落花生'"跨学科主题学习活动过程性评价表见表2。

表2 "发现生活中的'落花生'"跨学科主题学习活动过程性评价表

评价内容	评价标准		自评	他评	师评
学科素养	语言表达	1. 采访提问的清晰度与逻辑性	☆☆☆	☆☆☆	☆☆☆
		2. 采访过程中的语言流畅度	☆☆☆	☆☆☆	☆☆☆

续表

评价内容	评价标准		自评	他评	师评
倾听与理解	1. 对采访对象回答的专注度		☆☆☆	☆☆☆	☆☆☆
	2. 对采访对象回答的理解程度		☆☆☆	☆☆☆	☆☆☆
信息收集与处理	1. 问卷调查问题的针对性		☆☆☆	☆☆☆	☆☆☆
	2. 问卷调查结果的真实性		☆☆☆	☆☆☆	☆☆☆
跨学科素养	1. 能积极主动参与深度采访		☆☆☆	☆☆☆	☆☆☆
	2. 能具备整理、筛选资料的能力		☆☆☆	☆☆☆	☆☆☆
	3. 独立设计一份具有吸引力的人物画报		☆☆☆	☆☆☆	☆☆☆
	4. 能合作完成宣传视频的制作与剪辑		☆☆☆	☆☆☆	☆☆☆
	5. 能努力成为像"落花生"一样的人		☆☆☆	☆☆☆	☆☆☆

（二）成果性评价

人物画报评价表见表3。

表3 人物画报评价表

评价项目	评价标准	自评	小组评
人物信息	信息完整、介绍详尽	☆☆☆	☆☆☆
画像制作	人物形象饱满、轮廓清晰	☆☆☆	☆☆☆
画报排版	图文结合、色彩搭配协调	☆☆☆	☆☆☆
文字书写	书写工整、富有特色	☆☆☆	☆☆☆

七、学习需求和相关资源

(一) 学习需求

(1) 问卷项目的设计、筛选及发布需要语文、信息老师的引导与指导。

(2) 人物画像的设计需要美术老师的指导。

(3) 宣传视频的剪辑需要信息老师的指导。

(二) 学习资源

(1) 电子小报、手抄报样式参考（https：//www. 51miz. com/ppt/? utm _ term）。

(2) 人物海报样式参考（https：//www. 51miz. com/so-sucai/102830. html? utm _ term＝17926796&utm _ source＝baidu2&bd _ vid＝7348012681925301973）。

探秘餐桌年味

——二年级语文跨学科主题学习案例设计

华东师范大学第二附属中学前滩学校　王　曦

一、主题背景

《中国美食》是统编版小学语文教材二年级下册的一篇识字课文。这篇课文所在单元的人文主题是"传统文化"，语文要素是"识字写字，发现偏旁之间的关联"，单元核心目标是"在识字写字、发现偏旁之间的关联中感受中华优秀传统文化"。本案例的设计以统编版教材中关于中国美食、传统文化等内容为基础，基于二年级学生学情，对接现实生活，围绕"如何设计一份年夜饭菜单"构建主题学习活动，在跨学科解决问题的过程中助力学生进一步树立文化自信，着力培养学生的语文核心素养和综合素养。

本次跨学科主题学习以语文学科为主学科，基于统编版语文教材相关课文内容，主题为"探秘餐桌年味"，用核心任务"策划一顿让大家满意的年夜饭"引领整个学习过程。在课内外联动中，融合运用语文、数学、道德与法治、美术、信息科技、音乐等多学科相关知识解决问题。在解决问题的过程中，学生的综合能力不断得到发展，能对中华美食文化有体认和感知，能形成解决问题的意识和方法。本次跨学科主题学习活动涉及的学科及解决问题需要的学科相关内容见表1。

表1 涉及的学科及解决问题需要的学科相关内容

学科名称	解决问题需要的学科相关内容
语文	识字写字、阅读理解、语言与书面表达、传统文化
数学	分类、计算、调查统计、逻辑思维
道德与法治	食物营养与膳食平衡、饮食文化、餐桌礼仪、调查实践
美术	绘画、设计与排版、艺术审美
信息科技	信息搜集和处理
音乐	音乐鉴赏、情景剧表演

二、学情分析

二年级学生有一定的识字、阅读理解能力，口语表达较为规范，学生有自我展现、与他人合作的意识和能力，具有一定书写能力，教师须指导跟进；对教材中出现的中国美食烹饪方法和方式、食物的搭配要点等有了一定的了解，能够通过插图理解菜色和菜名；对中华美食有初步的体认，能了解美食背后的优秀传统文化及内涵。

在两年的小学学习活动与生活中，学生有了初步寻找、收集信息的能力，能够比较流畅地阅读应用文本，如菜单、媒体广告词等；能够用学过的语文知识解决生活中的实际问题，如通过口语表达，调查了解餐馆的菜品信息。数学学科知识方面，二年级的学生能通过简单的数学运算解决实际问题，如将菜品进行分类，计算和比较每道菜的价格，调查统计年夜饭菜品的数量和价格等。道德与法治学科知识方面，二年级学生对食物营养与膳食平衡、饮食文化、餐桌礼仪等有了初步的了解和实际体验。美术学科知识方面，二年级学生有了初步的绘画、设计与排版、艺术审美的能力，能够结合自己的想法绘制简单的菜品或设计简单的菜单。信息与技术方面，二年级学生可以在家长、教师的帮助指导下，进行信息检索和收集。音乐学科方面，学生对中华传统音乐有了一定的欣赏能力，能排演简单的情景剧。

其他方面，二年级学生具有初步制订计划、分解任务的能力；能在学习活动实践中进行反思；能够与他人良好地沟通和合作，具备集体意识和团队合作精神；已掌握一些社会常识和礼仪，如礼貌待人、遵守交通规则等。二年级小学生乐于参加各项学习活动，对一些需要动手操作、合作达成的综合性学习内容兴趣度更高，但在遇到难度较大的问题时容易产生畏难情绪。学习习惯处于初步养成阶段，大部分二年级学生能做到上课认真听讲，踊跃举手发言，有一定的质疑问题、解决问题的能力，能完成教师布置的作业和任务，但高度持续集中注意力的时间较短。

三、活动目标

（1）能通过调查研究，了解什么是年夜饭，它和平时吃的饭有哪些不同，了解年夜饭的习俗、故事、年夜饭中的家乡美食等；能结合调查信息，运用各学科知识、生活经验等明确年夜饭就餐的相关内容。

（2）能通过调查研究，了解自己家人偏好、忌口的食物，进一步探究年夜饭菜品搭配的注意要点；能结合就餐人数设计对应的菜品数量，能关注菜肴的烹饪方式与营养搭配、不同区域的饮食习惯与偏好、不同年龄段人群的饮食习惯等；能通过调查和讨论，研究年夜饭在哪吃；能结合年味氛围、费用、家人的各项情况、团圆饭的意义等多角度思考年夜饭就餐地点，清楚表达选择就餐地点的理由；了解在家吃年夜饭的注意事项，如年夜饭上菜顺序的讲究、特别的菜名、饭后活动等，能对中华优秀传统文化（美食文化、春节风俗）有情感体认。

（3）了解外出吃年夜饭的注意事项，能合作制定外出就餐的点餐方案，明白点餐要结合各方面的生活实际进行综合考虑，思考并尝试解决问题；合作学习并自主设计年夜饭菜单，并能结合绘画家乡美食介绍卡、表演情景剧等，制作年夜饭手册。

（4）能在各项学习活动的交流评价中获得学习成就感，提升阅读理解、倾听思考、口语表达等能力；能将知识尝试运用于生活实际，激发并加深对中华优秀传统文化的体认与情感。

（5）在新课标的要求下，期望学生通过学习活动具备以下核心素养能力：对中华文化有认同感、对传统文化的生命力有信心；具备良好的语感，能有效交流沟通，对国家通用语言文字有深厚情感；有好奇心、求知欲，思维灵活，勇于探索创新，养成积极思考的习惯；能感受、理解、欣赏和评价语言文字作品，具有发现美、创造美的能力，具备健康的审美意识和正确的审美观念。

四、任务规划

问题及任务框架如图1所示。

整体学习框架见表2。

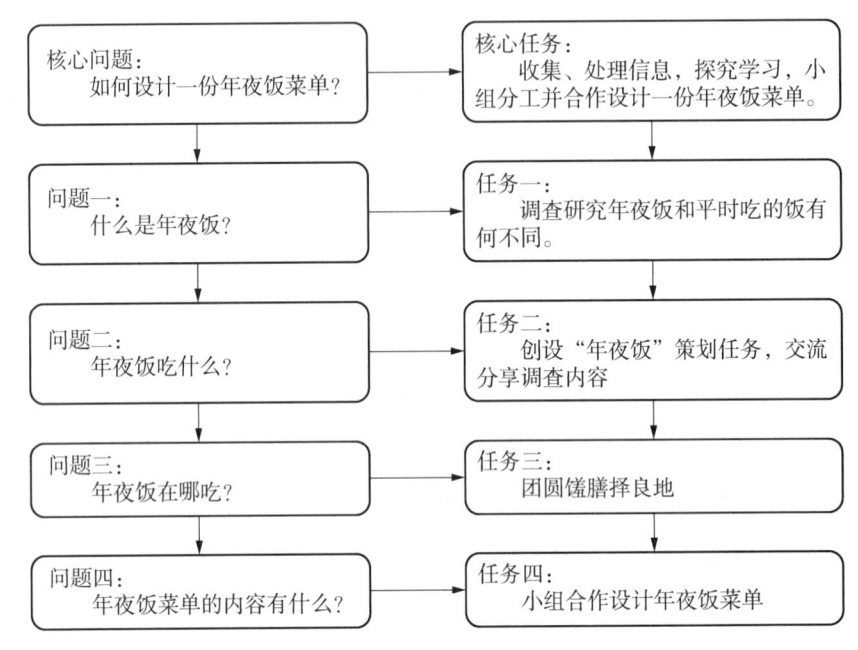

```
┌─────────────────────┐         ┌─────────────────────────────┐
│ 核心问题：           │         │ 核心任务：                   │
│   如何设计一份年夜饭 │         │   收集、处理信息，探究学习， │
│ 菜单?               │         │ 小组分工并合作设计一份年夜饭 │
│                     │         │ 菜单。                       │
└──────────┬──────────┘         └──────────────┬──────────────┘
           │                                    │
┌──────────┴──────────┐         ┌──────────────┴──────────────┐
│ 问题一：             │         │ 任务一：                     │
│   什么是年夜饭？     │────────▶│   调查研究年夜饭和平时吃的饭有│
│                     │         │ 何不同。                     │
└──────────┬──────────┘         └──────────────┬──────────────┘
           │                                    │
┌──────────┴──────────┐         ┌──────────────┴──────────────┐
│ 问题二：             │         │ 任务二：                     │
│   年夜饭吃什么？     │────────▶│   创设"年夜饭"策划任务，交流 │
│                     │         │ 分享调查内容                 │
└──────────┬──────────┘         └──────────────┬──────────────┘
           │                                    │
┌──────────┴──────────┐         ┌──────────────┴──────────────┐
│ 问题三：             │────────▶│ 任务三：                     │
│   年夜饭在哪吃？     │         │   团圆馐膳择良地             │
└──────────┬──────────┘         └──────────────┬──────────────┘
           │                                    │
┌──────────┴──────────┐         ┌──────────────┴──────────────┐
│ 问题四：             │────────▶│ 任务四：                     │
│   年夜饭菜单的内容有什么？│   │   小组合作设计年夜饭菜单     │
└─────────────────────┘         └─────────────────────────────┘
```

图 1　问题及任务框架

表 2　整体学习框架

课时	学习内容	学习活动	学习资源	学习评价
第1课时："探秘年馐说团圆"	1. 调查研究并整理相关信息，交流年夜饭和平时吃的饭有何不同、年夜饭的习俗及相关故事、家乡美食等； 2. 交流并整理学生的家乡美食，制作"家乡美食介绍卡"，了解自己家人偏好的食物、忌口的食物，探究年夜饭菜品搭配的注意要点并结合膳食营养相关知识进行优化； 3. 通过调查和讨论，研究年夜饭在哪吃，并能说清	1. 课前调查研究与实践，了解年夜饭相关内容； 2. 餐桌上的年味，了解年夜饭； 3. 家乡美食倍思亲（年夜饭吃什么）："家乡美食我分享""家人	1. 调查表 2. 多媒体课件； 3. 学习单； 4. 评价表	1. 调查表和在实践中的各项表单； 2. 在语言实践活动中梳理和提取表达样态； 3. 完成自评、互评表； 4. 情景剧

续表

课时	学习内容	学习活动	学习资源	学习评价
	理由,能结合年味氛围、费用、团圆饭的意义等多角度思考年夜饭就餐地点,清楚表达选择就餐地点的理由; 4. 了解外出、在家吃年夜饭的注意事项,制订点餐方案,思考实际问题并尝试解决问题,认识菜单,知道一份好菜单具有品种丰富、做法多样、搭配合理、营养均衡、分类呈现的特点,在情境中合作学习,规划点餐方案并说明理由,了解年夜饭上菜顺序、特别的菜名、饭后活动等,对中华优秀传统文化有体认和情感	美食我用心"; 4. 团圆馐膳择良地(年夜饭到哪吃),说清决定的理由、在外点餐及在家用餐的注意事项; 5. 小剧场之"团圆饭"(年夜饭怎么吃)		表演过程中的表达; 5. 情景剧表演后的评价和表达
第2课时: "群策年味华夏情"	1. 调查研究并整理相关信息,结合调查信息展示分享以往年夜饭的相关内容,如以往的年夜饭吃什么、在哪吃、怎么吃; 2. 根据调查信息和交流收获,结合相关信息如菜品数量与分类、营养搭配、家人其他情况和注意事项等自主设计年夜饭菜单; 3. 小组合作完成一份"龙年团员 福运连连"年夜饭手册,自主设计手册封面、封底、菜单内	1. 调查展示,"舌尖上的年文化""菜单设计我做主"; 2. 动笔实践,自主设计年夜饭菜单; 3. 展示交流设计的菜单,集体评价交流	1. 多媒体课件 2. 学习单 3. 手册实物	1. 调查表和在实践中的各项表单; 2. 调查表和实践中的表达; 3. 完成设计年夜饭菜单的学习单; 4. 完成年夜饭使

续表

课时	学习内容	学习活动	学习资源	学习评价
	容、习俗礼仪及装订、设计者信息等； 4. 在交流评价中获得学习成就感，提升阅读理解、倾听思考和口语表达能力			用指南手册

五、学习过程

（一）任务一：调查研究年夜饭和平时吃的饭有何不同

1. 活动一：了解年夜饭

课前一周下发"调查年夜饭"学习单（见表3），提供调查方向提示。

表3 "调查年夜饭"学习单

调 查 问 题	调查内容和结果
年夜饭和平时吃的饭有什么不同	
年夜饭中的家乡美食	
家乡美食所用到的烹饪方式	
家人喜欢的菜品和食物	
家人忌口的食物	
关于年夜饭，我还知道……	

设计意图：在课前调查活动的基础上，给学生创设交流空间，使学生初步获得关于年夜饭的信息及调查的经验。学生在分享中加深对春节风俗、美食故事、节日寓意等的理解，为进一步体会年夜饭蕴含的文化打好基础。

2. 活动二：创设"年夜饭"策划任务，交流分享调查内容

（1）播放关于春节的儿歌和动画片。

（2）情境创设："年夜饭"的策划任务。距离过年还有一个多月，爸爸妈妈鼓励你今年一起参与策划安排这顿年夜饭。

（3）讨论。怎样才能帮助爸爸妈妈安排好这次的年夜饭呢？

（4）出示材料。展示学生部分个人调查材料（课前学习单）。

（5）交流分享。学生分享调查内容和过程，互动交流调查个人经验。以小组为单位，分设小话题，全班交流分享年夜饭的习俗和相关故事。话题1：年味美食背后的故事；话题2：年夜饭的习俗（如礼仪、音乐文化等）；话题3：年夜饭的相关故事。

设计意图：学习伊始，教师结合情境材料创设学习任务，使学生清楚学习的方向和思路，不断促使学生主动探究学习。在学习活动中注重引导学生进行有效的分享交流，如教师采取分设小话题的方式组织学生或小组交流，引导学生在交流中整理信息。同时还要关注学生口语表达和交流，引导学生把话说清楚、说明白，提高语文素养。

（二）任务二：创设"年夜饭"策划任务交流分享调查内容

1. 活动一：家乡美食我分享

（1）小组合作，结合课前调查交流并整理家乡美食。

1）"我"的家乡在哪儿？那里有哪些美食？

2）班级中是否有"我"的老乡？一起结伴交流家乡美食。

（2）画一画、写一写。教师可引导学生尝试用思维导图，制作"家乡美食介绍卡"。

（3）学生交流，组内互评。

（4）分组展示，分享家乡美食。

设计意图：学习活动中让学生分组整理并以小组为单位进行交流、汇报，让学生利用数学分类知识把调查后的信息归类呈现，在交流中提升逻辑和表达水平，使学生的认知更有条理、更为清晰，语言建构与运用能力、逻辑思维能力等得到进一步提升。

2. 活动二：家人餐食我用心

（1）小组讨论。家人偏好的食物、忌口的食物有哪些？

（2）交流探究。教师提问："年夜饭菜品的搭配需要注意什么？"并引导学生思考就餐人数与对应的菜品数量，菜肴的烹饪方式与营养搭配，不同地域的饮食习惯与偏好，不同年龄段人群的饮食习惯等。

（3）探究年夜饭菜品的"分类"和"搭配"。教师提问："如何从食物营养的角度，让年夜饭菜品搭配更合理？"学生合作探究并交流分享。

（4）集体评价

设计意图：学生在此过程中通过讨论、分享、评价等，在获得成就感的同时，再次沉浸中国美食文化中，锻炼了阅读理解、倾听和表达等能力；通过探究，知道年夜饭的菜品应在丰富、多样的同时，做到搭配合理、营养均衡，这为下一课时学生自主策划设计年夜饭菜单打下坚实的基础，学生在自主梳理探究中、在小组合作学习中整合信息，进行跨学科学习，感受中国美食文化，增强对中国美食文化的自豪感。

（三）任务三：团圆馔膳择良地

调查收集信息，了解年夜饭菜单的菜品分类，交流年夜饭就餐地点，了解在外就餐预定事项及点菜要点，了解在家吃年夜饭的注意事项。

1. 活动一：小组讨论：你策划年夜饭在哪吃？

教师引导："爸爸妈妈小时候的年夜饭都是在家吃，现在时代不同了，有些人会在家吃，有些人会选择去外面饭店吃。这一次，你能自己做一下决定吗？怎么做才能让家人感到满意呢？说说自己的想法和理由。"

2. 活动二：组内小调查选出发言代表

出示思路支架：组内小调查——商量做决定——集体交流说清理由/说服组员的理由。可出示学习单（见表4），供学生参考。

表4　学习单

	组员1：	组员2：	组员3：
在家吃的理由			
饭店吃的理由			
我们的决定			

3. 活动三：集体交流年夜饭在哪吃，说清决定的理由

（1）教师引导学生交流时从多角度将理由表达清楚。

（2）引导思考并补充：年味氛围、费用比较、是否邀请老人及老人的身体情况、团圆饭的意义等。

设计意图：教师引导学生理解年夜饭到哪里吃都是可以的，鼓励学生清楚且多角度地说出做出决定的理由，尤其要关注学生交流时的思维水平，帮助学生打开思路，从多角度思考问题。

4. 活动四：情境之"在外面吃"——了解预定年夜饭相关事项

（1）小组讨论：假设分别来到以下三家饭店，向工作人员咨询饭店菜品及年夜饭预定相关事项。你会选择哪家饭店呢？说说理由。

（2）小组探究：如果选择其中一家饭店预定年夜饭，你准备点哪些食物呢？说说你这样点餐的理由。

（3）集体交流点餐方案。

（4）拓展：发现三份菜单中年夜饭有特色的菜名（如金汤全家福、

鸿运当头照、马到功成、年年有余等)。

设计意图:本环节的设计重在培养学生解决问题的意识。教师在学生展示分享过程中鼓励其拓展自己的思维,说出点餐的理由;还要适时点拨、启发学生运用其他学科知识解决问题,结合实际进行综合考虑,如要考虑避免浪费,考虑价钱,考虑吃饭人的口味,考虑营养是否均衡、吃得健康等,通过有效的点拨使学生知道应该如何思考问题并尝试自己解决问题。

5. 活动五:情境之"在家里吃"——了解年夜饭在家吃的注意事项

(1) 学生小组交流。年夜饭菜品的数量(与人数的关系)与搭配;年夜饭上菜顺序的讲究和注意要点;年夜饭的特别菜名、饭后活动;等等。

(2) 集体交流在家吃的注意事项。

(四)任务四:小组合作设计年夜饭菜单

1. 活动一:团圆菜单探究竟

(1) 集体交流。团圆饭菜单应该有哪些菜品?

(2) 讨论年夜饭在外或在家制定菜单时要分别注意什么,如何制定菜单?

(3) 分组自选内容(在外或在家吃年夜饭),小组讨论菜单菜品。

(4) 集体交流、讨论。

(5) 梳理、分享收获。

设计意图:学生在课前调查、前面学习活动环节的基础上,结合生活实际和经验,以小组合作讨论的方式呈现自主思考的过程。在活动过程中,教师相机点拨、引导,使学生在了解更丰富的中国饮食、餐桌文化的同时,使学生的表达交际能力也得到提升。最后的梳理和分享环节有助于学生把课上所学运用于生活实践。

2. 活动二：设计一份年夜饭菜单

（1）小组讨论。

（2）个人实践。学生个人选择一类菜品，运用各方面的积累设计一类菜品的年夜饭菜单。（鼓励学生在菜单里尽显学习所得、自己的思考、自己的情感）

（3）集体分组交流并评价（一类菜品的数量考量、营养搭配、家人其他情况和注意事项）

（4）小组合作，绘制年夜饭菜单，包含：各类菜品：前菜、主菜、汤类、主食、点心等菜单设计与说明；菜品的福名寓意、地域特色菜等；……

六、学习评价

"探秘餐桌年味"跨学科主题学习活动评价表见表5。

表5 "探秘餐桌年味"跨学科主题学习活动评价表

评价内容	评价标准	自我评价	组内评价
倾听理解	1. 能认真倾听，尊重同学 2. 能理解同伴交流的内容	☆☆☆	☆☆☆
语言表达	1. 能用普通话交流，能口齿清楚地说明自己的想法 2. 语言文明，表达流畅	☆☆☆	☆☆☆
合作参与	1. 能关注同伴，具有良好的合作意识 2. 能主动参与，积极向同伴请教问题	☆☆☆	☆☆☆
卡片制作	1. 绘画家乡美食图片 2. 能用简单的文字（可借助拼音）写关键词介绍	☆☆☆	☆☆☆
兴趣程度	对本次学习活动感兴趣的程度评价	☆☆☆	☆☆☆

七、学习需求和相关资源

(一) 学习需求

本学习活动需要借助电子设备如平板进行资料的搜索查阅。学生需要踏入社会,接触不同的人群,从而实现对饭店、餐馆的调查。学生需要得到绘制菜单等方面的指导。

(二) 学习资源

(1) 年夜饭 百度百科 (https：//baike. baidu. com/item/％E5％B9％B4％E5％A4％9C％E9％A5％AD/697018? fr＝ge＿ala)。

(2) 上海年夜饭美食 (https：//mbd. baidu. com/newspage/data/dtlandingsuper? nid＝dt＿4079648233854209323)。

我是立夏节气推广大使

——二年级语文学科跨学科主题学习设计

上海市浦东新区福山外国语小学　黄海芳

一、主题背景

统编语文教材二年级下册第七单元语文园地中有一篇《二十四节气歌》。作为世界非物质文化遗产的中国农历二十四节气是中国传统文化的代表之一，但是生活在城市中的学生对节气以及其中蕴含的中华文化内涵却较陌生。基于二年级的学习要求和班级实际现状，我们以"我是立夏节气推广大使"为主题设计跨学科主题学习活动，以此引导小朋友探究节气，思考如何传承并推广节气传统文化。

活动中，二年级小朋友需要思考如何向一年级学弟学妹们推广立夏节气自主查找相关资料，并根据一年级小朋友的特点选择适宜的推广方式。之后举办成果展示会，由一年级的小朋友投票选出"最美节气推广大使团"，组内投票选出"最佳节气推广大使"。

在实际解决问题时，还需要关联自然、信息、美术、数学等其他学科。利用信息技术从网络上查找关于立夏节气的相关资料；结合自然学科知识了解立夏节气中植物的生长特点；利用美术技能制作节气口袋书；开展"立夏节气知多少"的线上调查，了解城市居民对立夏节气的了解程度，并将结果绘制成统计图表。

二、学情分析

《义务教育语文课程标准（2022版）》提出义务教育阶段语文教学要立足于学生核心素养的发展，要充分发挥语文课程的育人功能，要培养学生在真实情境中解决复杂问题的高阶能力和认知能力。学生承担着传承中华传统文化的责任，教师应当将传统文化与语文学科相融合，并且在教学中正确运用传统文化，引导学生感受文化的魅力，帮助学生形成正确的价值观和思想道德观，提升文化自信。二年级的学生已经具备基本的听说读写能力，从课文中也陆续学习古诗词、古文、传统节日、成语、习俗、礼仪等丰富的传统文化。但是很多学生只是在课堂中学习教师所介绍的传统文化知识，并没有主动去探索。再加上一二年级学生刚刚进入小学，他们的语文能力、语文素养、知识积累并不是很丰富，学生在语文学习中并不能深入理解知识的内涵，更不会主动学习课外知识。本次跨学科主题学习将会从多种途径开展趣味性、教育性的活动，调动学生学习的内驱力，把传统文化融入现实生活。

这一主题学习活动的开展需要结合其他学科的知识，需要学生通过调查采访了解立夏节气，并绘制统计图表；结合自然知识，了解立夏节气植物的生长特点；利用美术技能制作、美化口袋书等作品。

三、学习目标

（1）能通过阅读书籍、观看视频、上网搜索等方式，了解立夏节气相关的知识。

（2）能以书面或口头语言表达的方式，清楚明了、大方自信地表达自己的观点，向一年级学生宣传介绍立夏节气。

（3）在采访、调查、展示等合作探究活动中亲近自然，了解立夏节气中植物的生长特点并制作节气口袋书等作品。

四、任务规划

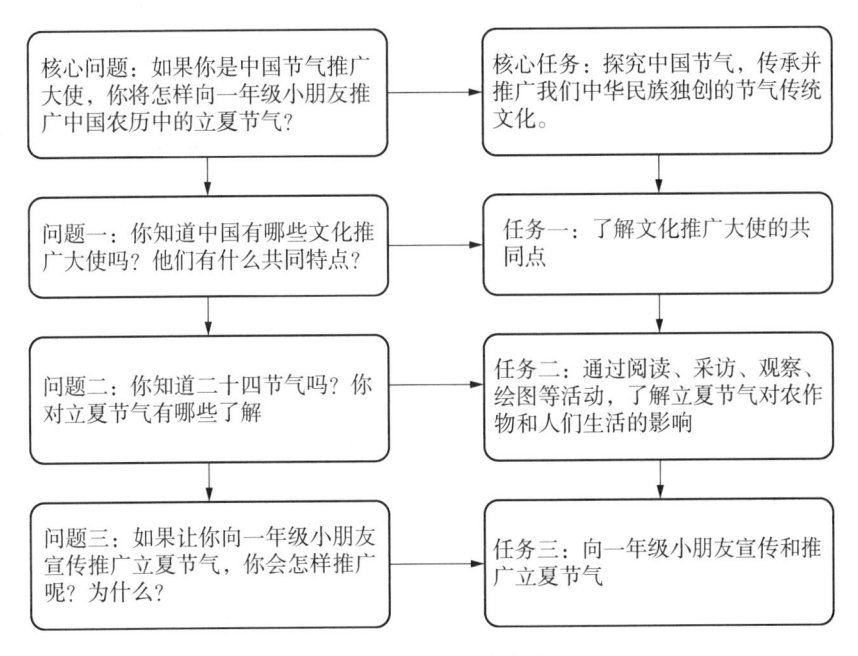

（一）问题及任务框架

问题及任务框架如图1所示。

```
核心问题：如果你是中国节气推广          核心任务：探究中国节气，传承并
大使，你将怎样向一年级小朋友推    →    推广我们中华民族独创的节气传统
广中国农历中的立夏节气？                文化。
          ↓                                    ↑
问题一：你知道中国有哪些文化推          任务一：了解文化推广大使的共
广大使吗？他们有什么共同特点？    →    同点
          ↓                                    ↑
问题二：你知道二十四节气吗？你          任务二：通过阅读、采访、观察、
对立夏节气有哪些了解              →    绘图等活动，了解立夏节气对农作
                                        物和人们生活的影响
          ↓                                    ↑
问题三：如果让你向一年级小朋友          任务三：向一年级小朋友宣传和推
宣传推广立夏节气，你会怎样推广    →    广立夏节气
呢？为什么？
```

图1　问题及任务框架

（二）任务学习规划

任务学习规划如图2所示。

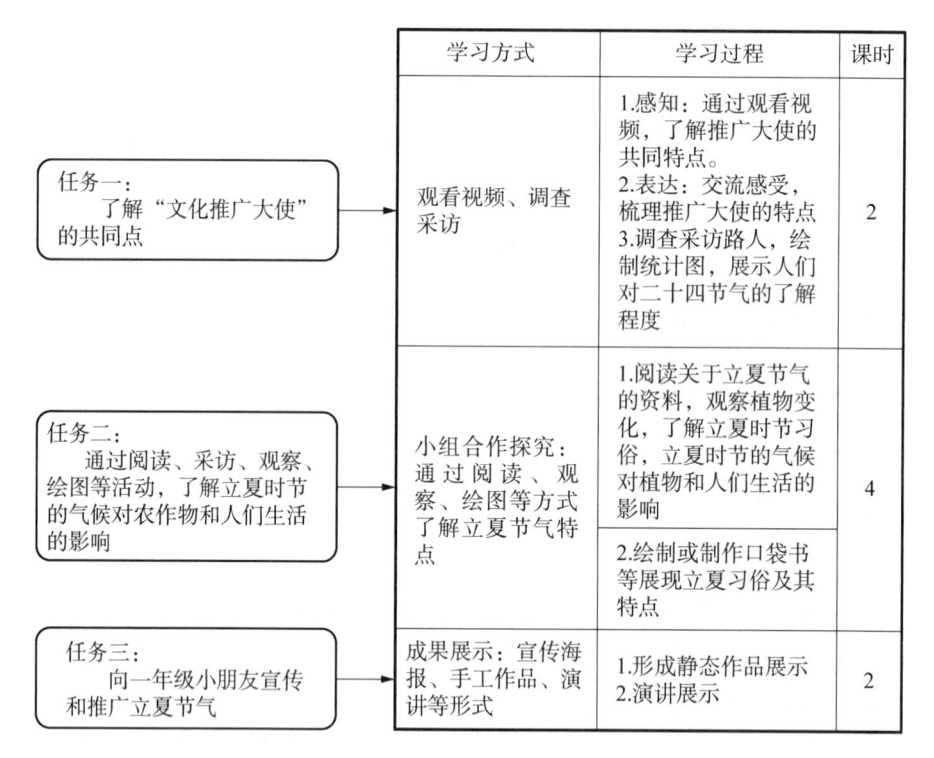

任务	学习方式	学习过程	课时
任务一：了解"文化推广大使"的共同点	观看视频、调查采访	1.感知：通过观看视频，了解推广大使的共同特点。 2.表达：交流感受，梳理推广大使的特点 3.调查采访路人，绘制统计图，展示人们对二十四节气的了解程度	2
任务二：通过阅读、采访、观察、绘图等活动，了解立夏时节的气候对农作物和人们生活的影响	小组合作探究：通过阅读、观察、绘图等方式了解立夏节气特点	1.阅读关于立夏节气的资料，观察植物变化，了解立夏时节习俗、立夏时节的气候对植物和人们生活的影响 2.绘制或制作口袋书等展现立夏习俗及其特点	4
任务三：向一年级小朋友宣传和推广立夏节气	成果展示：宣传海报、手工作品、演讲等形式	1.形成静态作品展示 2.演讲展示	2

图2　任务学习规划

五、学习过程

（一）学习导入

学习《二十四节气歌》，通过看视频走近二十四节气，知道二十四节气是中国传统文化的一部分，从而激发学生社会责任感。

1. 观看视频

从《四季中国》《二十四节气系列创意动画》视频中了解关于节气的知识。

2. 思考与交流

以"立夏"节气为例，我们如何传承我们的优秀文化呢？

(二) 任务一：了解"文化推广大使"的共同点

本任务中，学生通过立夏当天向身边的人进行立夏节气小调查，周围的人对立夏的了解情况，并拍摄调查照片、视频等；最后提供梁晶、李子柒等中国文化大使的相关视频，引导学生思考文化大使的共同点。

（1）调查采访。通过图表展示人们对 24 节气的了解程度

（2）观看视频。李子柒的《种豆芽》等中国文化相关视频

（3）思考与交流。"文化推广大使"应该具有什么特点？

1. 活动一：调查采访：对于二十四气节以及立夏的了解

（1）问卷调查。鼓励学生在立夏当天向身边的人进行"立夏节气知多少"小调查。

（2）实地采访。学生采访周围的人，询问他们对立夏的了解情况，并拍摄调查照片、视频等。

（3）绘制图表。整理立夏习俗、立夏气候特点等。

2. 活动二：

思考与交流：观看视频后，交流"文化推广大使"应该具备哪些特征，如知识渊博、自信表达等。

(三) 任务二：通过阅读、采访、绘图等，了解立夏时节的气候对农作物和人们生活的影响

本任务中，通过组建学习小组、确立主题开展探究，学生通过小组合作运用采访、阅读、观察、绘图等学习方式，了解立夏时节习俗以及立夏时节气候对植物生长以及人们生活的影响。

1. 活动一：成立小组　查阅资料　确立主题

（1）成立小组。

（2）小组分工查阅资料，记录有趣的观点。

（3）小组讨论，确立宣传主题。

可提供立夏节气思维导图（见图3），供学生参考。

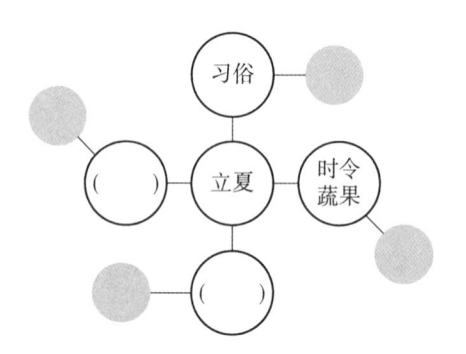

图3　立夏节气思维导图

2. 活动二：绘图、手工制作

根据小组探究主题制作口袋书等手工制品

（四）任务三：向一年级小朋友宣传和推广立夏节气

本任务中，主要通过静态作品和演讲形式对外展示

1. 活动一：宣传海报、手工制品等静态作品展示

（1）了解宣传海报。调查什么是宣传海报，收集整理宣传海报的特点，并提供样例。

（2）组内分工，制作宣传海报。

（3）小组讨论，交流意见并修改完善海报。

2. 活动二：宣传展示

以歌舞、立夏画卷等相结合的方式宣传推广二十四节气，让一年级学生在轻松活泼又富有古风古韵的文化氛围中，了解立夏节气中的历史人文和自然科学等知识，爱上中国的传统文化。

六、学习评价

"我是立夏节气推广大使"跨学科主题学习活动组员和组长评价表分别见表1和表2。

表1 "我是立夏节气推广大使"跨学科主题学习活动组员评价表

评价名称	评价细则	☆☆☆
听	我能认真倾听组长和组员的想法，不随意打断他人发言	
	我能在倾听后给出回应性的思考	
说	我能清楚明白地说出自己的想法	
	我能大胆地提出自己的疑惑	
做	我能借助书本、网络等搜集资料	
	我能按时完成分配的任务	
	我能尝试解决遇到的问题	
	我能主动向大人或同伴寻求帮助	
思	我能反思自己在探究中的优缺点	
	我能对自己的表现进行客观评价	
总计	（　　）☆	

表2 "我是立夏节气推广大使"跨学科主题学习活动组长评价表
班级：_____ 组名：_____ 姓名：_____

评价标准	评价细则	☆☆☆
组织	我能制定项目探究计划	
	我能组织大家进行定期讨论	

续表

评价标准	评价细则	☆☆☆
	我能虚心听取大家的想法和建议	
执行	我能合理分配各项工作,确保人人有事做、事事有人做	
	我能根据实际情况调整计划,并积极尝试解决遇到的问题	
	我能带领组员以合适的方式完成计划	
反思	我能知道小组探究的优点和不足	
	我能汲取经验进行改进,提出新的想法	
	我能积累经验,学做团队领导者	
总计	( )☆	

七、学习需求和相关资源

(一)学习需求

本学习活动需要借助电子设备进行资料的搜索查阅,利用信息技术呈现数据。学生需要踏入社会,接触不同的人群,从而实现对餐馆、海鲜市场的采访与调查。学生需要得到采访提纲、报告撰写等方面的指导。如果有研究核污水的专业人士的支持就更好了。

(二)学习资源

1. 书籍类

《二十四节气自然绘本》《画给孩子的二十四节气》《草木有趣》《二十四节气旅行绘本(夏)》《藏在地图里的二十四节气》《四时之诗》等。

2. 视频类

(1)关于四季中国(https://www.bilibili.com/video/av593363296/)。

(2)科普动画《二十四节气系列创意动画》（https：//v. youku. com/v_show/id_XNTg4NzIzMTc5Ng％3D％3D)。

(3)《节气——时间里的中国智慧》（https：//www. bilibili. com/video/av46532200/)。

我是时间的小主人

——一年级数学学科跨学科主题学习设计

上海市浦东新区傅雷小学　唐　瑜

一、主题背景

《时间的初步认识（一）》属于数与代数领域中"常见的量"，《义务教育数学课程标准（2022年版）》将其放在综合与实践领域中。小学第一阶段综合与实践领域课程标准对于该内容要求为："在生活情境中认识时、分、秒，结合生活经验体会并述说时间的长短，了解时间的意义，懂得遵守时间"。

因为时间看不到摸不到，对于学生而言较为抽象，而钟表是日常生活中常用的计时工具，学生在实际生活中也常常接触。因此以"我是时间的小主人"为主题设计跨学科主题学习，旨在通过此主题活动突出数学与现实生活的联系。

本跨学科活动以具体的钟表为载体，让学生通过认识时、分，说出钟表上的时间并制作钟面；结合生活经验制作一日作息规划表，体会时间的长短，并能将生活中的事件与时间建立联系；进行主题分享交流，从而懂得遵守时间和规划时间的重要性，帮助他们学习较为抽象的"时间"的概念，形成对时间的量感。

在此主题活动的过程中，除了运用数学课堂上的时间表示方法，还需运用到信息、语文、美术、劳技等学科知识方法，旨在让学生感悟数学与其他学科知识、与科学技术和社会生活之间的联系，积累活动经验，培养学生创新意识和解决实际问题的能力。

二、学情分析

"认识时间"这一教学内容对于小学生来说是一个既基础又重要的知识点。在认识时间之前，学生已经掌握了基础的数字和简单的加减运算，这为学习时间打下了基础。在此基础上利用时钟模型、动画等直观教具来辅助教学，帮助学生更好地理解时钟的结构和时间的流逝。

一年级的学生喜欢直观、有趣的学习内容，对于抽象的时间概念可能难以理解。大多数学生对认识时间这一内容感兴趣，因为这与他们的日常生活密切相关。然而，对于部分学生来说，时间的抽象性可能导致他们在学习过程中感到困难，从而失去兴趣。因此我通过设计此跨学科主题学习活动，通过日常生活中的例子来引入时间概念，让学生感受到时间的实际应用。

生活中学生已有认识时钟，会认简单的时刻的生活经验，进入一年级的学生已经具备一定的书写、绘画、收集信息的能力，这些经验与能力都为本次活动提供了基础，但是本次跨学科活动需要多学科融合，需要他们将学到的知识应用到生活中，对于综合能力的要求更高，对学生的数学素养和能力水平有进一步的挑战。

三、学习目标

（1）了解我国计时工具的演变并结合生活经验用日（天）、小时来表示时间，联系实例初步建立实际时间观念。充分认识钟面的构成，认识分针和时针。掌握认整时、半时的方法，能正确说出钟面上所排的时刻、会用 24 时计时法表示时刻。

（2）通过动手操作制作钟面，拨玩具钟，认识钟面的构成并掌握认读整时、半时的方法。联系到自己亲身经历，初步建立实际的时间观念。

（3）通过对时间的认识和学习，养成从小珍惜时间和遵守时间的良好习惯，并认识到能用数来表示时间，学会用数学的眼光观察现实世界，会用数学的思维思考现实世界，会用数学的语言表达现实世界。

四、任务规划

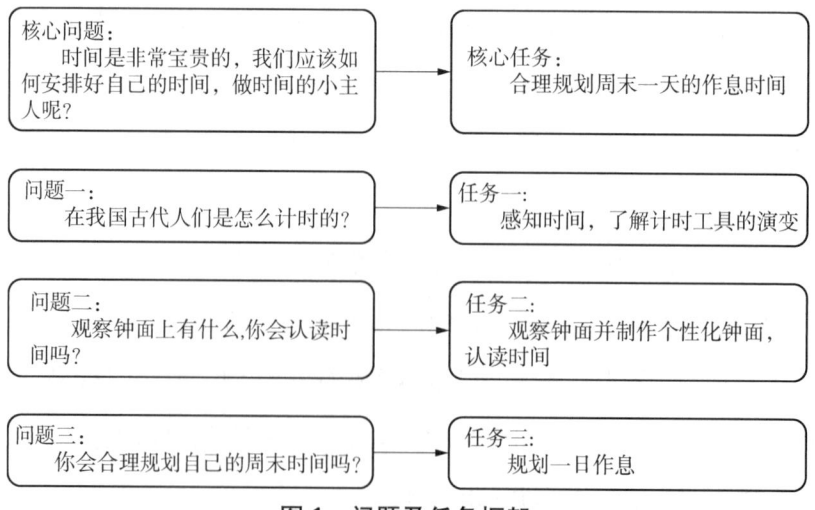

（一）问题及任务框架

问题及任务框架如图 1 所示。

核心问题：
时间是非常宝贵的，我们应该如何安排好自己的时间，做时间的小主人呢？ → 核心任务：合理规划周末一天的作息时间

问题一：在我国古代人们是怎么计时的？ → 任务一：感知时间，了解计时工具的演变

问题二：观察钟面上有什么，你会认读时间吗？ → 任务二：观察钟面并制作个性化钟面，认读时间

问题三：你会合理规划自己的周末时间吗？ → 任务三：规划一日作息

图 1　问题及任务框架

（二）任务学习规划

任务学习规划如图 2 所示。

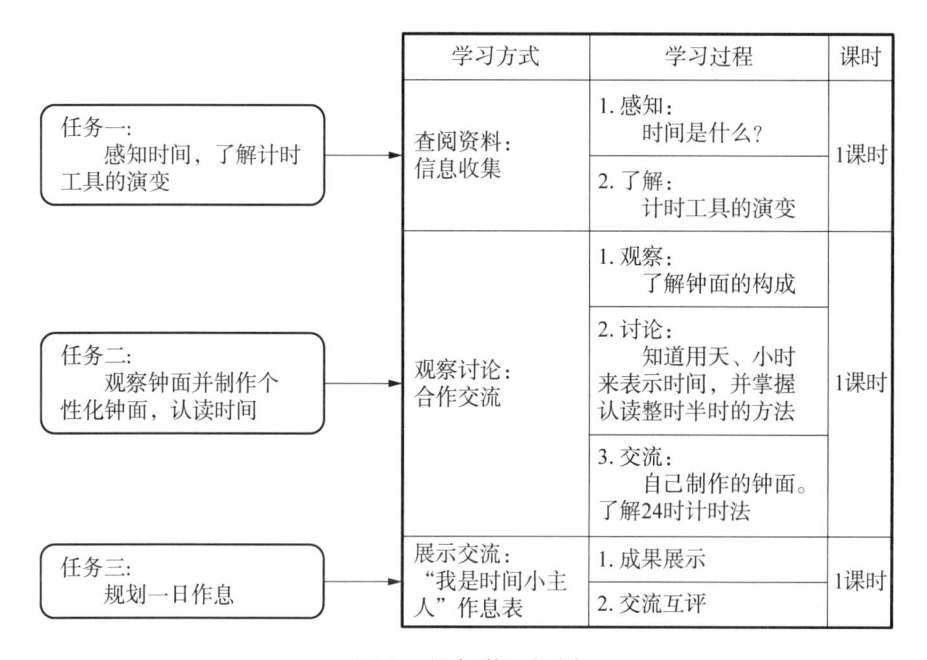

	学习方式	学习过程	课时
任务一：感知时间，了解计时工具的演变	查阅资料：信息收集	1. 感知：时间是什么？	1课时
		2. 了解：计时工具的演变	
任务二：观察钟面并制作个性化钟面，认读时间	观察讨论：合作交流	1. 观察：了解钟面的构成	1课时
		2. 讨论：知道用天、小时来表示时间，并掌握认读整时半时的方法	
		3. 交流：自己制作的钟面。了解24时计时法	
任务三：规划一日作息	展示交流："我是时间小主人"作息表	1. 成果展示	1课时
		2. 交流互评	

图 2　任务学习规划

五、学习过程

（一）学习导入

古人基于生活经验，认为时间具有昼夜交替、四季往复的循环性，也具有"逝者如斯夫"的流逝性；在现代，物理学认为时间是不可逆的，因此时间对于每个人都是宝贵的，我们要珍惜时间，合理规划好时间。

1. 提问导入

时间是什么？我国古代人民是如何计时的？

2. 思考与交流

计时工具的演变。

3. 总结

时间是什么呢？

（二）任务一：感知时间，了解计时工具的演变

本任务中，学生将通过组建学习小组分工合作开展探究讨论，查阅资料，以记录单的形式呈现自己的阶段学习成果。

1. 活动一：感知时间

（1）教师提问"什么是时间？""一分钟可以做什么？"引导学生组内交流。

（2）填写反馈记录表。

2. 活动二：了解计时工具的演变

（1）以小组为单位收集计时工具的演变信息，填写"我是时间的主人"调查记录表（见表1）。

表1 "我是时间的主人"调查记录表

班级：_____ 姓名：_____

时间是什么？	
我知道的计时工具（图文并茂）	
古代人是如何计时的？	

（2）班级内阐述交流并互相评价。

（三）任务二：观察钟面并制作个性化钟面，认读时间

本任务中，学生通过观察讨论，认识分针和时针。并通过动手操作制作钟面、拨玩具钟，认识钟面的构成并掌握认读整时、半时的方法。结合自己一天的学习和生活，初步建立实际的时间观念。

1. 活动一：观察钟面，认读时间

教师展示各种各样的钟面，学生通过观察讨论充分认识钟面的构成。掌握认整时、半时的方法，能正确说出钟面上所排的时刻，会用24时计时法表示时刻。

2. 活动二：制作钟面，交流展示

(1) 制作个性化钟面。

(2) 交流展示，并介绍各部分。可提供"个性钟面我创造"记录表（见表2），供学生参考。

(3) 拨出自己最喜欢的时刻，并说明理由。

表2 "个性钟面我创造"记录表

班级：_____ 姓名：_____

同学们，认识钟面后，请你发挥自己的创意与想象，创造一个自己喜欢的钟面吧！
说一说，一天中你最喜欢的时刻是？为什么？

(四) 任务三：规划一日作息

本任务中，学生结合自己周末其中一天的学习和生活，来制定一份作息表，并可用图文或者漫画的形式来制作成数学表达，联系到自己的亲身经历来体验、初步建立实际的时间观念。

1. 活动一：制作作息表

(1) 结合自身经历表达交流。

(2) 制定一日作息表。

2. 活动二：成果展示

作品展示交流同学互评，教师评价。

六、学习评价

"我是时间的小主人"跨学科主题学习活动成果评价表见表 3。

表 3 "我是时间的小主人"成果评价表

班级：_____ 姓名：_____

评价内容	评价星级 （★★★表示很棒）		
	自我评价	同伴评价	教师评价
学习态度			
课堂参与			
成果质量			

七、学习需求和相关资源

(一) 学习需求

由于一年级学生独立完成本学习活动存在一定的困难，因此需要在老师和家长的帮助下借助电子设备，多媒体资源等进行资料的收集和作品的呈现。

(二) 学习资源

CCTV 纪录片《古代科技》《解码科技史》。

人民币的故事

——一年级数学跨学科主题学习设计

上海市浦东新区傅雷小学　康　萍

一、主题背景

在沪教版一年级数学教材下册第二单元的《认识人民币》中，主要让一年级学生结合自己的生活经验和已掌握的100以内数的知识，学习、认识人民币，一方面使学生初步了解人民币的基本知识，懂得如何使用人民币，提高社会实践能力；另一方面使学生加深对100以内数的概念的理解。教材中主要介绍了第四套和第五套人民币，并要求学生掌握各个币值之间的关系从而进行正确兑换，体会到数学与日常生活的紧密联系。

在《义务教育教学课程标准（2022年版）》中，"认识人民币"属"综合与实践"领域中"常见的量"。有关常见量的认识是培养学生量感的重要内容之一，建立量感有助于学生解决日常生活中的各种测量问题，提高学生对于数学的应用意识。沪教版教材第一学段"常见的量"分布情况见表1，可以看到，"认识人民币"在教材的设置中较为靠前。

表1 沪教版教材第一学段"常见的量"分布情况

学习内容	年级	单元顺序	常见的量
认识人民币	一年级下册	第二单元	元、角、分
时间的初步认识（一）	一年级下册	第三单元	时、分
时间的初步认识（二）	二年级下册	第三单元	时、分、秒
质量的初步认识	二年级下册	第五单元	克、千克

人民币作为中国的法定货币，在人们的生活中起着重要的作用，在线上支付盛行的今天，学生往往对于人民币的认识和了解颇少。各国的货币皆有不同，我国的人民币历史悠久，人民币的背后有哪些故事呢？学生对人民币的历史、类别、版本等都充满着好奇。基于一年级数学的学习要求，结合学生的学情，我以"人民币的故事"为主题设计跨学科主题学习，要求学生通过自主学习、交流分享，利用思维导图的呈现形式展示货币的演变历史，了解人民币的故事，体会到丰厚的数学文化。

学生在实际解决问题时，还需要关联语文、美术等其他学科：运用语文学科的多种阅读方法，了解人民币的历史；运用美术学科的图画来将信息进行归纳和整理，学会用线条和流程图展示人民币演变的过程。

二、学情分析

《认识人民币》是沪教版数学教材一年级下册第二单元的内容，是在20以内加减法和认识100的基础上进行教学的，也是学生第一次学习货币有关的知识。之后，学生还将继续学习时间和质量等方面的量。在整个教学编排中，关于人民币的知识并不多，主要是围绕元、角、分的认识和转换，为后面学习小数等内容打下基础。

考虑到学生第一次学习货币的知识，对于单位的转换等概念可能较难理解，故对 90 名学生做了问卷调查，统计的数据结果如下：46.70% 的学生没有单独使用过人民币，28.80% 的学生没有见过 1 元以下的人民币，35.60% 的学生不知道 1 元等于 10 角，4.40% 的学生损坏过人民币。

基于这样的学情，在本次跨学科主题学习活动中，学生需要通过线上参观博物馆、阅读资料等途径去了解货币相关的信息，绘制思维导图。这对学生的信息处理能力和表达能力提出更高的要求，需要家长和老师提供一些汉字书写和解读方面的支持。通过小组合作、交流展示和普法课堂的活动，让学生感受到了中华优秀文化并且爱惜人民币，通过模拟银行活动，让学生会正确使用人民币并掌握换算。通过制作"人民币背后的故事"微课，进一步提高学生的学习能力和表达能力。

三、学习目标

（1）通过线上参观博物馆、观看视频、阅读材料，初步认识货币的演变，了解人民币图案、种类、发展史等知识，绘制关于货币的思维导图。

（2）通过课堂学习，了解不同版本的人民币，掌握元、角、分之间的进率，了解人民币的正确用法，提高学生的文化自信和语言运用能力；通过模拟银行活动，掌握人民币的换算，形成初步的金融素养。

（3）在活动中能够清晰表达和交流信息，通过小组合作探究，提高团队的凝聚力，让学生能够合理使用和珍惜人民币，感受丰富的数学文化。

四、任务规划

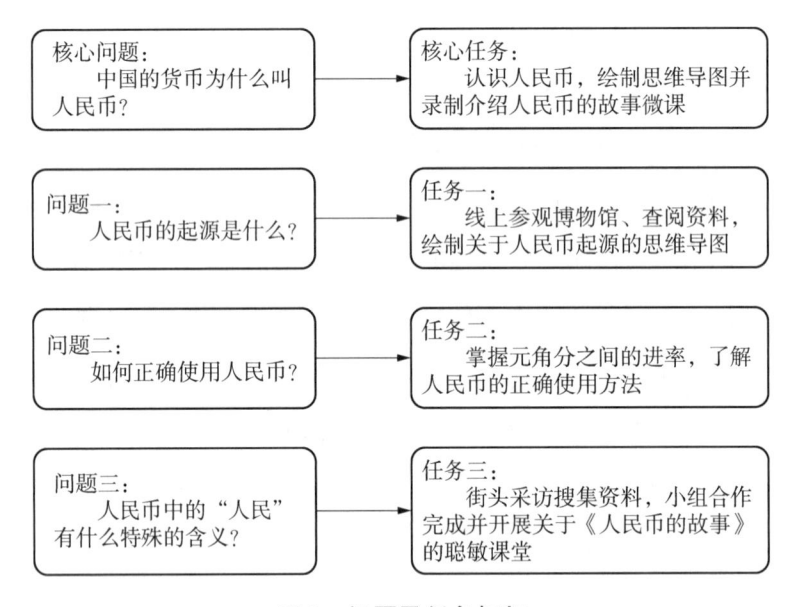

(一) 问题及任务框架

问题及任务框架如图 1 所示。

```
核心问题：                    核心任务：
中国的货币为什么叫      →    认识人民币，绘制思维导图并
人民币？                       录制介绍人民币的故事微课

问题一：                       任务一：
人民币的起源是什么？    →    线上参观博物馆、查阅资料，
                               绘制关于人民币起源的思维导图

问题二：                       任务二：
如何正确使用人民币？    →    掌握元角分之间的进率，了解
                               人民币的正确使用方法

问题三：                       任务三：
人民币中的"人民"        →    街头采访搜集资料，小组合作
有什么特殊的含义？            完成并开展关于《人民币的故事》
                               的聪敏课堂
```

图 1 问题及任务框架

(二) 任务学习规划

任务学习规划如图 2 所示。

五、学习过程

(一) 学习导入

（1）由过年时收到的压岁红包引入，引发学生思考。教师提问："对于人民币，你知道多少呢？""平时有使用过人民币吗？""使用的是什么面值、材质、单位的人民币？"

第二部分 | 跨学科主题学习怎么开展？

	学习方式	学习过程	学时
子任务1：线上参观博物馆、查阅资料，绘制关于人民币起源的思维导图	线上参观、查阅资料：感受货币的发展过程，掌握人民币的起源	1. 情境进入 　　由过年时收到的压岁红包引入，拉近学生与人民币的距离	1
		2. 感知 　　老师带领观看视频，了解货币的重要性。老师带领学生线上参观博物馆，感受货币的发展过程。查阅资料，了解人民币的起源	
		3. 表达 　　整理信息，制作思维导图，在小组内分享自己的学习成果	
子任务2：掌握元角分之间的进率，了解人民币的正确使用方法	课堂教学、模拟银行：掌握元角分之间的进率，了解人民币的正确使用方法	1. 小组探究活动 　　由学生来介绍家里收藏的不同版本的人民币和纪念币，让学生近距离欣赏，找出不同版本之间的差异，通过小组合作提高学生的表达能力	2
		2. 普法小课堂 　　让学生们了解人民币的相关法律法规，做到爱惜人民币	
		3. "模拟银行" 　　通过"模拟银行"活动，让学生们掌握人民币的互换规则，在过程中观察、学习不同面值的人民币的特征	
子任务3：街头采访、搜集资料，小组合作完成并开展关于《人民币的故事》的聪敏课堂	街头采访、搜索资料：了解每天使用人民币的中国人对于人民币含义的解读，根据搜集的材料，按小组制作PPT，准备一节聪敏课堂	1. 采访 　　根据采访表去街头采访，了解每天使用人民币的中国人对于人民币含义的解读	2
		2. 搜集资料 　　按小组去搜集资料，发现人民币"人民"的含义	
		3. 聪敏课堂 　　按小组开展聪敏课堂，介绍自己心中人民币"人民"的含义，各组进行互评	

图2　任务学习规划

279

(2)教师简单介绍第五套人民币：按照材质分为硬币和纸币；按照面值分为100元、50元、20元、10元、5元、1元、5角、1角；按单位分成元、角、分。

(3)引发学生思考。教师提问："不同的国家有不同的货币，英国有英镑，美国有美元，中国的货币是人民币，我国的货币为什么叫人民币呢？"

(二)任务一：线上参观博物馆、查阅资料，绘制关于人民币起源的思维导图

在本项任务中，教师带领学生一起观看视频，让学生发现货币的重要性，带领学生线上参观博物馆，感受货币的发展过程。查阅资料，了解人民币的起源。

1. 活动一：观看视频

(1)播放视频《人民币的"前世今生"》

(2)教师提问："货币是怎么演变的？"引导学生展开班级交流。

2. 活动二：线上参观钱币博物馆

(1)带领学生通过浏览器参观线上博物馆《钱币博物馆》。

(2)教师提问："印象最深的是哪一个钱币？为什么？"引导学生展开班级交流。

3. 活动三：查阅资料

(1)问题引入。人民币"是人民所需，为人民所办"，诞生70多年来，见证了中国综合国力和人民生活水平的飞速提升。人民币的叫法是谁提出来的呢？

(2)观看视频《人民币的诞生》并整理信息（见图3）。

4. 活动四：成果展示

指导学生根据了解到的货币的相关知识绘制一张思维导图，并互相

> (1) 人民币首次是在_____年_____月_____日发行的。
>
> (2) 人民币是由_____银行统一发行的。
>
> (3) 第一套人民币是由圆盘_____机印刷的。
>
> (4) 以"人民"命名货币,也体现着_____。

图 3　人民币的相关信息

交流、分享。

(三) 任务二:掌握元角分之间的进率,了解人民币的正确使用方法

通过小组合作探究的方式,让学生掌握元角分之间的进率,让学生们近距离欣赏货币的独特,找出不同版本人民币之间的差异,了解人民币承载的中华优秀传统文化、革命文化和社会主义先进文化。通过普法宣传,让学生们了解人民币相关法律法规,能够做到爱惜人民币。通过模拟银行的活动,让学生们掌握人民币的互换规则,在过程中观察、学习不同面值的人民币的特征。

1. 活动一:小组合作探究

(1) 小组合作。介绍家里收藏的不同版本的人民币和纪念币。

(2) 提出问题。不同版本之间的差异是什么?为什么要改版呢?元、角、分之间的进率是多少呢?

(3) 完成学习单 1(见图 4)。

2. 活动二:普法小课堂

(1) 播放《人民币管理条例》解读视频

(2) 提出问题:对于人民币,我们应该怎么去保护呢?

3. 活动三:"模拟银行"

部分学生扮演银行家,部分学生扮演客户,一对一演绎存钱、取钱、

```
(1) 50 分 =（    ）角
(2) 2 元 =（    ）角
(3) 5 角 4 分 =（    ）分
(4) 4 元 6 角 =（    ）角
(5) 75 角 =（    ）元（    ）角
(6) 课本上学习的是第_____套人民币。
```

图 4　人民币学习单 1

换零钱游戏，在游戏过程中学会辨认不同面值的人民币，增强口算能力。之后完成学习单 2（见图 5）。

```
(1) 1 张 100 元可以换（    ）张 50 元，也可以换（    ）张 10 元。
(2) 1 张 50 元可以换（    ）张 10 元，也可以换（    ）张 5 元。
(3) 1 张 20 元可以换（    ）张 1 元。
(4) 1 张 50 元可以换成（    ）张 20 元和（    ）张 10 元。
(5) 1 张 1 元可以换（    ）张 5 角、（    ）张 2 角和（    ）张 1 角。
(6) 模拟银行：圈出你在活动中的角色和做法，完成填空。
    我作为（银行家、客户），我在银行（取、存）了_____元，面值分别是_____。
```

图 5　人民币学习单 2

（四）任务三：街头采访、搜集资料，小组合作完成并开展关于《人民币的故事》的聪敏课堂

学生通过小组合作展开街头采访，分工搜集资料，将最后的成果用聪敏课堂的形式录制下来，达到科普的目的。

1. 活动一：采访

（1）讨论与交流：采访哪些不同人群呢？

（2）指导学生设计采访提纲，可提供采访问题列表（见表2），供学生参考。

表2　采访问题列表

序号	问　　题
1	您平时有使用人民币纸币和硬币吗？频率如何？什么场合下使用？
2	关于人民币，在种类、图案、版本等方面，您有什么了解吗？
3	您知道中国货币为什么叫作人民币吗？请说说您的理解吧！
4	您认识这些纸币后面的人物吗？您知道这些人物的故事吗？

（3）采访并分享交流。

2. 活动二：搜索资料

（1）问题引入。不同版本的人民币都有当时时代的烙印，能不能试着去了解你感兴趣的人民币，讲讲背后的故事呢？

（2）小组合作。选择喜欢的人民币，确定分工。

（3）搜集选择的人民币的相关资料，合作准备一节聪敏课堂。

3. 活动三：聪敏课堂

课堂展示，交流讨论，形成本校的数学拓展微课课程《数学文化——人民币背后的故事》。

六、学习评价

"人民币的故事"跨学科主题学习活动评价表见表3。

表3 "人民币的故事"跨学科主题学习活动评价表

评价类型	评价项目	评价要点	评价星级
过程性评价	思维导图	1. 能够认真在线上博物馆和视频里搜集信息 2. 能够认真理解阅读材料 3. 绘制出一张精美的思维导图	☆☆☆
	模拟银行	1. 能够掌握人民币的换算 2. 能够观察不同面值人民币的特征	☆☆☆
	街头采访	1. 能够通过跟陌生人对话获取有用的信息 2. 能够根据收集到的对话和阅读材料进行整合	☆☆☆
	成果展示	1. 能够开展小组分工合作，搜索有用的信息 2. 能够将做好的成果进行展示	☆☆☆
成果展示	得票数：		

七、学习需求和相关资源

（一）学习需求

本次活动学生需要阅读大量材料，教师需要帮助学生对于阅读材料进行解读；本次活动欢迎家中收藏人民币的学生进入课堂，帮助其他学生更直观的观察不同人民币的差异；本次活动需要学生到街头采访，教师需要提供帮助让学生顺利地记录和分析；本次活动需要学生搜索相关的资料，需要教师或者家长帮助学生制作课件。

（二）学习资源

（1）《人民币的"前世今生"》（https：//www.bilibili.com/video/BV1iY4y177kC/?vd_source=94810106d4b7e0e92eb60603ea3533f2）。

(2)《钱币博物馆》(http：//www.cnm.com.cn/zgqbbwg/132792/132381/index.html)。

(3)《人民币的诞生》(https：//v.cctv.com/2021/06/05/VIDEBrtTXqBpPxpIn5JKkjsi210605.shtml?spm=C90324.Pfdd0SYeqktv.Eri5TUDwaTXO.36)。

(4)人民币管理条例视频(https：//haokan.baidu.com/v?pd=wisenatural&vid=4628123683449043387)。

我是小小营养师

——傅雷小学二年级数学学科跨学科主题学习设计

上海市浦东新区傅雷小学　倪佳卉

一、主题背景

二年级数学课程中，小学生第一次接触有关统计的内容，要求学生从生活中的真实资料出发，经历数据的收集、分类计数等统计过程，形成形象化的统计表或统计图，并根据统计结果解决一些简单的问题，感知统计是有趣的和有用的，初步了解数学的价值。

平时，很容易观察到学生对菜品的喜恶，他们表现得非常明显，比如，普遍喜欢吃油炸食品、香肠等肉类，却对豆制品、蔬菜兴趣寥寥，体型偏胖或者偏瘦的情况也不在少数。因此，以"我是小小营养师"为主题设计跨学科主题学习活动，旨在让学生通过数据分类、收集和整理等过程，了解自己的饮食是否健康，纠正挑食的坏习惯，并为自己制定一份健康饮食单，避免因营养不均衡而影响身体健康。

在收集信息和解决问题的过程中，需要关联自然、信息等其他学科知识，如了解科学饮食，知道挑食、偏食、过度饮食的危害，有意识地进行食品搭配，养成良好的饮食习惯（自然）；检索自己一日三餐所含营养素，便于对照科学摄入量，了解自己的菜单是否符合健康标准（信息）。

二、学情分析

虽然这是学生初次正式接触统计知识，但在日常生活和学习活动中，学生已有不少关于统计的经验。比如在班委竞选活动中统计得票数；统计一个月中的天气情况等。学生已经能够有意识地将数据进行分类再计数，能够从文本中收集有效信息，根据统计项目进行分类，并绘制统计表以及条形统计图。

这些生活和学习经验为学生开展本次跨学科学习活动奠定了一定的基础，但在具体操作过程中，他们仍然面临着特殊的挑战。比如，要判断自己的饮食是否健康，不单单是看吃了多少垃圾食品，还要了解人体所需营养元素的种类、数量，通过可视的数据，对比科学的参照表，分析自己是否摄入了足够的营养元素，从而有效地改进自己和家人的菜单，这就需要和科学、信息等学科进行密切联动。

三、学习目标

（1）通过信息检索以及课堂学习，了解食物金字塔，知道科学饮食的具体内容和方法，认识到不良饮食习惯对健康带来的害处。

（2）通过数据收集、整理、分类和绘制统计表，对比"膳食营养素摄入量参照表"，了解自己的饮食是否健康。

（3）培养数据意识，学会通过数据统计和分析了解样本水平，进行科学评估。

四、任务规划

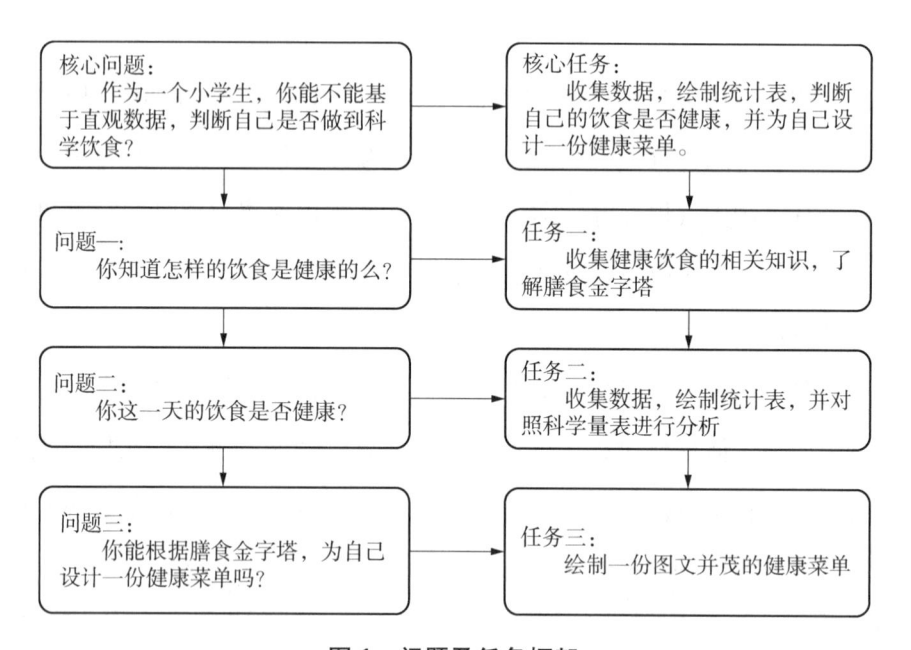

(一) 问题及任务框架

问题及任务框架如图 1 所示。

```
核心问题:                          核心任务:
  作为一个小学生,你能不能基          收集数据,绘制统计表,判断
于直观数据,判断自己是否做到科      自己的饮食是否健康,并为自己设
学饮食?                            计一份健康菜单。
         ↓                                ↓
问题一:                            任务一:
  你知道怎样的饮食是健康的么?        收集健康饮食的相关知识,了
                                   解膳食金字塔
         ↓                                ↓
问题二:                            任务二:
  你这一天的饮食是否健康?            收集数据,绘制统计表,并对
                                   照科学量表进行分析
         ↓                                ↓
问题三:                            任务三:
  你能根据膳食金字塔,为自己          绘制一份图文并茂的健康菜单
设计一份健康菜单吗?
```

图 1　问题及任务框架

(二) 学习任务规划

学习任务规划如图 2 所示。

五、学习过程

(一) 学习导入

通过观看视频和材料,了解科学饮食的组成部分,认识营养金字塔,初步意识到饮食是否健康的标准在于有没有摄入均衡且适量的营养素。

学习方式	学习过程	课时
资料阅读：信息收集，了解概况	探究：在老师的带领下了解科学饮食的内涵，知道什么东西该少吃，什么东西要多吃，以及儿童青少年每日应摄入营养素的量 思考：想想自己的饮食习惯是否符合科学饮食标准	1
统计信息，数据处理：收集数据，对比分析，直观比较，制定健康菜单	统计：记录自己周末一天的菜单，绘制统计表	3
	数据转化：利用"薄荷健康"APP，查询每道菜所含营养素的量	
	数据处理：计算一天中各项营养素的摄入量，并记录在统计表中	
	对比分析：对照中国居民膳食营养素摄入量表，对比分析发现自己摄入过多和摄入过少的营养元素	
成果展示：绘制健康菜单	绘制健康菜单：绘制一份图文并茂的健康菜单	1

任务一：收集健康饮食的相关知识，了解膳食金字塔

任务二：收集数据，绘制统计表，并对照科学量表进行分析

任务三：绘制一份图文并茂的健康菜单

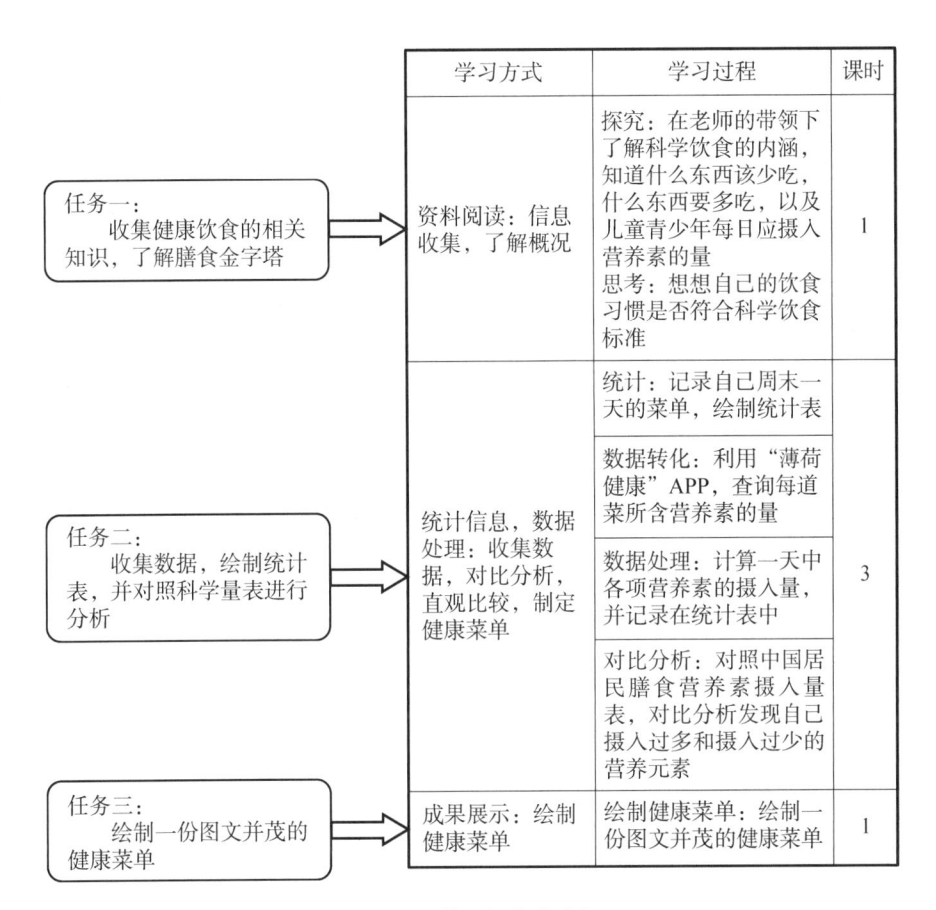

图 2　学习任务规划

1. 观看视频：《营养金字塔》。

2. 阅读材料：《中国居民膳食营养素参考摄入量（2023 版）》。

（二）任务一：收集健康饮食的相关知识，了解膳食金字塔

前期，学生在教师的带领下，通过与自然课联动的课堂教学，初步了解科学饮食的内涵，认识了营养金字塔，知道什么东西应该多吃，什么东西要适量吃，什么东西要少吃。本任务中，学生将在课外，继续自主了解科学饮食的相关知识，并在课堂上交流心得和感悟。

1. 活动一：收集信息

（1）自主探究。通过网络检索或询问他人等方式，继续了解科学饮食相关知识，正确理解和认识科学标准，便于之后进行数据分析。

（2）交流分享。在课堂上讨论、交流各自探究的成果，取长补短，集思广益。

2. 活动二：反思不利于健康的饮食习惯

（1）交流讨论。思考、交流哪些食物一定不利于健康，应当少吃或不吃。

（2）课堂汇报。谈谈一种不利于健康的食物，说说它会对健康造成哪些不良影响。

（三）任务二：收集数据，绘制统计表，并对照科学量表进行分析

1. 活动一：记录菜单

记录一天中完整的饮食情况，填写"一天的饮食记录"表（见表1）。

表1 一天的饮食记录

	菜　品
早饭	
午饭	
晚饭	
加餐 （没有可不填）	

2. 活动二：数据转化

(1) 利用"薄荷健康"App，查询每样菜品所含蛋白质、脂肪、碳水化合物以及膳食纤维的量。参考步骤：下载"薄荷健康"App；完成基础设置；根据软件提示，选择早餐/午餐/晚餐/加餐选项；选择菜品及相应分量。

(2) 填写"我是小小营养师"跨学科主题学习任务单（见表2）。

表2 "我是小小营养师"跨学科主题学习任务单

	菜品	所含营养素/g
早饭		脂肪： 蛋白质： 碳水化合物： 膳食纤维：
午饭		脂肪： 蛋白质： 碳水化合物： 膳食纤维：
晚饭		脂肪： 蛋白质： 碳水化合物： 膳食纤维：
加餐		脂肪： 蛋白质： 碳水化合物： 膳食纤维：

3. 活动三：将各项数据汇总，形成统计表

将一天中所有菜品所含的蛋白质、脂肪、碳水化合物以及膳食纤

维的总量计算出来，并制作"周末一日饮食所含营养素统计表"，见表3。

表3　周末一日饮食所含营养素统计表示例

项目	脂肪 (32 g—53 g)	蛋白质 (40 g)	碳水化合物 (181 g—260 g)	膳食纤维 (21 g)
总计				

4. 活动四：对比分析

（1）对比7—10岁儿童每日所需摄入营养素含量数据，简要分析自己摄入哪种营养素不足，哪些摄入过量，形成文字记录。

（2）查找资料，寻找自己应当从哪些食物中摄取所缺的营养素。

(四) 任务三：绘制一份图文并茂的健康菜单

1. 活动一：菜单设计

自己设计一份健康菜单，确保各项营养素能够均衡摄入，保证一天的营养所需。

2. 活动二：对比分析

（1）统计新菜单所有菜品所含的营养素之和，并制作统计表。

（2）对照《中国居民膳食营养素参考摄入量》，判断新菜单是否符合健康标准，并对不符合参考值的项目进一步修改调整。

3. 活动三：自我分析

用简短的语言分析自己制定的健康菜单有哪些优势，形成文字记录。

4. 活动四：

绘制小报：将统计表、自我分析以及健康菜单，绘制成一份图文并茂的小报。可提供"我是小小营养师"小报参考样例（见图3）。

```
                         我是小小营养师
我的健康菜单：              我的分析：_____
早餐：_____              _____
午餐：_____              _____
晚餐：_____              _____
加餐（没有可不填）：_____

                    健康菜单所含营养素统计表
```

项目	脂肪 (32 g—53 g)	蛋白质 (40 g)	碳水化合物 (181 g—260 g)	膳食纤维 (21 g)
总计				

图3 "我是小小营养师"小报参考样例

六、学习评价

"我是小小营养师"跨学科主题学习活动各阶段成果作品评价表见表4。

表4 "我是小小营养师"跨学科主题学习活动各阶段成果作品评价表

序号	任务	自我评价	教师评价
1	收集了关于科学饮食的有效信息，并在课堂上进行分享	☆☆☆	☆☆☆
2	将自己一天的饮食情况完整记录下来	☆☆☆	☆☆☆
3	利用App将菜单中各项菜品所含营养素记录下来	☆☆☆	☆☆☆
4	统计各项营养素的总含量，并绘制完整的统计表（包含统计标题、统计项目、统计数量、统计单位）	☆☆☆	☆☆☆

续表

序号	任　　务	自我评价	教师评价
5	对比《中国居民膳食营养素参考摄入量》，客观分析自己的饮食是否健康，能说出摄入过多和摄入不足的营养素是哪些	☆☆☆	☆☆☆
6	根据科学量表，为自己设计一份健康菜单	☆☆☆	☆☆☆
7	绘制一份图文并茂的健康菜单	☆☆☆	☆☆☆

注：三颗星为"非常满意"，两颗星为"比较满意"，一颗星为"不满意"。

七、学习需求和相关资源

(一) 学习需求

本学习活动需要在家长的帮助下，借助电子设备进行数据收集、处理和转化。

(二) 学习资源

《中国居民膳食营养素参考摄入量（2023版）》，人民卫生出版社2023年版。

测量与规划一方游戏空间

——三年级数学学科跨学科主题学习设计

上海市浦东新区傅雷小学　付玉宇

一、主题背景

图形与几何是义务教育阶段学生数学学习的重要领域，在"图形的认识与测量"这个重要主题中，学生需要认识平面图形，对线段长度进行测量，以及对图形周长、面积等进行计算。学生在三年级时将接触"面积"教学，《义务教育数学课程标准（2022年版）》指出，需要结合实例认识面积，探索并掌握长方形、正方形面积的计算。

"学生的课间十分钟怎么过？"已成为当今社会讨论的热点问题。就我校来说，操场离教学楼较远，教学楼走道的空间又有限，该怎么解决这一问题呢？我们把目光投向了教学楼旁的百米长的"樱花大道"。"樱花大道"是我校的标志性特色景点，特别是到了春季，樱花大道两旁的20棵樱花树满树繁花，一身嫣红，美不胜收，学生最喜欢的就是在花树下闲庭信步、追逐嬉戏，总是流连忘返。所以如果将其改造成传统游戏区域，不仅解决了课间十分钟怎么过的问题，也是传承优秀传统文化之举。

立足三年级学生的数学学习要求，基于学生实际需求以及学校的文化价值追求，以"测量与规划一方游戏空间"为主题设计跨学科主题学习。要求学生通过查阅资料、问卷调查、小组合作、度量测绘等活动，在樱花大道上规划一方传统游戏空间。

在实际操作过程时，需关联体育、美术、信息技术等学科。学生需要了解相关的体育知识，向体育教师请教了解传统游戏与体质健康的关系；利用信息技术，了解民间传统体育游戏及游戏规则；运用美术学科的绘画、排版，以便科学合理地在"樱花大道"上合理规划游戏空间。在此过程中，学生深刻地体会到生活中真实问题解决的复杂性，常常需要运用多学科的知识与方法，融合多种思维方式。

二、学情分析

学生对"图形的认识与测量"已有了些许基础。通过一二年级的学习，已经能辨认简单的平面图形，能对图形进行分类，用简单图形拼图；认识了长度单位米和厘米，能估测一些物体的长度，并进行测量；在认识与测量的过程中，逐渐形成了空间观念和量感。

学生也经历过多次项目化活动，如数学周"绘制眼中的赏樱亭"和美术学科联动设计赏樱亭平面图；学习《轴对称图形》一课时开展了探究活动"一片树叶的秘密"，发现树叶通常具有很高的对称性；学习《面积》一课时又继续追踪探究"一片树叶的秘密"，学生运用"剪、拼、移"等操作方法，体验数学中的"转化"思想，归纳出计算不规则图形面积的步骤与策略。

这些知识能力与跨学科的学习经历，都为本次跨学科主题学习打下了基础。但是，此次学习活动需要学生实地勘察测量樱花大道的面积，涉及测量工具的选择、单位的换算等，还会遇到测量过程中误差的处理等问题。此外，在划分传统游戏空间时要注意测量比例的问题。对学生来说，从长度学习到面积学习是从一维空间到二维空间的一次飞跃，存在一定难度。

三、学习目标

（1）通过测量、建模、计算等活动，小组合作布局传统游戏空间，发展量感、空间观念与几何直观。

（2）了解民间传统体育游戏及游戏规则，科学合理规划游戏区域。

（3）在调查、讨论、展示、绘制等活动中增强合作交流能力，激发学生对民俗文化的热爱。

四、任务规划

（一）问题及任务框架

问题及任务框架如图1所示。

（二）任务学习规划

任务学习规划如图2所示。

五、学习过程

传统游戏是由民间创编，为人们喜闻乐见的游戏活动，带给了一代代人童年的欢乐，具有很强的趣味性。传统游戏亦是我国优秀传统文化的瑰宝，将传统游戏融入学生的校园活动中，可以弘扬民间游戏文化，发挥游戏在教育中的功能。

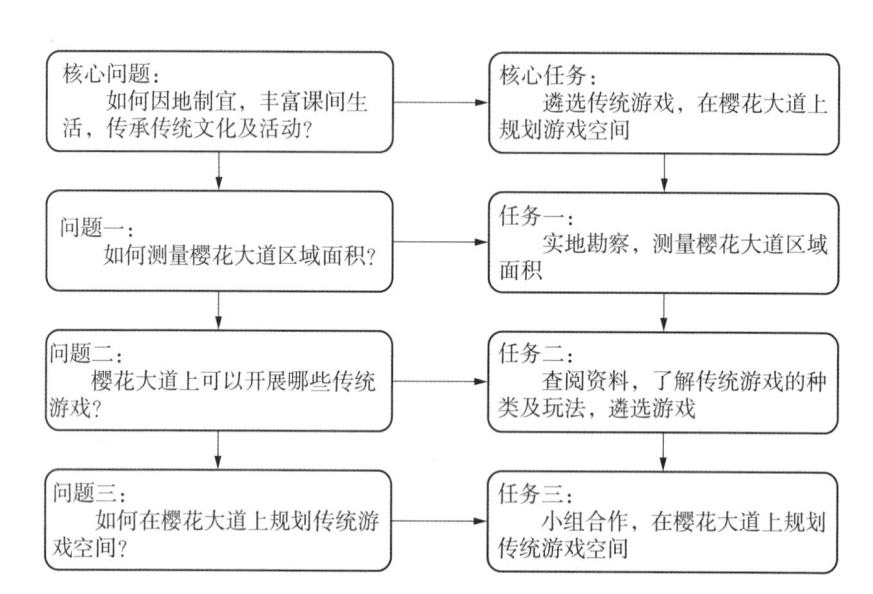

```
核心问题：                          核心任务：
  如何因地制宜，丰富课间生            遴选传统游戏，在樱花大道上
活，传承传统文化及活动？             规划游戏空间

问题一：                            任务一：
  如何测量樱花大道区域面积？          实地勘察，测量樱花大道区域
                                    面积

问题二：                            任务二：
  樱花大道上可以开展哪些传统          查阅资料，了解传统游戏的种
游戏？                              类及玩法，遴选游戏

问题三：                            任务三：
  如何在樱花大道上规划传统游          小组合作，在樱花大道上规划
戏空间？                            传统游戏空间
```

图 1 问题及任务框架

任务	学习方式	学习过程	学时
任务一：实地勘察，测量樱花大道区域面积	实地勘察：测量樱花大道的面积	讨论：测量面积的方法、测量工具及测量单位的选择	1
		度量：测量樱花大道的大小，并记录测量结果	
任务二：查阅资料，了解传统游戏的种类及玩法，遴选游戏	查阅资料、问卷：信息收集、遴选游戏	查阅资料：了解传统游戏的种类及玩法，完成传统游戏调查表	3
		遴选游戏：根据问卷结果，遴选可以在樱花大道上开展的传统游戏	
任务三：小组合作，在樱花大道上规划传统游戏空间	测绘：在樱花大道上划分传统游戏空间	比例尺：资料查阅，自学"比例尺"的知识	3
		测绘：运用"比例尺"在樱花大道上划分传统游戏空间	

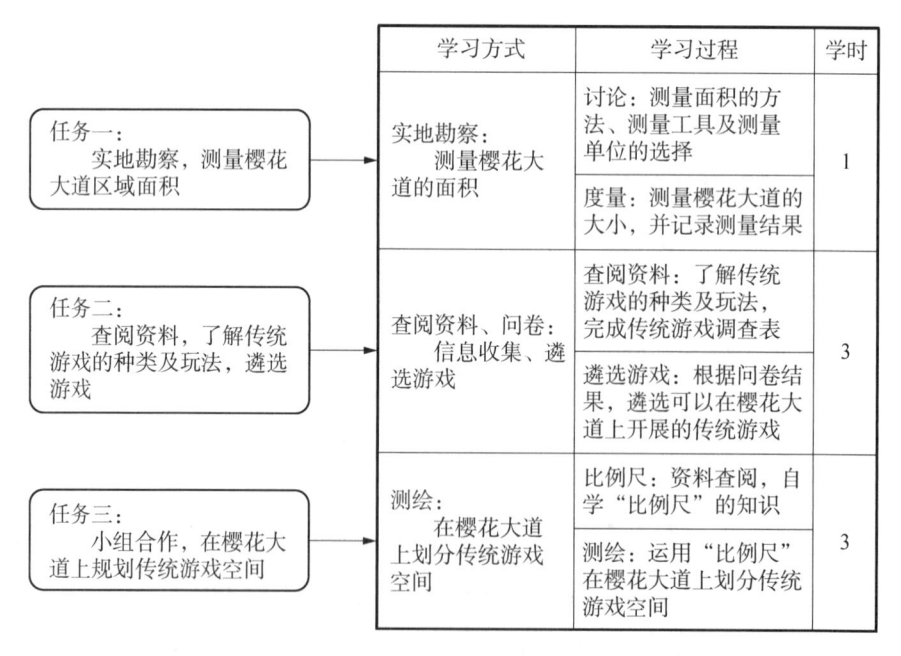

图 2 任务学习规划

(一) 任务一：实地勘察，测量樱花大道区域面积

本任务中，学生对樱花大道进行实地勘察，测量樱花大道的面积，将数学知识学以致用。

1. 活动一：讨论

教师提问："如何测量樱花大道的面积？""应使用哪种测量工具及测量单位？"引导学生思考并小组讨论。

2. 活动二：测量

指导学生以小组为单位对樱花大道进行测量，并记录测量结果，计算面积。

(二) 任务二：查阅资料，了解传统游戏的种类及玩法，遴选游戏

本任务中，学生通过查阅资料，完成"传统游戏调查表"，了解传统游戏的种类及玩法；通过小组合作，以问卷、讨论等学习方式，深入了解开展传统游戏对游戏场地的要求，遴选可以在樱花大道上开展的传统游戏。

1. 活动一：查阅资料，填写游戏调查表

利用网络资源查找传统游戏的种类及玩法，资料整理，完成传统游戏调查表（见表1）。

表1 传统游戏调查表

传统游戏名称：
游戏玩法（规则）：

2. 活动二：遴选游戏

（1）对三年级学生进行"传统游戏进校园小调查"（见表2），深入了解开展传统游戏对游戏场地的需求。

表2　传统游戏进校园小调查

你觉得哪项传统游戏适合在校园里展开？
这项游戏对游戏场地有什么要求？

（2）根据问卷结果，遴选可以在樱花大道上开展的传统游戏。

（三）任务三：小组合作，在樱花大道上规划传统游戏空间

本任务中，要将探究过程中的成果进行整理，小组合作，在樱花大道上布局传统游戏空间。

1. 活动一：比例尺

引导学生通过各种途径查阅资料，自学"比例尺"的知识。

2. 活动二：测绘

以小组为单位，运用"比例尺"在樱花大道上划分传统游戏空间。

六、学习评价

"测量与规划一方游戏空间"跨学科主题学习活动评价表见表3。

表3　"测量与规划一方游戏空间"跨学科主题学习活动评价表

评价类型	内容	评价指标	评价星级
过程性评价	面积我会度量	1. 积极参与讨论	1. ☆☆☆
		2. 能度量樱花大道的面积	2. ☆☆☆
	传统游戏我会选	1. 能利用网络查阅相关资料，完成传统游戏调查表	1. ☆☆☆

续表

评价类型	内容	评价指标	评价星级
		2. 能通过问卷形式，深入了解开展传统游戏对游戏场地的需求	2. ☆☆☆
		3. 能根据问卷结果，遴选可以在樱花大道上开展的传统游戏	3. ☆☆☆
	游戏空间我会分	1. 能自学"比例尺"	1. ☆☆☆
		2. 能运用"比例尺"在樱花大道上划分传统游戏空间	2. ☆☆☆

七、相关资源

（1）电影《被遗忘的童年游戏》（https：//www. le. com/ptv/vplay/72424251. html? ch＝360＿kan&site＝360＿kan）。

（2）《传统民间游戏大集合，你玩过几个？》（https：//www. jianshu. com/p/5e3ed1334adb）。

（3）《什么是比例尺》（https：//wenda. so. com/q/1641673485211571）。

（4）《比例尺怎么计算》（https：//www. 360kuai. com/pc/980a309770b99d775? sign＝360＿c9d79732&tag＿kuaizixun＝％E6％95％99％E8％82％B2）。

节水，从我做起

——四年级数学跨学科主题学习设计

上海市浦东新区傅雷小学　王思唯

一、主题背景

"量"是现实世界一个最普遍、最基本的属性，是形成"数"概念的经验基础。"数"与"量"密不可分，难以剥离，因此，作为核心素养的表现，在《义务教育数学课程标准（2022年版）》中增加了"量感"，并提出了3个关键词：一是直观感知，对事物的可测量属性及大小关系的直观感知；二是选择，针对真实情境选择合适的度量单位进行度量；三是估计，合理得到或估计度量的结果。在我们的数学课本中，根据学生的年龄特点，阶梯式地编排了"量感"知识，如物体的长短，面积的大小，物体的轻重，容量的多少等，建立量感不仅有助于学生解决日常生活中的各种测量问题，而且有助于学生养成用定量的方法认识和解决问题的习惯，是形成抽象能力和数学应用意识的经验基础。

我国的水资源总量丰富，但人均资源占有量却相对较低，且存在地域分布不均的问题，部分地区的缺水状况尤为严重。随着工业的发展和城市化进程的加快，工业废水和城市污水的排放量不断增加，加剧了水资源的污染危机。而在我们的生活中，处处可见浪费水、污染水的现象。作为学生，需要树立正确的价值观和养成良好的习惯。在日常生活中我们可以怎样保护水资源、节约用水呢？

基于四年级数学的学习要求，以学生能够积极参与活动，在活动中独立思考问题，经历解决简单实际问题的过程，提高应用意识，积累数学活动经验，感悟数学的价值为目标，开展以"节水，从我做起"为主题设计的跨学科主题学习。引导学生从数学的角度研究社会问题，通过调查分析、动手操作等实践活动，制定合理的节水方案，培养学生的环保意识。

在实际解决问题时，还需关联信息、语文、美术等其他学科。利用信息技术，从网络、媒体等途径查阅水资源的相关信息；通过宣讲、写作等方式，向更多的人宣传节约用水的重要性；用绘画、海报、动画等方式呈现节水方案，树立环保意识。

二、学情分析

四年级的学生通过日常生活和数学学习，已经掌握了基本的计量单位和计算方法，能够运用所学知识对用水量进行简单的统计和分析。通过数据收集和整理，学生能够直观感受到用水量的多少，增强节约用水的动力，同时也具备了一定的写作、绘画能力来表达对于环保的想法和感受。

学生已经历过多次丰富"量感"的实践活动。如一年级时，利用"身体上的尺"对生活中的物体进行测量，并会用表格记录数据；二年级时，和劳技学科联动制作了创意天平，亲历比较物体轻重的过程；三年级时，结合《年、月、日》的教学内容，通过查阅资料获取相关知识，和美术学科联动完成了一次绘制日历活动。

学生虽然已经在各个学科中积累了一定的基础知识和学习经历，但要将这些知识有机地结合起来，形成对"环保"这一主题的全面理解，对他们来说仍是一个不小的挑战。此次学习活动需要进行调查、数据收集和分析、设计方案等实践环节，这对于四年级的学生来说可能存在一定的难度，需要在老师的指导下完成。

三、学习目标

（1）能准确理解并运用水量的计量单位，能对实际用水量进行正确计量。通过观察、调查等方式收集有关用水量的数据，并进行记录整理。

（2）通过分析调查表中的数据，了解其中蕴含的信息，在研究过程中发挥创新思维，提出有效的节约用水措施，体会运用数据进行表达与交流的作用。

（3）能积极参与活动，主动探索、发现问题并寻求解决方案，在探究过程中增强环保意识，形成节约资源的良好习惯，增强社会责任感。

四、任务规划

（一）问题及任务框架

问题及任务框架如图1所示。

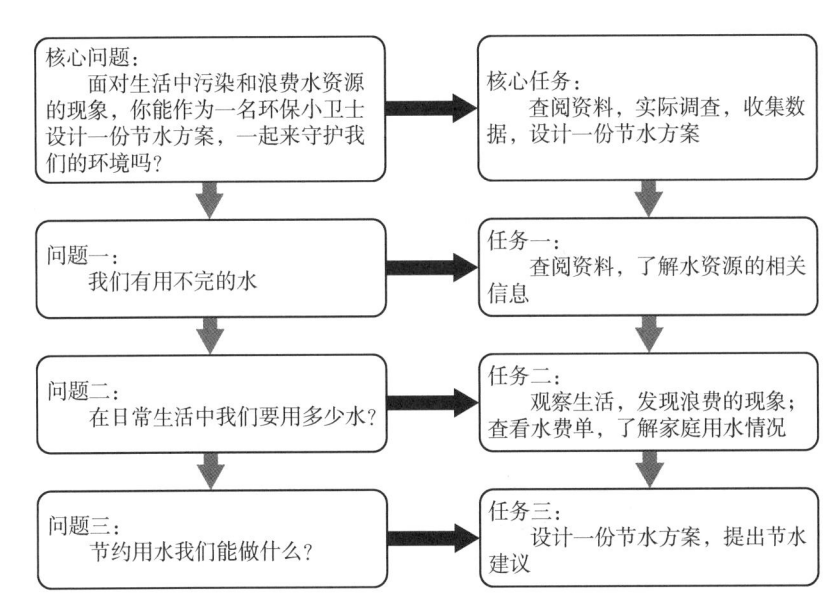

```
┌─────────────────┐          ┌─────────────────┐
│ 核心问题:        │          │ 核心任务:        │
│  面对生活中污染  │─────────▶│  查阅资料,实际   │
│ 和浪费水资源的   │          │ 调查,收集数据,   │
│ 现象,你能作为    │          │ 设计一份节水方案 │
│ 一名环保小卫士   │          └─────────────────┘
│ 设计一份节水方案,│                  │
│ 一起来守护我们   │                  │
│ 的环境吗?        │                  │
└─────────────────┘                  │
         │                           ▼
         ▼                  ┌─────────────────┐
┌─────────────────┐          │ 任务一:          │
│ 问题一:          │─────────▶│  查阅资料,了解   │
│  我们有用不完的水│          │ 水资源的相关信息 │
└─────────────────┘          └─────────────────┘
         │                           │
         ▼                           ▼
┌─────────────────┐          ┌─────────────────┐
│ 问题二:          │          │ 任务二:          │
│  在日常生活中我们│─────────▶│  观察生活,发现   │
│ 要用多少水?      │          │ 浪费的现象;查看  │
└─────────────────┘          │ 水费单,了解家庭  │
         │                  │ 用水情况         │
         │                  └─────────────────┘
         ▼                           │
┌─────────────────┐                  ▼
│ 问题三:          │          ┌─────────────────┐
│  节约用水我们能  │─────────▶│ 任务三:          │
│ 做什么?          │          │  设计一份节水方案│
└─────────────────┘          │ ,提出节水建议    │
                             └─────────────────┘
```

图 1　问题及任务框架

(二) 任务学习规划

任务学习规划如图 2 所示。

五、学习过程

(一) 学习导入

通过阅读材料、观看视频,让学生了解水资源对人类生活和社会发展的重要性,提出想法和见解,激发社会责任感。

1. 阅读材料

教师提供《关于中国水资源现状,这些你知道吗?》。

2. 观看视频

教师播放《中国水资源真相》。

3. 思考交流

教师提问:"我们有用不完的水吗?""小学生能怎样珍惜水资源,成

学习方式	学习过程	课时
查阅资料：信息收集与处理	1. 引入：结合四年级上册"数与量"单元，出示水资源相关数据，聚焦水资源浪费现象	2
	2. 感知：观看视频，查阅资料，了解水资源的相关信息，意识到水资源的宝贵	
	3. 表达：整理信息，表格记录，小组交流	
实证研究：调查、观察、记录真实数据	1. 调查：观察生活，了解生活中水的用途	2
	2. 记录：查看家庭水费单，记录用水量，分析用水量数据，并思考如何改进	
成果展示：设计节水方案，做环保宣传	1. 成果：以绘画、海报、动画等方式，呈现一份节水方案	2
	2. 宣传：在班级、校园、社区中，宣传节水知识，分享节水技巧	

任务一：查阅资料，了解水资源的相关信息

任务二：观察生活，发现浪费的现象；查看水费单，了解家庭用水情况

任务三：设计一份节水方案，提出节水建议

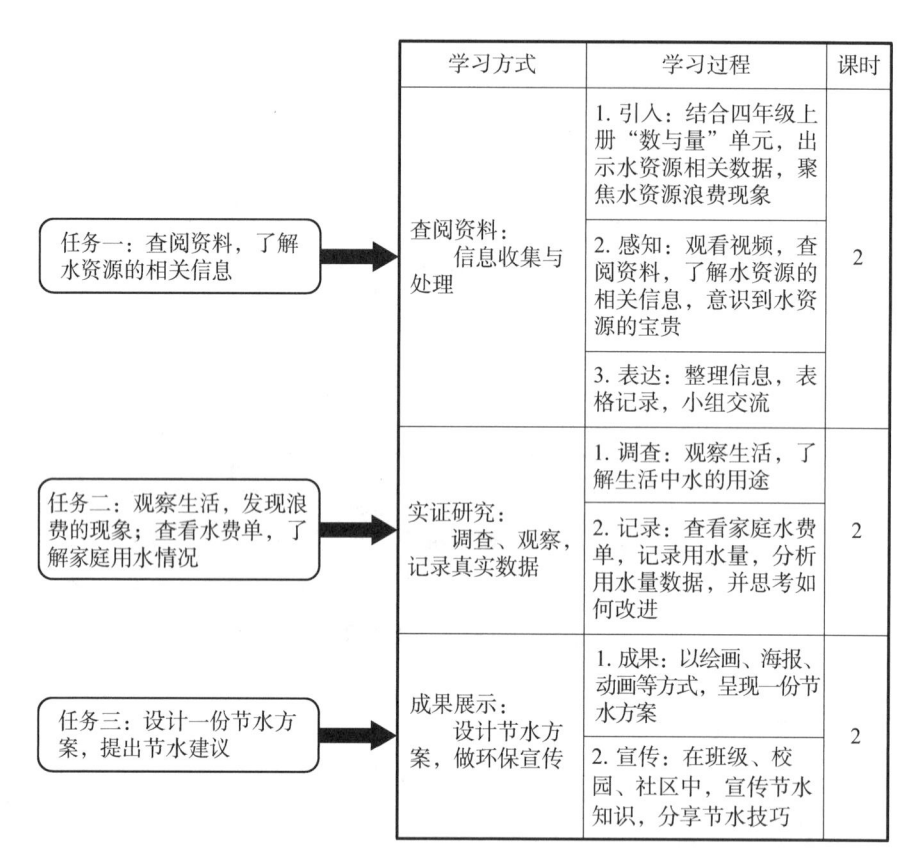

图2 任务学习规划

为环保小卫士呢？"

（二）任务一：查阅资料，了解水资源的相关信息

在本项任务中，学生通过组建学习小组、任务分配开展调查，以资料查阅为主要方式，了解水资源的相关知识，识别当前中国水资源面临的主要问题，整理并记录有用信息。

1. 活动一：查阅资料

（1）利用图书馆、网络等资源查找关于水资源现状的信息。

（2）将结果进行整理、分析，完成水资源调查表（见表1）。

表 1　水资源调查表

常见的水有哪些？
水的用途有哪些？
生活中有哪些浪费水、污染水的情况？
没有水会怎样？
怎样做可以节约用水？

2. 活动二：交流体会

运用活动一获取的相关信息，组织学生进行小组讨论交流，分享对水资源现状的看法和感想。

（三）任务二：观察生活，发现浪费现象；查看水费单，了解家庭用水情况

本任务中，学生通过小组合作展开调查、观察、记录等，了解生活中的用水情况，对数据进行整理描述、分析原因。

1. 活动一：实地观察

（1）观察校园，家庭，社区的用水情况，寻找浪费现象。可提供"浪费水资源观察表"和"家庭用水情况调查表"（见表 2 和表 3），供学生参考。

表2 浪费水资源观察表

观察人：_____

观察日期		观察地点	
现象描述	估一估浪费水量（升）		建议改进措施

表3 家庭用水情况调查表

一、基本信息
家庭成员数量：_____人
二、日常用水情况
1. 洗澡/淋浴
平均每次用水量（大约）：_____升
平均每人每周洗澡/淋浴次数：_____次
2. 洗手
平均每次用水量（大约）：_____升
平均每人每天洗手次数：_____次
3. 刷牙
平均每次用水量（大约）：_____升
平均每人每天刷牙次数：_____次
4. 洗碗
是否使用洗碗机：□是　□否
若手洗，平均每次用水量（大约）：_____升
5. 洗衣服
平均每次洗衣服用水量（大约）：_____升
平均每周洗衣服次数：_____次
6. 厕所冲水
平均每次冲水量（大约）：_____升
平均每人每天冲水次数：_____次
7. 其他用水情况
例如：浇花、清洁地面等
平均每天其他用水量（大约）：_____升
三、建议与意见
你认为你的家庭在哪些方面可以进一步节约用水？

（2）汇总收集到的信息，以小组为单位展开交流。

2. 活动二：数据感知

（1）数据收集。查看家庭水费单，收集一段时间内的用水数据，利用表格、图表等形式整理并展示数据。比如，填写"用水量知多少"统计表（见表4）。

表4 "用水量知多少"统计表

日期	表上读数	用水量（吨）
合计		

（2）计算推理。对用水量建立概念。1吨水相当于多少瓶矿泉水？桶装水？10吨水有多少？

3. 组内交流，分享发现。

（四）任务三：设计一份节水方案，提出节水建议

在本项任务中，学生要将活动过程中的阶段成果整理成图文，绘制成一份节水方案并进行展示。

1. 活动一：设计方案

（1）教师指导。指导了解什么是节水方案。结合之前的资料收集，指导学生分析当前用水情况，找出浪费水资源的环节和原因，提出比较有针对性的节水建议。指导学生利用绘画、海报等方式设计一份节水方案，包括发现的现象、浪费的情况、节水措施和建议、宣传标语等部分。

（2）方案设计。学生小组合作，整合信息并进行图文编排，完成节水方案。

（3）交流汇报。组织学生展示节水方案，分享节水理念和实施经验。组织学生进行节水方案的互评，指出优点和不足，提出改进意见。学生根据反馈，对节水方案进行修改和完善。

2. 活动二：宣传展示

（1）利用学校公众号、学校大厅等途径进行展示。

（2）组织学生在班级、校园、社区中，宣传节水知识，分享节水技巧。

六、学习评价

"环保小卫士"跨学科主题学习活动评价表见表5。

表5 "环保小卫士"跨学科主题学习活动评价表

评价类型	内容	评价指标	评价星级
过程性评价	水资源知识知多少	1. 能利用网络、书籍查阅相关资料	☆☆☆
		2. 能对信息进行整理、记录	☆☆☆
		3. 准确认识节约用水的重要性	☆☆☆
	用水情况我知道	1. 能正确进行用水量的统计和计算	☆☆☆
		2. 能认真记录数据并分析	☆☆☆
		3. 能与同伴交流想法	☆☆☆
	节水方案我设计	1. 能根据家庭用水情况提出有效节水措施，并加以实施	☆☆☆
		2. 能借助绘画等多元的方式进行创意设计	☆☆☆
		3. 能积极参与成果展示，环保宣讲	☆☆☆

七、学习需求和相关资源

（一）学习需求

本学习活动需要借助电子设备进行资料的搜索查阅，利用信息技术呈现数据。学生需要学习如何计算水的使用量，包括日常生活中用水量的估算和统计。学生需要得到采访提纲、设计方案等方面的指导。学生需要走进社会，接触不同的人群，从而实现对校园外的环保宣传。

（二）学习资源

（1）《中国水资源》（https：//baike.baidu.com/item/中国水资源/4326130?fr=ge_ala）。

（2）《中国水资源现状调查报告》（https：//mp.weixin.qq.com/s?__biz=MzIxNTM2MzMwNA==&mid=2247486885&idx=2&sn=2ca7e0d9350eef8593879dfc7a2ba844&chksm=97983622a0efbf34719823907f92dbb45d61b7a6aba4eca7221cf88b45345181beb81b1cc936&scene=27）。

（3）《中国水资源真相》（https：//www.huxiu.com/article/771503.html）。

抵制核污水，我们在行动
——五年级数学学科跨学科主题学习设计

上海市浦东新区傅雷小学　王佳丽　金　丹

一、主题背景

"统计与概率"是小学阶段数学学习的重要领域之一，也是学生形成"数据意识"的主要途径。数学二年级上、三年级下、四年级下、五年级下都涉及"统计"知识，螺旋式的编排让学生系统经历"数据收集""数据整理""数据呈现""数据分析"等过程。《义务教育数学课程标准（2022年版）》指出，第三学段的学生能根据问题的需要，从报纸、杂志、电视、互联网等媒体上获取数据，能把数据整理成条形统计图、折线统计图等，会解释统计图表达的意义，能根据结果作出简单的判断和预测。

2023年8月22日，日本政府举行相关阁僚会议后宣布，将从8月24日启动福岛核污染水排海，决定要把130万吨左右的核污染水以每天540吨左右的速度排放到海洋里。消息一出，社会各界一片哗然，各种言论不绝于耳,在学生群体中也引发了广泛的讨论。学生作为社会中的特殊群体,需要从小树立正确的价值观念,也应该对这一事件有所认识、思考,并形成价值判断。

基于五年级数学的学习要求,结合当下的时政背景,我们以"抵制核污水,我们在行动"为主题设计跨学科主题学习。要求学生设计调查问卷,通过收集和整理相关信息得到核污水排海危害的相关证据,用不同的方式呈现数据,证明抵制行动的价值所在,并能对此事的后续影响进行预测。

在实际解决问题时,还需关联信息、语文、道德与法治等其他学科。利用信息技术,从网络、媒体等途径检索核污水排海相关信息;运用多种阅读方法,了解核污水排海事件,用书面语言表达自己的见闻、观点,形成报告;通过道德与法治学习,树立保护环境意识,坚定自己的政治立场。

二、学情分析

五年级的学生经过前面阶段的数学学习,已经具备的"统计与概率"方面的能力有:收集、整理具体实例中的数据,并用合适的方式描述数据,分析与表达数据中蕴含的信息;能用条形图、折线图合理呈现数据,说明数据的现实意义。

学生也经历过多次需运用数据统计的项目化活动。如二年级时,对天气情况进行过统计,和自然学科联动绘制了"晴雨表";三年级时,对交通工具进行过统计,和劳技学科联动创意制作了"未来车";四年级时,对校园景点"赏樱亭"进行了墙面、地面的测绘、测算,结合美术学科,经历过"改造赏樱亭"的大项目。

这些知识能力与跨学科的学习经历，都为开展本次学习活动打下了基础。但是，此次学习活动所需统计的数据相较之前来说更为复杂且庞大，这对科学的数据分析、整理带来很大挑战，这需要本位学科给予及时、必要的指导。另外，关于核污水事件的信息报道及信息数据来源渠道纷繁复杂，从什么渠道搜集信息以及如何甄别事件及数据的真实性等问题，对学生的信息素养及批判性思维提出更高要求，需要信息学科给予支持。本次跨学科主题学习活动，最终需要学生用书面形式形成调查报告，并能够在一定范围的公开场合（如班级、家庭、社区等）表达自己的见闻、观点，这就需要和语文及道德与法治学科进行密切联动。

三、学习目标

（1）能根据实际问题的需要，通过查阅资料、问卷调查、实地走访、市场监测等形式进行数据收集、整理和分析，能合理述说数据分析的结论，并进行预测，发展数据意识，客观了解核污水排海事件。

（2）有意识地用信息技术检索事件信息、辅助绘制统计图表；正确、规范运用语言文字，用具体明确、文从字顺的书面语言表达对此事件的判断和想法，发出保护海洋、保护地球的呼吁。

（3）在采访、调查、展示等合作探究活动中增强团队凝聚力；关心国际、国内大事，从小树立环保意识，增强社会责任感。

四、任务规划

（一）问题及任务框架

问题及任务框架如图 1 所示。

```
核心问题：                          核心任务：
  日本核污水排海将带来生态灾        采集数据、形成报告、发出呼
难，严重影响人们生活，我们可以    吁，抵制核污水排海
如何抵制核污水排海？

问题一：                            任务一：
  我们为什么要抵制核污水排海？      收集、处理信息，了解核污水排
                                    海事件

问题二：                            任务二：
  核污水排海事件已对人们日常        采访、采集数据，绘制统计图，
生活产生了哪些影响？还可能产生    证实核污水排海事件对生活的影响
哪些影响？

问题三：                            任务三：
  小学生如何基于实证呼吁社会        撰写研究报告，发出呼吁
重视核污水排海的危害？
```

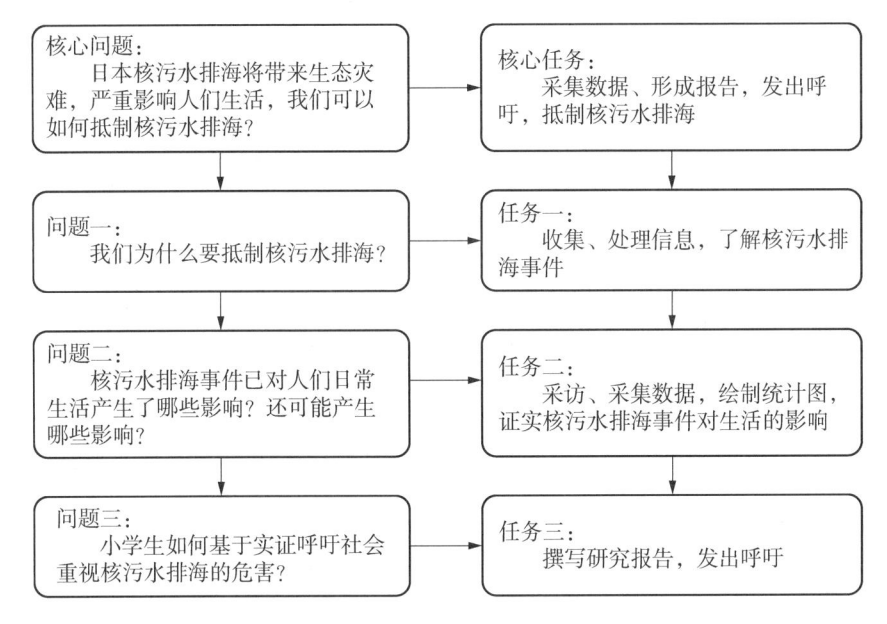

图 1 问题及任务框架

(二) 任务学习规划

任务学习规划如图 2 所示。

五、学习过程

(一) 学习导入

通过提供视频与材料，让学生初步了解日本核污水排海事件，树立正确立场，初步建立"事件与我"的联系，激发学生的社会责任感。

1. 观看视频

教师播放外交部发言人就日本核污水排海事件表明态度与强烈谴责的视频。

2. 阅读材料

教师指导学生阅读《一文梳理！日本强推核污染水排海事件始末》

	学习方式	学习过程	课时
任务一：收集、处理信息，了解核污水排海事件	资料查阅：信息收集与处理	1. 简述：了解日本核污水排海事件 从网络、报刊等途径搜索事件，筛选出真实、可靠、有用的内容，简述事件过程	2
		2. 数据感知：读懂核污水排放量与时间测算数据、放射性物质随洋流扩散时间测算数据、沿海核辐射环境监测数据	
		3. 表达：用导因的形式阐释对"核污水排海危害"的初步认识	
任务二：采访、采集数据，绘制统计图，证实核污水排海事件对生活的影响	实证研究：通过采访、问卷、观察等形式得到相关"影响"证据	采访：访谈一些可能被此事波及的人员(如日料店、海鲜店老板)，了解他们经营现状与感受	3
		问卷：通过小组个性化问卷、年级组统一问卷调查核污水事件对人们日常生活带来的影响	
		监测：定时定点定品种收集市场鱼价(淡水鱼、海鱼)，监测变化情况；利用相关平台，监测今年与往年的渔价变化	
任务三：撰写研究报告，发出呼吁	成果展示：将相关材料、证据整理成图文形式，对外展示	报告呈现：形成阶段性报告、总报告、宣传大海报等	3
		宣传呼吁：将相关研究成果对外展示，呼吁社会重视"核污水排海"的危害	

图 2 任务学习规划

（来自"学习强国"App）。

3. 思考与交流

面对日本核污水排海事件，我们小学生能做些什么？

（二）任务一：收集、处理信息，了解核污水排海事件

本任务中，学生将进一步理解问题情境，在对话和思考中厘清任务，通过组建学习小组，分配任务开展调研，以资料查阅为主要方式，了解核污水排海事件，搜集此事件所涉及的相关数据，用导图的形式阐释对"核污水排海危害"的初步认识。

1. 活动一：信息甄别

（1）词条检索。以"核污水""日本核污水排放"等为词条进行检索，梳理提炼各方信息，筛选出有价值的信息加深对问题情境的理解。可提供"日本核污水排海"事件词条检索表（见表1），供学生参考。

表1 "日本核污水排海"事件词条检索表

序号	词条内容	检索结果
1	核污水是什么？	
2	核污水有什么危害？	
3	日本为什么要将核污水排放入大海？	
4	日本民众对此事持什么态度？	
5	各国对此事持什么态度？	
6	其他国家都是如何处理核污水的？	
……	……	

（2）信息交流。组间简述检索结果，将结果进行比对甄别，确保结果的真实性。

2. 活动二：数据感知

（1）计算推理。对核污水排放量建立概念，如 1 吨水有多少？130 万吨水是什么概念？

（2）观看动画。观看氚的扩散过程，感受福岛核污水离我们有多远。

（3）知识科普。了解核辐射数值的安全范围，能查询并会判断某城市核辐射环境监测数值是否处在安全范围。

3. 活动三：阐释"危害"

运用活动一和活动二的相关材料，采用图文结合的方式绘制思维导图。文字内容可包含"核污水"相关知识科普、"核污水"对海洋及人类的危害、个人感受等；图片内容可包含海洋生物插图、核电站插图等。

（三）任务二：采访、采集数据，绘制统计图，证实核污水排海事件对生活的影响

本任务中，学生小组合作通过采访、问卷、观察等学习方式，得到核污水排海的相关"影响"证据，学着对这些证据进行整理描述、分析与预测。

1. 活动一：采访

（1）讨论与交流。哪些行业的从业者可能受此事件波及？

（2）提纲采访设计。指导学生设计采访提纲，可提供采访记录单（见图3），供学生参考。

（3）开展采访，并分享交流。

2. 活动二：问卷调查

（1）思考与讨论。从哪些方面开展调查？如何表述问题才能让人容易理解？各问题间如何排序？向哪些人群发放问卷？通过哪些途径发放问卷？

采访记录单

被采访者：_____
性别：□男 □女 年龄：_____ 职业：_____

序号	问题	回答（简要说明）
1		
2		
3		
4		
5		

被采访者心情：

采访者：_____

日期：_____

图 3　采访记录单

（2）设计调查问卷表。"核污水排海对人们生活影响的小调查"样例如图 4 所示。

核污水排海对人们生活影响的小调查

1. 日本排放核污水后，您家里是否囤积了以下食品或用品？（如答案有多个，请从多到少排序）

□无囤积　□盐　□海鲜　□检测仪　□其他

2. 如果之前您有计划去沿海城市旅游，会不会因为此次核污水事件而改变行程？

□会　□不会　□不确定

3. 近阶段核污水事件会不会影响你去日料店就餐？

□会　□不会　□不确定

4. 你认为核污水事件对你目前生活产生了哪些影响？

图 4　核污水排海对人们生活影响的小调查样例

(3)发放、回收问卷。

(4)统计结果，撰写数据分析报告（见图5）。

我的数据分析报告

姓名_____

结合数据统计结果与新闻报道等内容：(1)对相关数据进行分析。(2)预测核污水排放事件今后的影响趋势。(3)谈一点自己的体会感想。

_____

_____

_____

_____

_____

图5 数据分析报告模板

3. 活动三：市场鱼价监测

(1)实地监测。定时定点定品种收集市场鱼价（淡水鱼、海鱼），监测变化情况，完成记录表（见表2）。

表2 市场鱼价变化记录表

记录人：

监测地点		
淡水鱼种类		
海鱼种类		
时间	淡水鱼价格/（元/500 g）	海鱼价格/（元/500 g）

续表

时间	淡水鱼价格/（元/500 g）	海鱼价格/（元/500 g）

（2）平台监测。利用上海市农业农村委员会平台，监测今年相较往年的渔价变化，记录数据并绘制统计图，分析价格变化。可提供海产品月均价记录表（见表3），供学生参考。

表3　　　　　年淡水产品和海产品月均价（元/公斤）

分类	1月	2月	3月	4月	5月	6月	7月	8月	9月	10月	11月	12月
淡水产品												
海产品												

（四）任务三：撰写研究报告，发出呼吁

本任务中，要将研究过程中的阶段性成果整理成研究报告，对外展示，呼吁社会重视核污水排海的危害。

1. 活动一：撰写报告

（1）教师提供写作指导，让学生了解什么是调查报告、调查报告有哪些特点，并提供撰写格式及样例。一份完整的调查报告应包括问题提出、研究方法、资料整理及研究结论。

（2）学生以小组为单位完成报告。

（3）分组讨论，提出修改意见并修改、完善报告。

2. 活动二：对外展示

通过公众号、学校大厅等，将相关研究成果对外展示，呼吁社会重视"核污水排海"的危害。此外，可将研究成果投递到社会相关组织，加强宣传。

六、学习评价

跨学科主题学习旨在培养跨学科素养，上位层面指创新、实践、社会责任感，下位层面有独立思考、合作交流、批判性思维等，因此设计评价表时从这两个角度思考。除了素养角度外，评价还应包含学生在各个阶段形成的成果与作品。最后，跨学科主题学习要突出学科本位，所以还需加入对于学科核心素养的评价。

"抵制核污水，我们在行动"跨学科主题学习各阶段成果作品评价表见表4。

表4 "抵制核污水，我们在行动"跨学科主题学习各阶段成果作品评价表

序号	名称	组间评价（描述性语言）	教师评价（描述性语言）
1	"核污水排海危害"思维导图		
2	访谈记录表		
3	问卷设计		
4	渔价观测表		
5	数据的描述与预测		
6	阶段性报告/研究报告		

"抵制核污水，我们在行动"跨学科主题学习评价表见表5。

表5　"抵制核污水，我们在行动"跨学科主题学习评价表

评价类型	评价指标		评价星级（1—3星）			
	一级指标	二级指标	个人评价	组内评价	教师评价	总评
过程性评价	独立思考	能通过自主学习解决一些问题				
	合作交流	能与同伴交流想法				
	批判性思维	能对信息进行甄别				
	一级指标	二级指标	个人评价	组内评价	教师评价	总评
终结性评价	创新指数	能提出新奇的想法和创意				
	实践指数	能参与整个学习过程				
	社会责任感	积极参与对外展示活动				
	一级指标	二级指标	教师评价			
学科素养	数据意识	完整经历数据收集、整理、呈现、分析等过程				
	语言运用	规范运用语言文字				
	艺术表现	通过艺术创造表达个人情感				
	信息意识	利用信息技术辅助学习				
努力方向						

七、学习需求和相关资源

(一) 学习需求

本学习活动需要借助电子设备进行资料的搜索查阅，利用信息技术呈现数据。学生需要踏入社会，接触不同的人群，从而实现对餐馆、海鲜市场的采访与调查。学生需要得到采访提纲、报告撰写等方面的指导。另外，本次活动如果有研究核污水的专业人士的支持就更好了。

(二) 学习资源

学习强国 App。

跟着课本去旅行，超强攻略我设计
——五年级数学跨学科主题学习设计

上海市浦东新区傅雷小学　金　丹

一、主题背景

沪教版数学教材五年级第二学期第六单元是总复习单元，在编排上，把全部的小学阶段学习的数学内容归并成"数与运算""方程与代数""图形与几何""统计初步"4个部分，在总复习中，要注意加强整理与复习的系统性，要使所学的知识结构形成纵横联系的知识体系，将基础知识与解决实际问题有机结合。

"旅行"的积极意义毋庸置疑，CCTV播出过一档《跟着书本去旅行》的纪录片，旨在让人们"读万卷书"的同时"行万里路"，这个纪录片深受各界好评。书本和视频能让学生初步了解文化，实地旅行能增强孩子感受与体验，要实现从了解到体验，这中间必然少不了计划与安排。

基于五年级复习单元的学习要求，我们以"跟着课本去旅行，超强攻略我设计"为主题开展跨学科主题学习。要求学生通过调查问卷遴选出感兴趣的十大景点，充分考虑交通、路线、住宿等因素合理安排出行时间、绘制旅游路线、预测旅行花费，通过小组自荐的方式，将攻略介绍给有需要的小伙伴们。

在实际解决问题时，还需关联语文、信息等其他学科。利用语文所学，充分激发学生对于了解相关景点的兴趣，初步筛选攻略景点；利用信息科技，从网络、App、媒体等途径了解景点，辅助攻略设计。

二、学情分析

五年级的孩子已经具备一定的数学应用意识，能用学过的知识和方法解决简单的实际问题，已初步发展实践能力。已经认识小数、分数、整数、负数，并能理解数所表示的意义；能选择合理简洁的运算策略解决问题；能正确指出空间物体的位置关系。

学生也经历过多次项目化活动。如二年级时，联合美术学科，绘制学校的平面图；三年级时，尝试合理规划自己的作息；四年级时，对学校赏樱亭改造进行费用预测。

这些知识能力与跨学科的学习经历，都为开展本次学习活动打下基础。但是本次学习活动更具综合性，需要对多个领域的学科知识进行融合运用，对学生的信息技术水平也提出了更高的要求。

三、学习目标

（1）能根据实际问题需要，通过查阅资料、开展调查、数据运算、规划时间、设计路线等活动发展应用意识。

（2）能系统回顾语文课本中的景点，激发兴趣；能依靠信息技术手段查找所需的信息，辅助攻略设计。

（3）在调查、设计过程中增强团队协作与交流能力，增强行动力，激发对祖国大好河山的热爱。

四、任务规划

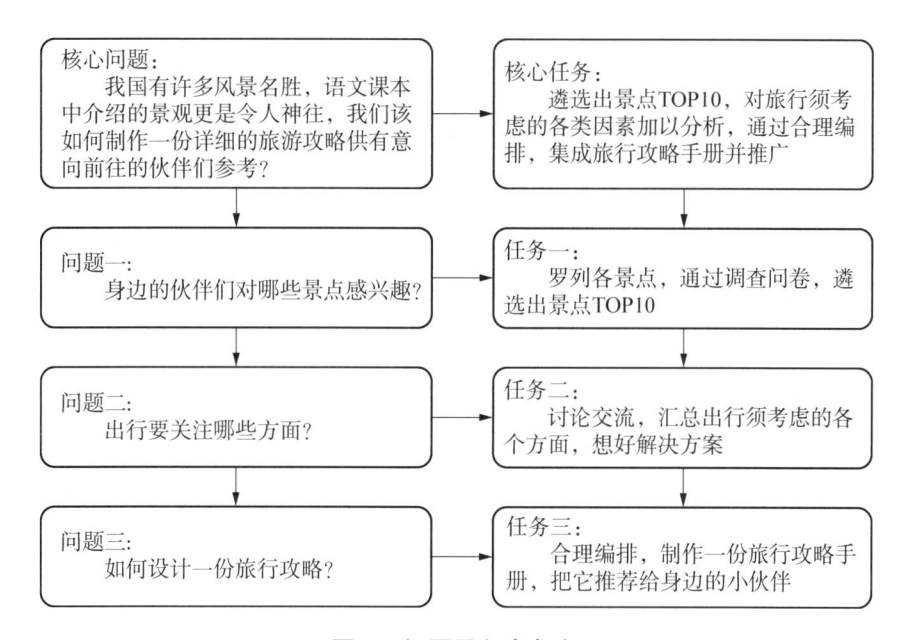

(一) 问题及任务框架

问题及任务框架如图 1 所示。

```
核心问题：                              核心任务：
  我国有许多风景名胜，语文课本          遴选出景点TOP10，对旅行须考
中介绍的景观更是令人神往，我们该  →    虑的各类因素加以分析，通过合理编
如何制作一份详细的旅游攻略供有意        排，集成旅行攻略手册并推广
向前往的伙伴们参考？

问题一：                                任务一：
  身边的伙伴们对哪些景点感兴趣？  →      罗列各景点，通过调查问卷，遴
                                        选出景点TOP10

问题二：                                任务二：
  出行要关注哪些方面？            →      讨论交流，汇总出行须考虑的各
                                        个方面，想好解决方案

问题三：                                任务三：
  如何设计一份旅行攻略？          →      合理编排，制作一份旅行攻略手
                                        册，把它推荐给身边的小伙伴
```

图 1　问题及任务框架

(二) 任务学习规划

任务学习规划如图 2 所示。

五、学习过程

(一) 学习导入

通过阅读课本、参加活动、观看视频等方式，激发学生对祖国大好

学习方式	学习过程	课时
任务一：罗列各景点，通过调查问卷，遴选出景点TOP10 → 调查问卷：信息收集与处理	梳理：通过网络等便捷途径搜索语文课本所涉及的景点	2
	调查：通过采访、问卷等方式，了解学生感兴趣的景点，挑选10个制作攻略	
任务二：讨论交流，汇总出行须考虑的各个方面，想好解决方案 → 讨论分析：从出行须考虑的各个方面出发，想好解决方案	提问：旅游出行要关注哪些问题	3
	分析：如何获取相关旅游资讯	
	解决：如何进行统筹安排	
任务三：合理编排，制作一份旅行攻略手册，把它推荐给身边的小伙伴 → 成果展示：设计手册，将其推荐给小伙伴们	设计：设计旅游攻略手册	3
	推荐：将手册推荐给身边的小伙伴	

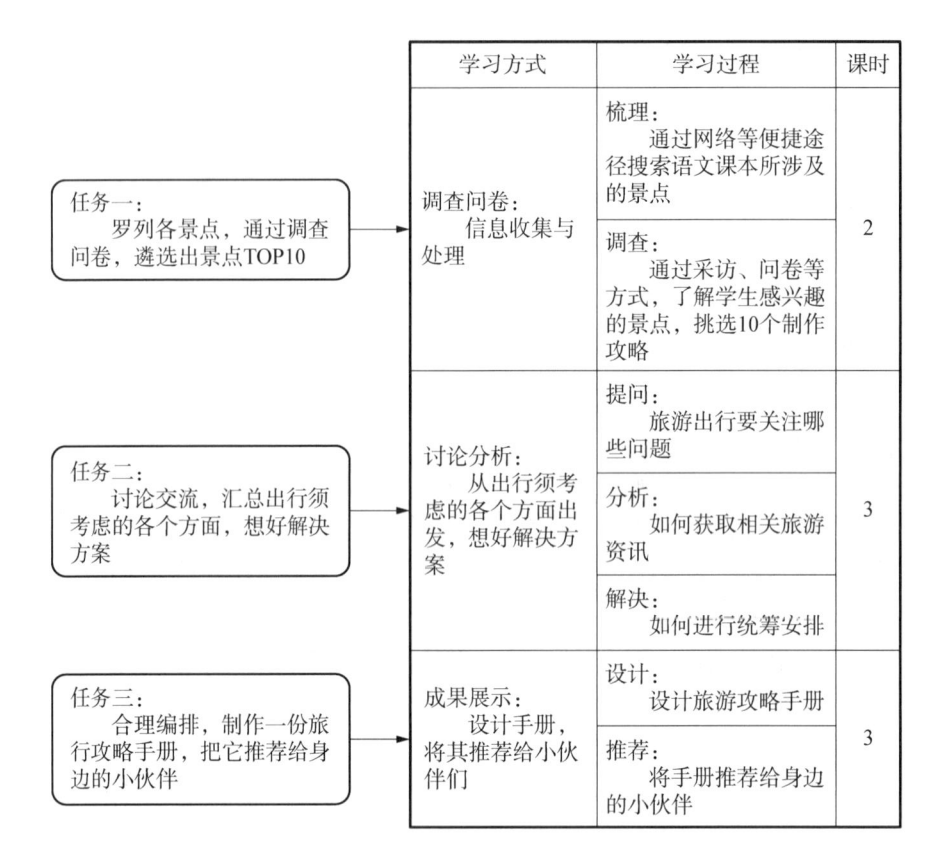

图 2　任务学习规划

河山的热爱，增强学习意愿。

1. 参加活动

参加学校《走遍中国》阅读节分享会。

2. 观看视频

观看 CCTV《跟着书本去旅行》纪录片。

（二）任务一：罗列各景点，通过调查问卷，遴选出景点 **TOP10**

在本任务中，学生需要梳理小学阶段课本中出现的景点，通过采访、问卷等方式，挑选同伴最感兴趣的 10 个景点。

1. 活动一：景点梳理

小组合作，用喜欢的方式全面梳理语文课本中介绍的景点。可提供语文课本中介绍的景点梳理表（见表1），供学生参考。

表1　语文课本中介绍的景点梳理表

序号	景点名称	所属省级行政区	相关课文
1	天安门	北京	《我多想去看看》
2			
3			

2. 活动二：调查

（1）采访调查。引导学生根据采访提纲（见表2）互相调查，并收集整理。

表2　采访提纲

序号	问题
1	外出旅行，你有尝试过自己计划安排吗？
2	如果需要自己做计划安排，你会考虑哪些影响出行的因素？
3	语文课本中出现了很多景点，你最感兴趣的是哪里？理由是什么？

（2）根据采访调查的结果把景点受欢迎度从高到低进行排序，挑选10个景点制作攻略。

（三）任务二：讨论交流，汇总出行须考虑的各个方面，想好解决方案

1. 活动一：思考旅游出行要关注哪些方面

小组反馈受访者比较关注的方面，通过组内交流确定攻略所要呈现的主要信息。可提供旅游出行思维导图（见图3），供学生参考。

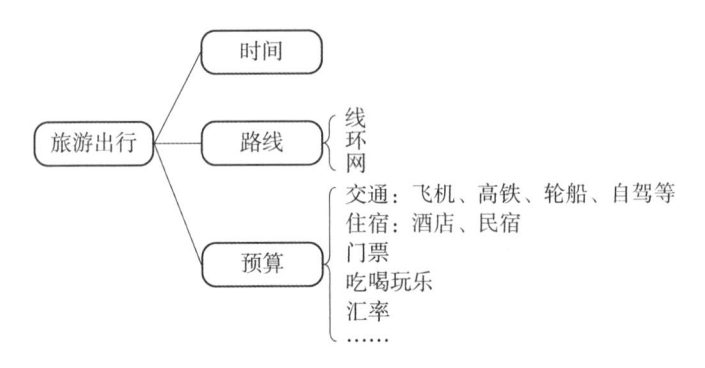

```
                ┌─── 时间
                │
                │         ┌ 线
  旅游出行 ─────┼─── 路线 ┤ 环
                │         └ 网
                │
                │         ┌ 交通：飞机、高铁、轮船、自驾等
                │         │ 住宿：酒店、民宿
                └─── 预算 ┤ 门票
                          │ 吃喝玩乐
                          │ 汇率
                          └ ……
```

图3　旅游出行思维导图

2. 活动二：获取相关旅游资讯

学生以小组为单位向家长、教师寻求帮助，了解该从哪些渠道获取资讯，并整理汇总，见表3。

表3　资讯获取渠道汇总表

序号	类别		资讯获取渠道
1	时间		网络搜索……
2	路线		电子地图……
3	预算	交通	航司……
		住宿	携程……
		门票	景点微信公众号……
		吃喝玩乐	大众点评……

3. 活动三：分类别统筹安排

在此活动中，学生需要确定最佳的出行时间，查看景点所在地地图，绘制行程图。选择合适的交通工具，确定好住宿点，了解门票价格，关注优惠政策，如果前往港澳，还需了解相关汇率，预测大致费用。可提供旅行统筹安排表（见表4），供学生参考。

表 4　旅行统筹安排表

日期	行程	气温	交通	住宿	门票	其他费用

行程图：

（四）任务三：合理编排，制作一份旅行攻略手册，把它推荐给身边的小伙伴

本任务中，学生将之前学习活动中的表格用更生动的形式进行呈现，从图文、排版等方面整体设计手册，设计完成后将攻略推荐给身边的小伙伴。

1. 活动一：设计旅行攻略手册

（1）撰写文字。指导学生思考"怎样写才吸引人？"

（2）决定手册风格。指导学生根据自己的喜好选择手册的风格，如色彩、边框设计等。

（3）排版。指导学生考虑手册内容的顺序，如按景点先后排版；之后进行图文排版，完成手册的制作。

2. 活动二：将手册推荐给身边的小伙伴

打印手册，分发给有需要的小伙伴，利用学校平台进行推荐，也可投放至网络。

六、学习评价

"跟着课本去旅行,超强攻略我设计"跨学科主题学习评价表见表5。

表5 "跟着课本去旅行,超强攻略我设计"跨学科主题学习评价表

评价类型	评价指标		评价星级(1—3星)			
	一级指标	二级指标	个人评价	组内评价	教师评价	总计
过程性评价	独立思考	能通过自主学习解决一些问题				
	合作交流	能与同伴交流想法				
	一级指标	二级指标	个人评价	组内评价	教师评价	总计
终结性评价	创新指数	提出新奇的想法和创意				
	实践指数	能参与整个学习过程				
	社会责任感	积极参与对外展示活动				
学习成果						
努力方向						

七、学习需求和相关资源

(一)学习需求

本学习活动需要借助电子设备进行资料的搜索查阅。

(二)学习资源

携程App、高德地图App、CCTV纪录片《跟着书本去旅行》。

为运动会选个好日子

——傅雷小学三年级自然学科跨学科主题学习设计

上海市浦东新区傅雷小学 张焱婷

一、主题背景

"地球系统"是《义务教育科学课程标准（2022年版）》"课程内容"部分的第10个核心概念，包括4个学习内容，即"天气和气候""水循环""岩石和土壤""地球内部圈层和地壳运动"。自然二年级上、三年级下、四年级上都有涉及"天气与气候"相关知识，让学生系统经历"感受""描述""制作""模拟播报""实地调查""撰写报告""分享交流"等过程。《义务教育科学课程标准（2022年版）》指出，三四年级的学生要学会使用仪器测量和记录气温、风力、风向、降水量等气象数据，并运用测量结果描述天气状况；能识别常用的天气符号，理解天气预报用语。教师要帮助学生发展天气和气候的相互关系等学科核心概念，进一步建构系统与模型跨学科大概念。

每年四月，草长莺飞，生机勃勃的春光里，所有师生期待的运动会如期而至，但春雨免不了会影响运动会，"为运动会挑个好日子"这个跨学科项目设计初衷便源于此。项目以"天气与气候"为主题，帮助学生掌握"某一地区的天气变化规律"，让学生都变成本地区的"气象员"。引导学生在学习课本知识的同时，也能关注天气变化，并对本地区一段时间内的天气进行观察、测量和记录，通过与其他成员的合作，一起分析、讨论和总结相关的天气数据，完成一次初步的气象预测报告，总结出本地区天气变化的规律，并将自己的学习成果进行展示。本活动需要多方面运用数学、美术、劳技、信息科技等学科的知识技能。例如上网查阅历年气象数据（信息技术）；运用简易数据模型计算相关概率（数学）；动手制作简单的气象观测工具，并利用数学统计知识进行长周期观测记录（劳技、数学）；完成一期中英双语气象节目的录制及播报（英语）；在观测期间，完成"观云图册"的绘制和编写（美术）。

二、学情分析

三年级的同学现阶段已经知道阴、晴、雨、雪、风等天气现象，并可以描述不同气候对人类活动及动植物的影响。可以利用测风仪、气温计、雨量筒等工具进行气象数据的简单观测及记录。从学生的生活经验来看，学生会通过云量的多少判断阴晴天气，通过听雨声、用手摸、看积水深度、雨花飞溅的程度来判断降雨的大小，通过切身体验或新闻知道降雨对人们出行会造成一定影响。但学生对雨量、云量的认识往往是并不科学的，对气象学上的雨量和云量的监测方法并不是很熟悉，关于降雨对生活的影响仅有感性认识，也存在一定局限性。《义务教育科学课程标准（2022年版）》中作出要求，希望学生们可以通过工具测量以及记录测量结果对气象数据形成科学规范的认识。

三、学习目标

（1）在分析天气信息数据时，学会运用统计图表对天气数据进行科学整理和分析，尝试使用计算机模型软件进行数据的处理。

（2）能够理解长期监测天气和记录天气现象的重要意义。

（3）能够在完成任务的过程中，乐于倾听他人意见，善于表达自己的想法，与同伴积极沟通，友好合作。

四、任务规划

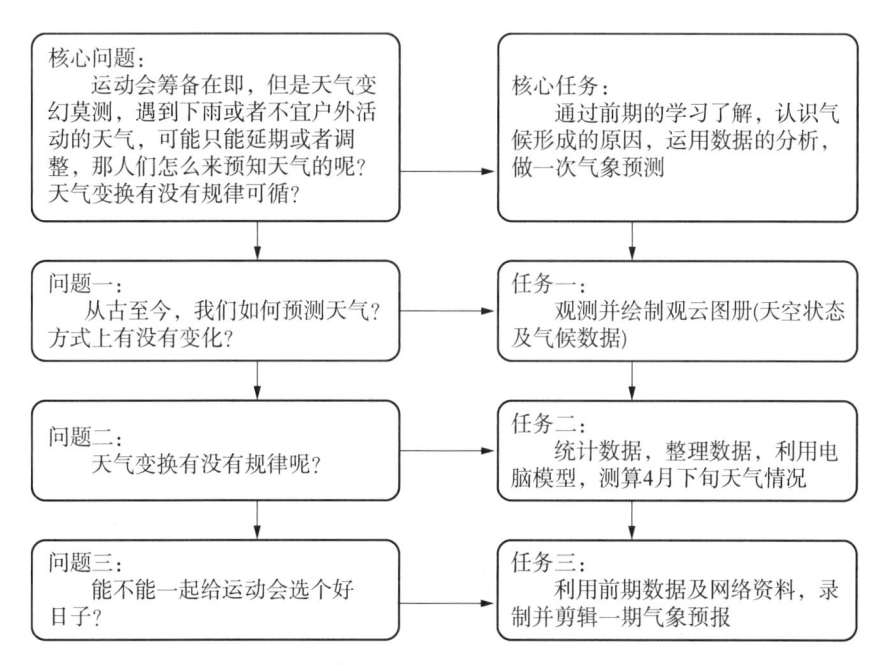

（一）问题及任务框架

问题及任务框架如图 1 所示。

```
核心问题：
    运动会筹备在即，但是天气变幻莫测，遇到下雨或者不宜户外活动的天气，可能只能延期或者调整，那人们怎么来预知天气的呢？天气变换有没有规律可循？
      ↓
问题一：
    从古至今，我们如何预测天气？方式上有没有变化？
      ↓
问题二：
    天气变换有没有规律呢？
      ↓
问题三：
    能不能一起给运动会选个好日子？

核心任务：
    通过前期的学习了解，认识气候形成的原因，运用数据的分析，做一次气象预测
      ↓
任务一：
    观测并绘制观云图册（天空状态及气候数据）
      ↓
任务二：
    统计数据，整理数据，利用电脑模型，测算4月下旬天气情况
      ↓
任务三：
    利用前期数据及网络资料，录制并剪辑一期气象预报
```

图 1　问题及任务框架

(二) 任务学习规划

任务学习规划如图2所示。

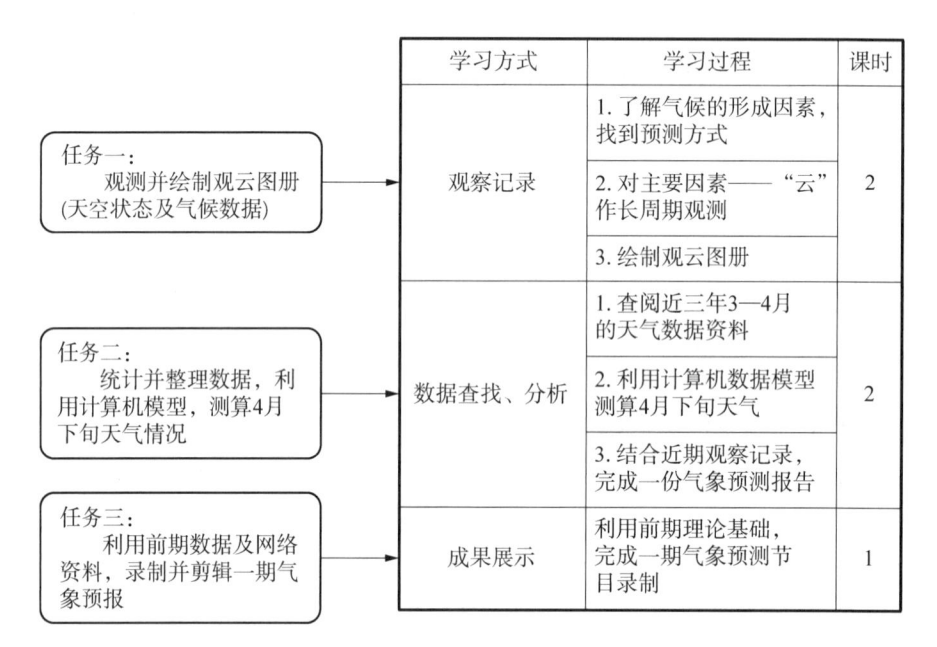

任务	学习方式	学习过程	课时
任务一：观测并绘制观云图册（天空状态及气候数据）	观察记录	1. 了解气候的形成因素，找到预测方式 2. 对主要因素——"云"作长周期观测 3. 绘制观云图册	2
任务二：统计并整理数据，利用计算机模型，测算4月下旬天气情况	数据查找、分析	1. 查阅近三年3—4月的天气数据资料 2. 利用计算机数据模型测算4月下旬天气 3. 结合近期观察记录，完成一份气象预测报告	2
任务三：利用前期数据及网络资料，录制并剪辑一期气象预报	成果展示	利用前期理论基础，完成一期气象预测节目录制	1

图2 任务学习规划

五、学习过程

(一) 学习导入

提前发布要举办运动会的信息，引发学生思考如何让运动会如期举行。

1. 复习引入

带领学生复习气候形成的原因。

2. 观察并记录

向学生介绍"云"图，使学生认识到"云"图对气象预测有至关重要的作用。

3. 思考与交流

教师提问："如何记录下这些数据，帮助我们做好预测工作。"引导学生思考。

(二) 任务一：观测并绘制观云图册（天空状态及气候数据）

本任务中，学生将组建学习小组，分配任务开展调研，以查阅资料、观察为主要方式，了解现代气象观测的手段，并对校园气象站数据作周期记录，结合实时气象数据，做好参数统计，找到气象规律，绘制观云图册，内页可参考图3。

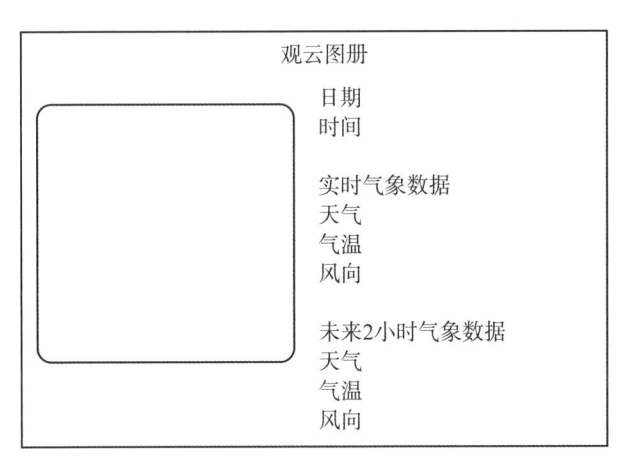

```
观云图册
         日期
         时间

         实时气象数据
         天气
         气温
         风向

         未来2小时气象数据
         天气
         气温
         风向
```

图3　观云图册内页参考

(三) 任务二：统计并整理数据，利用计算机模型，测算4月下旬天气情况

此任务中，学生利用前期记录下的周浦本地气象数据，并上网查询相关测算模型资料，参考上海气象局、中央气象台的数据后，在4月中旬完成下旬的天气预报，并提交运动会可行性及择期报告。

表1　气象数据统计表（周浦地区）

日期	最低气温	实时气温	最高气温	风力	风向	气压	湿度	天气情况	记录员

完成一份天气预报，首先需要依次收集在一定时间段里从地面到高空的气象数据，包括气温、气压、风向、风速、湿度等。这些可以根据老师课堂上的讲解，自行制作工具获取数据，并利用校内气象站完成数据采集。学生以小组为单位，制作一份气象预测报告，向学校建议运动会的举行日期。

（四）任务三：利用前期数据及网络资料，录制并剪辑一期气象预报

此任务是对所有调查、收集、预测工作的成果展示，气象小组成员制作一期气象预报，为即将到来的运动会预热。学生们在老师指导下，完成文字内容的编辑以及节目的录制，并在校内播放。

六、学习评价

跨学科主题学习旨在培养跨学科素养，上位层面指创新、实践、社会责任感，下位层面有独立思考、合作交流、批判性思维等，因此设计评价表时从这两个角度思考。除了素养角度外，评价还应包含学生在各个阶段形成的成果与作品。最后，跨学科主题学习要突出学科本位，所以还需加入对于学科核心素养的评价。评价中要采用多样化的方式，还需要教师了解学生的实际学习情况，让评价的过程能够贯穿在学生表现的始终。在本次跨学科主题学习活动过程中，教师对小组合作情况进行科学评价，发现小组在实验操作方面都有了很大的进步，在小组分工上也更加明确了。通过以小组为单位的展示活动，让学生进行互评，其他小组的学生可以对展示的学生提出一些意见和建议，让学生学会发表自己的观点，并能够耐心倾听他人的观点，让学生能够在评价中不断取得进步。

"为运动会选个好日子"跨学科主题学习活动评价表见表2。

表2 "为运动会选个好日子"跨学科主题学习活动评价表

评价维度	具体要求	达成情况
学习习惯	如实记录观测数据，养成观察习惯	☆☆☆
	分析观察到的现象和数据，能够得出规律性结论	☆☆☆
	小组交流合作，互帮互助，完成数据统计和归纳	☆☆☆
学业成果	完成观云图册记录任务	☆☆☆
	绘制半月内的气象数据统计图	☆☆☆
	共同录制并制作气象预报节目	☆☆☆

七、学习需求和相关资源

（一）学习需求

本学习活动需要借助电子设备进行资料的搜索查阅，利用信息技术呈现数据。需要持之以恒的耐心不间断地对气象气候信息进行采集，尝试利用画笔更直观地认识每天见到的云朵是变化的，但是气象是有规律的变化，一切预测都有所依，但并不是每一次的预测都是对的，学生可以学会反思，学会质疑，学会融会贯通。

（二）学习资源

（1）校园气象站数据。

（2）相关气象网站：

1）世界天气在线（www.worldweatheronline.com）。

2）中央气象台（www.nmc.cn）。

3）上海气象局（www.cma.gov.cn）。

Jobs in our school（爱在傅小，"职"因有你）

——五年级英语学科跨学科主题学习设计

上海市浦东新区傅雷小学　季诗怡

一、主题背景

沪教版牛津英语教材五年级上册中 My future（我的未来）单元属于"人与自我"主题语境范畴，涉及"生活与学习"主题群。学生在语境中不断感知、体验不同人的兴趣爱好，不同人的理想及理想工作。通过在语境中创设的各类语言活动，由浅入深地理解并尝试运用语言，让学生在语用体验中意识到树立职业理想的重要性和意义，体现育人价值。围绕 future 的话题，教师引导学生放眼未来，激发学生对自己理想职业的思考，并立足当下去了解更多职业相关的知识，探讨如何将这些知识更好地用于未来的学习和生活规划中。

通过学习沪教版小学牛津英语五年级 My future（我的未来）这一单元，学生在语境中不断感知、体验不同人的兴趣爱好，不同人的工作。通过在语境中创设的各类语言活动，由浅入深地理解并尝试运用语言，使学生对不同职业有了进一步的理解，感受到不同职业的不同特点，对职业有更广泛的认知和探索，引导学生更好地展望未来。

在学习过程中，我校五年级学生想了解我校教师和其他教职工的职业和一天的工作内容等信息。基于五年级英语的学习要求，我们以 Jobs in our school 为主题设计跨学科主题学习。希望学生通过课堂学习、小组合作、收集资料、采访调查等，学会将学习成果转化，小组合作制作一本英语书"Jobs in our school"。

在实际解决问题时，还需关联语文、美术、劳技等其他学科。语文学科中关于采访和采访报告书写的学习，有助于学生对我校师生和教职工的工作内容进行调查并撰写采访报告；美术学科中，通过封面设计、插画、排版的学习，有助于学生完成英语书的设计与美化；劳技学科中，通过合理剪裁和粘贴的学习，有助于学生完成英语书的制作。

二、学情分析

五年级学生经过前阶段的英语学习，已经掌握 doctor、nurse、teacher、student、police officer、firefighter、cooker、bus driver 等职业类词汇，能用核心句型 What does … do? He/She is … 询问和回答有关职业的问题。

学生也经历过以 job 为主题的项目化活动。如四年级学习 Jobs 单元时，学生通过小组合作绘制手抄报的形式在班级中介绍自己的梦想职业，通过录制微视频的方式在公众号展示自己的梦想职业。

这些知识能力与小组合作学习经历，都为开展本次学习活动打下了基础。但是，本次跨学科主题学习活动需要学生自己查阅我校教职工职业和工作内容的英语表达，进行小组合作采访和调查，最终还要将成果转换为一本自制英语书，并且能在班级中介绍交流。这就需要和语文、美术和劳技学科进行密切联动。

三、学习目标

（1）通过查找资料和思考，学生能用正确的词汇和短语来描述我校教职工的职业和一天的工作内容并完成一张思维导图，提高思维能力。

（2）通过小组合作调查、采访并撰写采访报告，提高学生整理、概括和整合信息，以及运用学科的核心知识解决生活中的实际问题的能力。

（3）通过小组合作讨论，学生能在跨学科主题学习中对比、提炼、总结关于职业的关键信息、主要内容、主题意义；能结合自身经历或调查结果形成自己的观点。

（4）通过小组合作制作英语书，提高学生团队协作和动手能力以及美育素养。

（5）通过小组合作分享成果，学生能看到平凡的职业中的不平凡，从而培养学生的社会责任感。

四、任务规划

（一）问题及任务框架

问题及任务框架如图 1 所示。

"学思行"理念下的小学跨学科主题学习实践探索

```
核心问题：                          核心任务：
  如何加深对不同职业的理解，体         调查我校教职工的职业和一天的
会平凡生活中那些不平凡的职业？        工作内容，将调查结果制作成一本英
                                    语书

问题一：                            任务一：
  你知道在傅雷小学，有哪些不同的        查找资料，完成一张思维导图（包
职业？这些职业的工作内容是什么吗？   含职业、工作地点、工作内容等）

问题二：                            任务二：
  请小组合作调查，在傅雷小学，         小组合作调查我校教职工不同的
有哪些不同的职业？这些职业的工作    职业和这些职业的工作内容，并撰写
内容是什么？                        调查报告

问题三：                            任务三：
  你原先的思考和调查结果有哪些         小组合作讨论，在课堂上交流调
不同？从中你有什么思考和启发？       查结果及感受和想法

问题四：                            任务四：
  你能否将调查结果进行转化，           小组合作制作一本英语书
小组合作制作一本英语书？
```

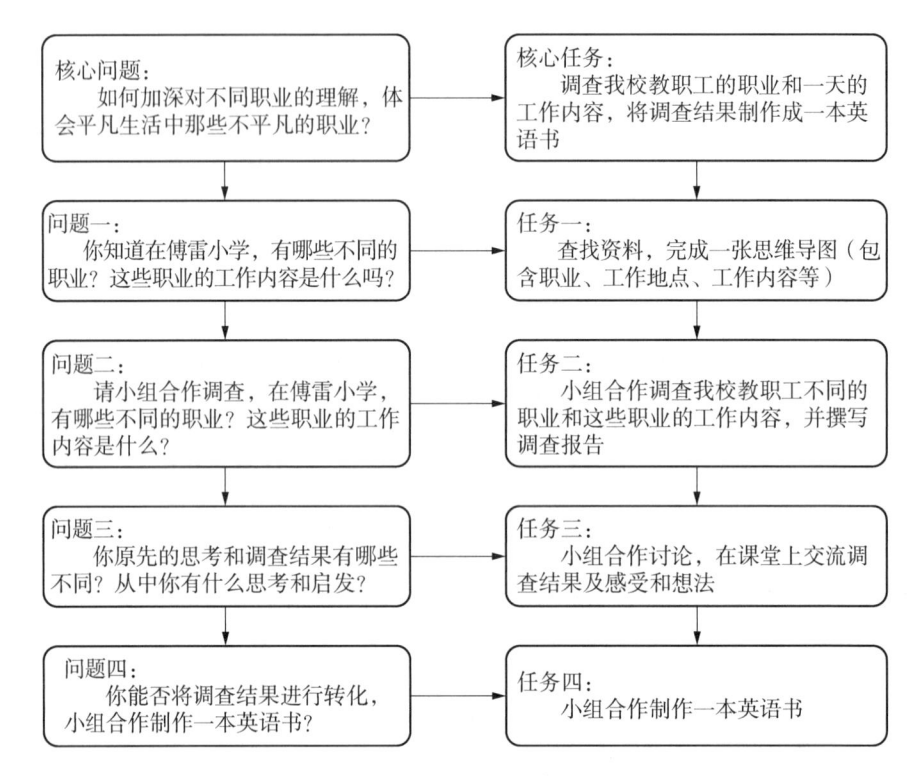

图1 问题及任务框架

（二）任务学习规划

任务学习规划如图2所示。

五、学习过程

（一）学习导入

通过观看图片和视频，让学生了解不同职业的不同特点，体会平凡生活中那些不平凡的工作，帮助小学生对职业有更广泛的认知和探索。

1. 观看视频

观看视频 Jobs in our life。

学习方式	学习过程	学时
自主探究	1. 调查：通过网络搜索、查字典、整理信息等方式，调查我校教职工职业、工作地点、工作内容并尝试用英语表达	1
	2. 表达：将自主探究结果用思维导图的形式呈现	
调查探究	1. 采访：通过小组合作调查的方式，采访我校教职工的职业、工作地点和一天的工作内容	2
	2. 表达：根据采访内容，撰写采访报告	
交流分享	1. 交流：通过小组合作讨论，在课堂上交流原先的想法和调查结果有何不同并阐述自己的思考和观点	1
	2. 分享：小组长上台分享交流成果	
成果展示	成果呈现：基于前期的采访调查结果，通过小组合作，制作一本英语书	1

任务一：查找资料，完成思维导图（包含职业、工作地点、工作内容等）

任务二：小组合作调查我校教职工不同职业的工作内容，并撰写调查报告

任务三：小组合作讨论，在课堂上交流调查结果及感受和想法

任务四：小组合作制作一本英语书

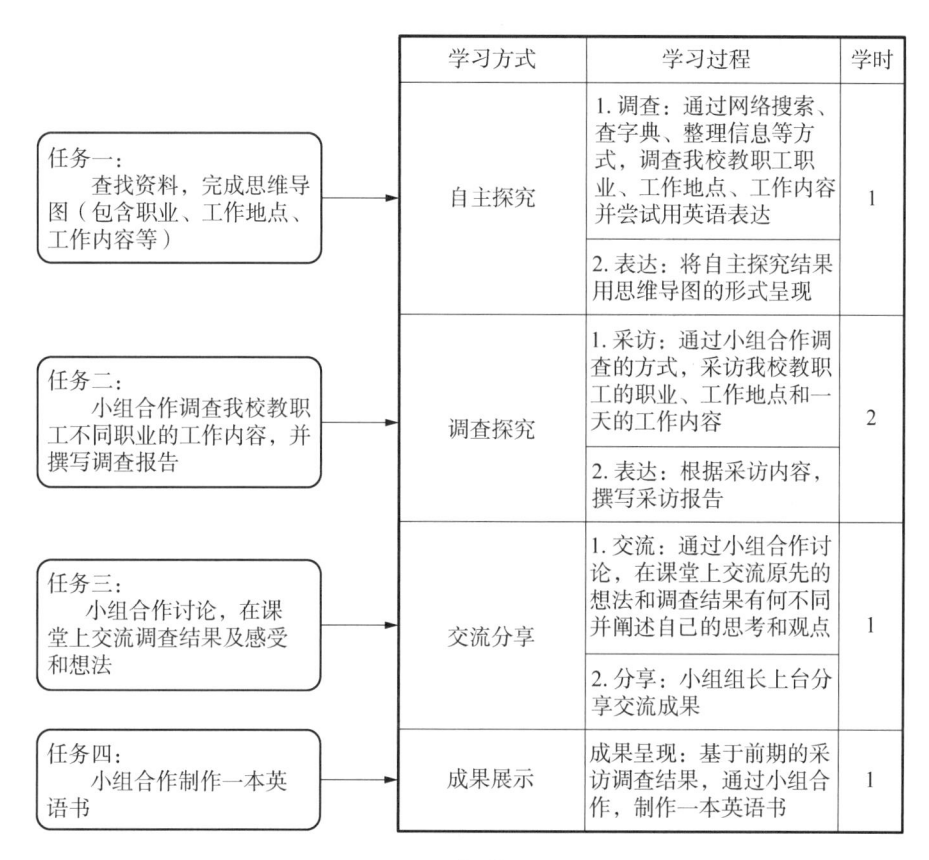

图 2　任务学习规划

2. 思考与交流

What jobs do you know in our life?

What jobs do you know in our school?

（二）任务一：查找资料，完成思维导图（包含职业、工作地点、工作内容等）

在本任务中，通过网络搜索、查字典、整理信息的方式，查询我校教职工职业、工作地点、工作内容的英语表达，以思维导图形式呈现研究成果。

1. 活动一：调查我校教职工职业、工作地点、工作内容等并用英语表达

查找资料，完成 Jobs in our school，见表1。

表1 Jobs in our school

Class：_____ Name：_____

1. Job：		2. Job：		3. Job：	
Workplace：	Activity：	Workplace：	Activity：	Workplace：	Activity：
My feelings：					

2. 活动二：制作思维导图

利用收集到的资料，完成思维导图制作。

（三）任务二：小组合作调查我校教职工不同的职业和工作内容，并撰写调查报告

在本任务中，5~6人为一小组，利用午休或课余时间，通过小组合作调查的方式，调查我校教职工的职业、工作地点和一天的工作内容，并撰写好采访报告。

1. 活动一：采访我校教职工

（1）分组。按5~6人一组将学生分组，并决定组长人选。

（2）设计采访问题。指导学生设计 Jobs in our school — Interview List（见表2）。

（3）采访。采访我校教职工，完成采访表格。

表 2 Jobs in our school

— Interview List

Interviewer: _____
Interviewee: _____

Question lists:	Answers
1.	
2.	
3.	
Tips: ☐ Listen carefully ☐ Be polite	☐ Be patient ☐ Record clearly
My feelings:	

2. 活动二：撰写采访报告

(1) 收集采访表格并整理汇总。

(2) 根据采访内容，撰写采访报告。

(四) 任务三：小组合作讨论，在课堂上交流调查结果及感受和想法

在本任务中，通过小组合作讨论，在课堂上交流原先的想法和调查结果的有何不同并阐述自己的思考和观点，组长上台进行 mini-talk

交流。

1. 活动一：小组合作讨论

（1）对比任务一查阅资料结果和实际采访调查结果。

（2）小组合作讨论，组长记录组内成员观点。

2. 活动二：在课堂上交流

组长整理汇总小组成员的观点，并在课堂上用 mini-talk 的形式与大家交流。

（五）任务四：小组合作制作一本英语书

在本任务中，基于前期的采访调查结果，通过小组合作，制作一本英语书。

活动一：讨论如何制作英语书

讨论英语书所需要包含的元素（封面、插图、文字、封底等）及英语书的设计。

活动二：小组合作制作英语书

以小组为单位完成英语书的制作，并通过学校微信公众号等途径，将成果对外展示。

六、学习评价

跨学科主题学习旨在培养跨学科素养，上位层面指创新、实践、社会责任感，下位层面有独立思考、合作交流、批判性思维等，因此设计评价表时从这两个角度思考。除了素养角度外，评价还应包含学生在各个阶段形成的成果与作品。最后，跨学科主题学习要突出学科本位，所以还需加入对于学科核心素养的评价。

Jobs in our school 跨学科主题学习活动分任务评价表见表 3。

表3 Jobs in our school 跨学科主题学习活动分任务评价表

评价项目	评 价 要 点	自评	互评
任务一	能够借助书本、网络等工具，认真完成学习项目；能够主动思考，积极解决问题	☆☆☆	☆☆☆
任务二	积极参与小组活动，在采访和调查中起到引领作用，能撰写采访报告；在采访过程中能主动思考	☆☆☆	☆☆☆
任务三	积极参与小组活动，独立思考，勇于提出想法，主动参与小组交流展示	☆☆☆	☆☆☆
任务四	文字工整，语法规范。色彩搭配得当，图画有特色。排版整齐美观，视觉效果好	☆☆☆	☆☆☆

Jobs in our school 跨学科主题学习活动整体评价表见表4。

表4 Jobs in our school 跨学科主题学习活动整体评价表

评价类型	评价指标		评价星级（★★★表示很棒）			
	一级指标	二级指标	自评	组评	师评	总评
过程性评价	独立思考	能通过自主学习解决一些问题	☆☆☆	☆☆☆	☆☆☆	
	合作交流	能与同伴交流想法	☆☆☆	☆☆☆	☆☆☆	
	批判思维	能对信息进行筛选与思考	☆☆☆	☆☆☆	☆☆☆	
终结性评价	一级指标	二级指标	☆☆☆	☆☆☆		
	创新指数	能提出创新的想法和建议	☆☆☆	☆☆☆	☆☆☆	
	实践指数	能参与整个学习过程	☆☆☆	☆☆☆	☆☆☆	
	社会责任	积极参与交流展示	☆☆☆	☆☆☆	☆☆☆	

续表

评价类型	评价指标		评价星级（★★★表示很棒）		
	一级指标	二级指标	☆☆☆	☆☆☆	☆☆☆
学科素养	语言运用	能用英语进行沟通、表达、书写	☆☆☆	☆☆☆	☆☆☆
	信息意识	能利用信息技术辅助学习	☆☆☆	☆☆☆	☆☆☆
	沟通能力	能积极参与团队活动，遇到困难时能积极沟通，寻求解决方法	☆☆☆	☆☆☆	☆☆☆
	艺术表现	通过艺术创造表达个人情感	☆☆☆	☆☆☆	☆☆☆
努力方向					

七、学习需求和相关资源

（一）学习需求

本学习活动需要借助电子设备进行资料的搜索查阅。学生需要利用午休时间，接触我校不同职业人员，从而实现有效采访与调查。学生需要得到采访报告设计、制作英语书方法等方面的指导。

（二）学习资源

生活中不同职业的英语表达视频（https：//haokan.baidu.com/v？pd＝wisenatural＆vid＝10013046579914215280）。

Examples around me（身边的榜样）

——三年级英语学科跨学科主题学习设计

上海市浦东新区傅雷小学　李一帆

一、主题背景

"如何介绍他人"是小学阶段英语学习的重要内容之一，有利于锻炼学生的表达性技能，培养学生的核心素养。英语一年级上、二年级上、三年级上、四年级上、五年级上都涉及"介绍他人"话题的知识，螺旋式的编排让学生对此话题的知识储存量逐渐增大。《义务教育英语课程标准（2022年版）》指出，三至四年级的学生要能用简单的语言介绍自己或他人的基本情况和熟悉的事物，能借助任务单和板书，内化语言知识和文化知识。

为深入贯彻党的二十大和全国教育大会精神，围绕新时代中国特色社会主义立德树人根本任务，以培育和践行社会主义核心价值观为价值引领，引导未成年人"扣好人生第一粒扣子"，培养德智体美劳全面发展的社会主义建设者和接班人，我校结合英语周活动，开展了"新时代好少年"学习宣传和评比活动，引导全体同学见贤思齐、向上向善、孝老爱亲、忠于祖国、忠于人民，努力成长为担当民族复兴大任的时代新人。同学们踊跃参加，纷纷寻找起了符合"新时代好少年"特征的身边的榜样。

基于三年级英语的学习要求，结合当下的时政背景，我们以"Examples around me"为主题设计跨学科主题学习。要求学生通过学习，能进一步了解如何用英语介绍他人，描述他人的性格特征和事迹，并能完成一份"身边的榜样"的英语手抄报，说出选他为榜样的理由，为其拉票。

在实际解决问题时，还需关联道德与法治、美术、信息科技等其他学科。通过道德与法治学习，感悟榜样的情怀，汲取榜样的力量。运用美术学科知识，制作出一份版面整洁美观，图文并茂的手抄报。运用信息科技学习的知识，用网络搜集和阅读材料，整合信息。

二、学情分析

三年级的学生经过前面阶段的英语学习，能围绕相关主题，在语境中运用简单的词汇、句型和语法知识来描述他人，介绍他人的外貌特征，性格特点，能用第三人称的视角去阐述他人的事迹，进行简单的交流。如二年级时，结合 Module 2 的学习，联动美术学科，完成了简单的人物外貌介绍的思维导图绘制。如三年级时，结合 M4U1 Insects 这一单元，联动美术和自然学科，绘制出一本昆虫介绍册。

这些知识能力与跨学科的学习经历，都为开展本次学习活动打下基础。但是，此次学习活动涉及的语言知识量增多，这需要本位学科给到及时、必要的指导。另外，要如何介绍自己的榜样人物才能让其他同学信服并认可呢？这对学生的价值观和思维提出更高要求，需要道德与法治学科给予支持。在前期的探究活动中，还需要学生们通过网络搜集和阅读材料，整合信息，确定对于榜样的定位，这需要信息科技学科的支持。本次跨学科主题学习活动，最终需要学生以手抄报形式进行展示，并能够在同学们面前，结合手抄报来表达自己的观点，这就需要和美术及本位学科进行密切联动。

三、学习目标

（1）通过问答、任务单等形式寻找身边的榜样，运用相关核心单词，结合与运用 He's... /She's... He/She can... 等句型来描述他人的信息特征，能运用第三人称的视角去描述他的事迹，学习如何介绍他人。

（2）通过个人调查、小组合作等方式收集信息，绘制"身边的榜样"手抄报，并能正确、规范运用相关词汇及句型介绍榜样，为其拉票。

（3）通过探究、研讨等合作活动增强团队凝聚力，发挥未成年人先进典型的榜样示范作用。

四、任务规划

（一）问题及任务框架

问题及任务框架如图 1 所示。

```
┌─────────────────────────┐         ┌─────────────────────────┐
│ 核心问题：               │         │ 核心任务：               │
│   你的榜样是谁？他身上的哪 │────────▶│   制作手抄报，并结合手抄报│
│ 些性格特征、事迹值得学习，从│         │ 介绍身边的榜样，为其拉票  │
│ 而让你选他作为榜样呢？    │         │                         │
└───────────┬─────────────┘         └─────────────────────────┘
            │
            ▼
┌─────────────────────────┐         ┌─────────────────────────┐
│ 问题一：                 │         │ 任务一：                 │
│   你身边的榜样是谁？      │────────▶│   用英语谈谈自己对榜样的定义│
│                         │         │ 确定自己想要推荐的人选    │
└───────────┬─────────────┘         └─────────────────────────┘
            │
            ▼
┌─────────────────────────┐         ┌─────────────────────────┐
│ 问题二：                 │         │ 任务二：                 │
│   为什么他是你的榜样？    │────────▶│   用英语介绍身边的榜样的特点│
│                         │         │ 和事迹，说说选他为榜样的理由│
└───────────┬─────────────┘         └─────────────────────────┘
            │
            ▼
┌─────────────────────────┐         ┌─────────────────────────┐
│ 问题三：                 │         │ 任务三：                 │
│   怎样结合自己制作的手抄报，│────────▶│   制作手抄报，并进行交流和拉票│
│ 为身边的榜样拉票？        │         │                         │
└─────────────────────────┘         └─────────────────────────┘
```

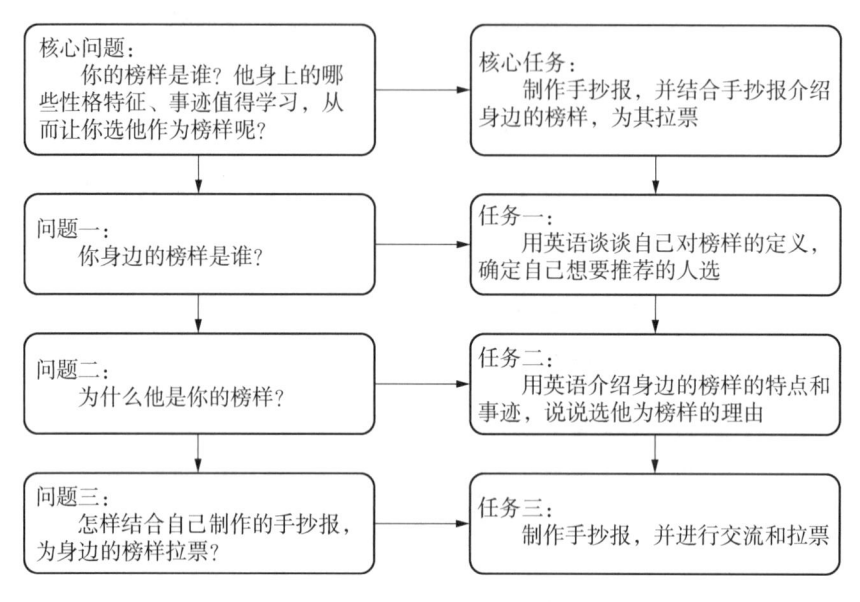

图 1　问题及任务框架

（二）任务学习规划

任务学习规划如图 2 所示。

五、学习过程

（一）任务一：用英语谈谈自己对榜样的定义，确定自己想要推荐的人选

本任务中，学生将运用课前自主查阅的资料，谈谈自己对榜样的定义，寻找身边有这些特质的同学，确定自己想要推荐的人选。

1. 活动一：Lead in

通过提供视频，让学生知晓当下的新闻，树立正确观点，引导同学们见贤思齐，并介绍学校英语周活动，鼓励学生参加"新时代好少年"学习宣传和评比活动，积极寻找自己身边的榜样。

第二部分 跨学科主题学习怎么开展？

任务	学习方式	学习过程	学时
任务一：用英语谈谈自己对榜样的定义，确定自己想要推荐的人选	查阅资料 课堂交流	1. Lead in　情境导入，观看"榜样"视频，并了解学校英语周活动，引发思考，聚焦话题——身边的"新时代好少年"，思考我身边的榜样是谁	1
		2. Brain storm　学生根据视频的内容和提前查阅的资料，谈谈对榜样的定义，交流怎样的人能被称作为榜样，确定想要推荐的人选	
		3. Try to write　根据讨论内容，填写部分探究单	
任务二：用英语介绍身边的榜样的特点和事迹，说说选他为榜样的理由	课堂交流 小组合作	1. Let's discuss　小组讨论，介绍榜样的性格特征。	1
		2. Let's say　说一说身边的榜样的事迹，他做过什么事情值得学习，并结合他的性格特征，谈谈选为榜样的理由	
		3. Try to write　将探究单填写完整，对其内容进整合，并撰写一段文字，为下节课制作手抄报做铺垫	
任务三：制作手抄报，并进行交流和拉票	课堂交流 成果分享	1. Let's draw　结合前期所学和探究内容制作手抄报	1
		2. Let's vote　结合手抄报内容介绍自己的榜样，并为其拉票，选出班级"新时代好少年"	

图 2　任务学习规划

(1) 观看视频。观看"新时代好少年"活动宣传。

(2) 介绍学校英语周活动，引导学生们聚焦话题——身边的"新时代好少年"。

(3) 思考与交流。教师提问"什么是榜样？""我身边的榜样是谁？"学生思考并讨论交流。

2. 活动二：Brain storm（Who is he/she?）

(1) 观看视频。观看"我身边的榜样同学"。

(2) 学生根据视频里的内容和提前查阅的资料，用简短的语言知识谈谈自己对榜样的定义，交流怎样的人能被称作榜样。

(3) 引导学生寻找身边符合这些特征的同学，确定自己想要推荐的人选。

3. 活动三：Try to write

根据讨论内容，填写探究单的 Who 部分（见图3）。

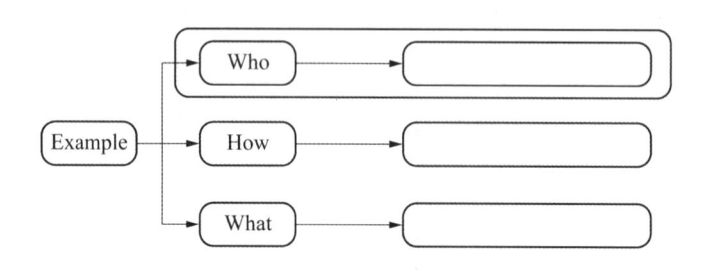

图3 填写探究单的 Who 部分

（二）任务二：用英语介绍身边的榜样的特征和事迹，说说选他为榜样的理由

本任务中，学生将运用课前自主查阅的资料，在交流和思考中厘清任务，通过组建学习小组开展讨论，说说各自身边的榜样的共性特征和

事迹，并完成探究单的填写。

1. 活动一：Let's discuss（How is he/she?）

(1) 展开小组讨论，总结出榜样所具有的共性特点。如 kind、like to help others、hard-working、be good at studying 等共性词汇。

(2) 尝试运用相关语言知识，根据讨论内容，介绍榜样的性格特征 (He's... /She's... He/She likes...)。

2. 活动二：Let's say（What does he/she do?）

(1) 说一说身边的榜样的事迹，他做过什么事情值得赞扬，值得同学们去学习？

(2) 结合榜样的性格特征和事迹，尝试用英语在课堂上进行交流和分享，说说选他为榜样的理由（He's... /She's... He/She likes... He/She can...）。

3. 活动三：Try to write

(1) 提炼交流的内容，把探究单填写完整（见图4）。

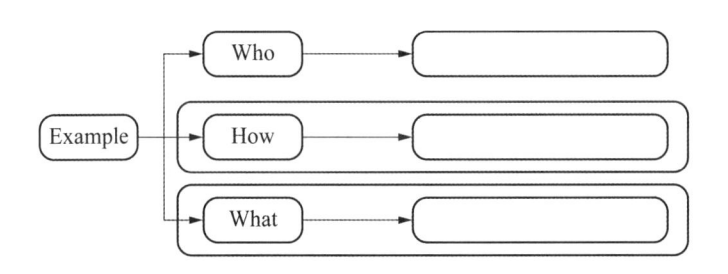

图 4　填写探究单的其余部分

(2) 尝试将探究单里的内容进行整合，输出一段文字，为下节课绘制手抄报做铺垫。示例如图 5 所示。

```
My example

This is _____. He/She is my example.

He/She is _____.

He/She likes _____.

He/She can _____.

He/She often _____.

_____.

_____.

Please vote for him/her!

Thank you very much!
```

图 5　输出文字示例

（三）任务三：制作手抄报，并进行交流和拉票

本任务中，要将活动过程中的成果整理成图文，制作一份"身边的榜样"手抄报，并结合手抄报，用英语介绍身边的榜样，为其拉票。

1. 活动一：Let's draw

结合前期所学和探究内容绘制手抄报。

2. 活动二：Let's vote

（1）结合手抄报内容，用英语介绍自己的榜样，为其拉票。

（2）根据同学们的介绍，票选出班级内的"新时代好少年"。

六、学习评价

Examples around me 跨学科主题学习活动评价表见表 1。

表1　Examples around me 跨学科主题学习活动评价表

评价类型	评价指标	评价星级 自评	评价星级 互评	评价星级 师评
过程性评价	1. 能够借助网络等工具，认真完成课前的自助查阅	☆☆☆	☆☆☆	☆☆☆
过程性评价	2. 能够结合探究单，运用相关的语言知识，介绍身边的榜样的特征	☆☆☆	☆☆☆	☆☆☆
过程性评价	3. 能够结合探究单，运用相关的语言知识，介绍身边的榜样的事迹，说说选他为榜样的理由	☆☆☆	☆☆☆	☆☆☆
过程性评价	4. 能对探究单里的内容进行整合，撰写一段文字，要求语法正确，无错误	☆☆☆	☆☆☆	☆☆☆
终结性评价	1. 手抄报排版整齐美观，视觉效果好，图文并茂	☆☆☆	☆☆☆	☆☆☆
终结性评价	2. 能熟练流利地结合手抄报，介绍自己的榜样，为其拉票	☆☆☆	☆☆☆	☆☆☆

七、学习资源

（1）"新时代好少年"活动介绍（https：//haokan.baidu.com/v?pd=wisenatural&vid=671099483518582356）。

（2）我身边的榜样同学（https：//v.qq.com/x/page/j3369s56atn.html）。

Healthy Diet（健康饮食）

——四年级英语学科跨学科主题学习设计

上海市浦东新区傅雷小学　乔佩雯

一、主题背景

"Food"是小学生特别感兴趣的话题，也是小学阶段英语学习的重要范畴之一。通过 4BM3U3 In the shop 单元的学习，学生能学习、感知与运用量词词组来描述食物的名称与数量，如：a loaf of bread, a bar of chocolate, some meat, some, a lot of, a little 等，注意发音、拼读、单复数、书写以及表达方式；能借助语篇开展问答与交流，运用 How much is it/are they...? It's/They're... 等语言结构来问答物品的价格；能通过语篇获取有效信息，加深对语篇的理解，能流利朗读语篇、表演语篇、复述语篇。在此过程中，进一步感受礼貌购物、理性消费的情感态度，形成健康的生活方式，学会与他人交往。

随着生活水平的提高，人们的饮食结构和饮食习惯正趋于多元化。特别是后疫情时代，我们周围到处可以看到体重超标的小胖墩儿；在餐厅里，学生偏食挑食的坏习惯总得不到纠正，导致营养不良；体育成绩优秀的学生屈指可数。这不禁引得学生思考，为什么肥胖的孩子越来越多？学生们在学习 Say and act（In the supermarket）时发现 Kitty 想要买巧克力，但妈妈为了孩子的健康只允许买一小块。由此，学生们应该了解到什么样的食品是不可以过多食用的，每天应该摄入一些什么必要的食物，应该对健康饮食这一概念有一定的认识。

《义务教育英语课程标准（2022 年版）》中提出了学思结合、用创为本的英语学习活动观，要求教师引导学生在真实情境中解决问题，运用已知参与到指向主题意义的学习活动中。基于四年级英语的学习要求，结合当下健康饮食的意识，遂以"Healthy Diet"为主题设计跨学科主题学习。要求学生能够借助图片，联系生活讨论一日三餐的饮食是否健康。通过完成 What do you know? What do you want to know? What have you learned?（KWL）表格，完成食物单词知多少，绘制最喜欢食物的图片，用英文标注原因。最终化身营养师，为家人制作一日三餐食谱。

在实际解决问题时，还需关联信息、美术等其他学科。利用信息技术，从网络等途径查找、搜索各种未知食物单词；运用美术学科的技术，为家人设计制作清晰、合理的三餐食谱。从而树立健康生活，合理饮食的意识。

二、学情分析

本次教学对象为四年级学生，在学习本单元内容之前，学生已经学习过不少食品类单词，如：egg, rice, noodles, soup, hamburger, pizza, sweet, cake, salad, carrot 等；能运用 I like eating _____ . It's _____. They're _____. 等句型对相关喜欢的食物进行简单介绍与描述。

学生也经历过多次涉及食物的项目化活动。如二年级时，进行过"How to make a healthy eating lapbook?"健康饮食翻翻书的制作。与美术和劳技联动，通过有趣的翻翻书，让学生学会食物分类和均衡饮食的重要性；三年级时，结合信息技术，查阅中国各地区的年夜饭菜谱，体会南北方差异，和美术学科联动创意设计了自己家乡年夜饭菜谱。

这些知识能力与跨学科的学习经历，都为开展本次学习活动打下了基础。但是，此次学习活动所需的食品类单词相较之前来说难度较大，学生欠缺对于健康食谱的英语表达能力，需要前期网上查阅，也需要本位学科给到及时、必要的指导。另外，作为小小营养师，还需考量什么是健康的食谱、三餐的荤素搭配，这需要学生结合生活经验、翻阅、浏览食物金字塔等搭配参考。本次跨学科主题学习活动，最终需要学生制作一日三餐食谱，并且能够在小组或班级内进行分享交流食谱的搭配和适合的人群。

三、学习目标

(1) 通过学习，学生在了解各种常见的食品类的基础上，学习、操练、运用这些单词或短语，如：a loaf of bread, a bar of chocolate, some meat, some, a lot of, a little 等。

(2) 有意识地选用信息技术检索相关食品类单词；学生通过在超市购买各类食品的情境，了解购物礼仪，学会合理购物，树立健康饮食的意识。

(3) 在个人探究，小组分享等合作活动中，提高英语表达能力、绘画能力、小组合作能力、信息搜集能力。

四、任务规划

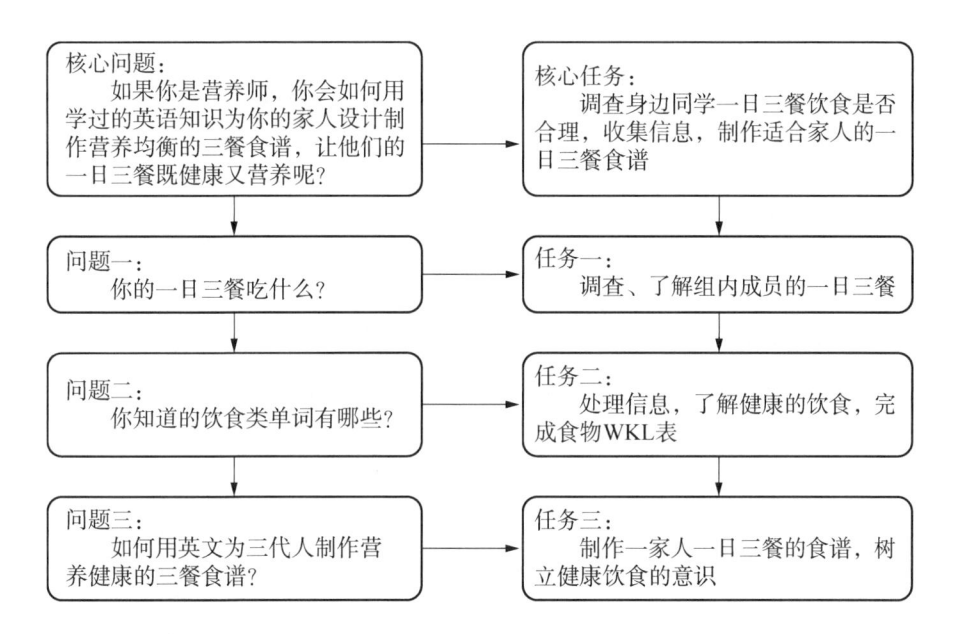

(一) 问题及任务框架

问题及任务框架如图1所示。

```
核心问题：                                 核心任务：
  如果你是营养师，你会如何用              调查身边同学一日三餐饮食是否
学过的英语知识为你的家人设计制    →      合理，收集信息，制作适合家人的
作营养均衡的三餐食谱，让他们的             一日三餐食谱
一日三餐既健康又营养呢？
         ↓                                    ↑
问题一：                          →      任务一：
  你的一日三餐吃什么？                     调查、了解组内成员的一日三餐

问题二：                          →      任务二：
  你知道的饮食类单词有哪些？               处理信息，了解健康的饮食，完
                                          成食物WKL表

问题三：                          →      任务三：
  如何用英文为三代人制作营                 制作一家人一日三餐的食谱，树
养健康的三餐食谱？                        立健康饮食的意识
```

图1　问题及任务框架

(二) 任务学习规划

任务学习规划如图2所示。

五、学习过程

(一) 学习导入

通过观看视频，让学生意识到肥胖问题就在身边，需要我们引起重视，了解肥胖对学生造成的影响，初步建立健康饮食的意识。

学习方式	学习过程	学时
小组调查 查阅资料 课堂交流	Lead in：观看青少年肥胖问题的相关视频，引出话题——人的健康与合理饮食有密切的关系	2
	Do a survey：调研班级同学家庭一日三餐的饮食，完成小组调查表。查阅"中国居民膳食指南"，对照自身饮食习惯，组内分享调查结果	
	Try to say：小组推选代表说一说身边同学一日三餐饮食情况	
课堂交流 个人探究	Try to discuss：观察食物金字塔分布，讨论如何健康饮食	1
	Try to say：根据前期调研的结果，分析同学们三餐搭配是否合理	
	Try to write：个人探究，完成食物单词知多少KWL表以及绘制最喜欢的食物的图片	
课堂交流 成果展示	Try to draw：根据"中国居民膳食指南"和食物金字塔，绘制家人一日三餐的食谱，标注对应的英文	1
	Try to say：根据小小营养师的食谱设计，围绕"How do we have a healthy diet？"展开介绍	

任务一：调查、了解组内成员的一日三餐

任务二：处理信息，了解健康的饮食，完成食物WKL表

任务三：制作一家人一日三餐的食谱，树立健康饮食的意识

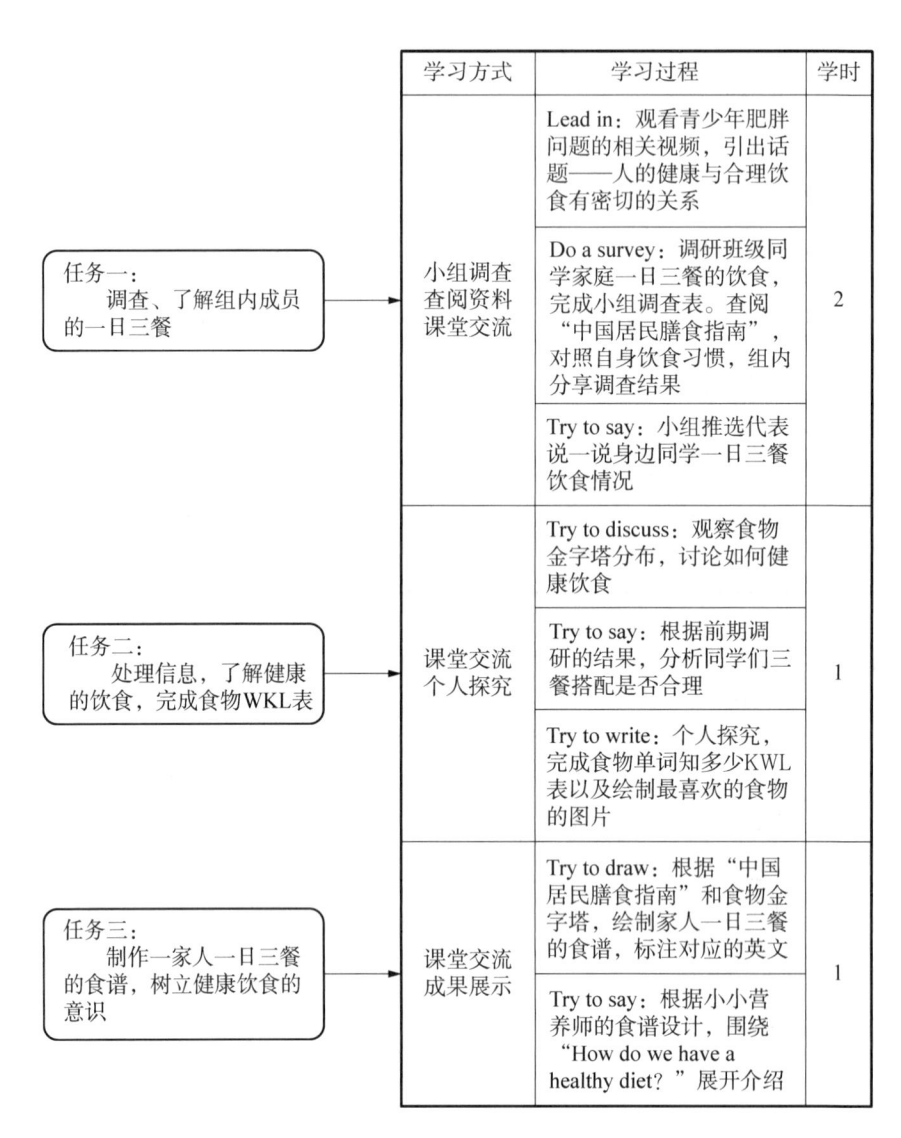

图 2　任务学习规划

1. 观看视频

组织学生观看微电影《翻滚吧》，纪录片《肥胖症男孩》等。

2. 阅读材料

《人民日报》公布的数据显示，我国 6 岁至 17 岁人群中，超重率近

20%，相当于将近每 5 个中小学生就有 1 个超重。如果青少年的体重越来越大、体质却越来越虚，难免会成为影响他们成长的一大隐忧。

3. 思考与交流

面对身边越来越多的"小胖墩"，教师提问："小学生需要注意什么？"引导学生联系自己的饮食与生活习惯展开讨论。

(二)任务一：调查、了解组内成员的一日三餐

本任务中，学生将进一步理解问题情境，通过组建学习小组，调研小组内成员家庭晚餐，组内进行交流分享。以资料查阅为主要方式，阅读《中国居民膳食指南》，对照自身饮食习惯，结合调研结果，小组内推荐成员总结组内饮食情况。

1. 活动一：数据感知

(1) 观看视频。播放关于青少年肥胖的视频，引导学生查阅《2024 年世界肥胖报告》，初步了解青少年肥胖率发展趋势，并思考和肥胖有关的因素。

(2) 班级交流。学生探讨青少年肥胖与饮食的关系。

2. 活动二：小组调研

(1) 小组调查。以小组为单位，根据调查表（见图 3），调查小组成员家庭一日三餐的饮食。结合相关语言知识（见图 4），各自说一说自己

My three meals yesterday

Breakfast	Lunch	Dinner

图 3　一日三餐调查表

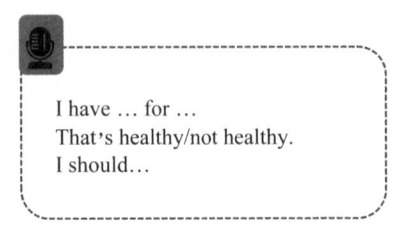

> I have … for …
> That's healthy/not healthy.
> I should…

图 4　相关语言知识

昨天的三餐搭配。

（2）查阅资料。学生以小组为单位查阅《中国居民膳食指南》，组内探讨成员的三餐饮食是否合理健康。

3. 活动三：总结调查

运用活动一和活动二的相关材料，如食物金字塔（见图 5）等结合相关语言知识（见图 6），小组派代表说一说组内成员饮食情况，总结饮食

Food Pyramid
Healthy or unhealthy?

some
a lot of…
many…

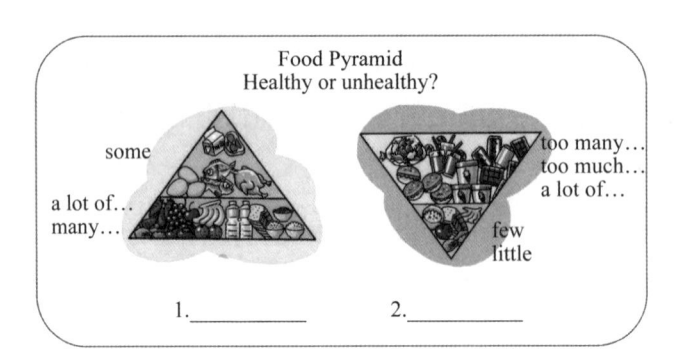

too many…
too much
a lot of…
few
little

1._____　　2._____

图 5　食物金字塔

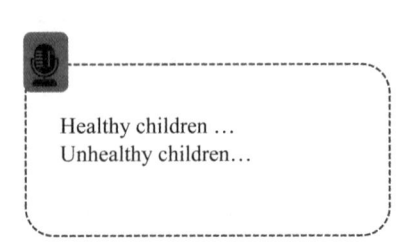

> Healthy children …
> Unhealthy children …

图 6　相关语言知识

健康和不健康的区别。

（三）任务二：处理信息，了解健康的饮食，完成食物 WKL 表

本任务中，学生通过小组观察、分析总结、个人探究等方式，得到如何健康饮食的结论。

1. 活动一：观察食物金字塔

讨论与交流。观察食物金字塔，了解健康的食物以及所摄入的量。

2. 活动二：讨论分析

思考与讨论。

什么样的饮食结构是合理的？你的三餐搭配合理吗？你的饮食结构还需要优化吗，如何优化？

3. 活动三：个人探究

食物单词知多少。在知道了如何优化三餐饮食搭配以后，用自己已知、已学、想知（可以用中文表达）的单词，完成 WKL 表（见图 7）。

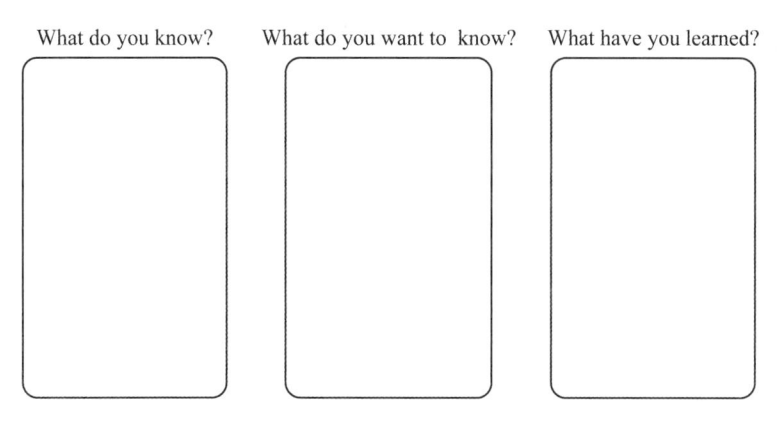

What do you know?	What do you want to know?	What have you learned?

图 7　食物单词知多少 WKL 表

（四）任务三：制作一家人一日三餐的食谱，树立健康饮食的意识

本任务中，要结合前期调查结果，学习《中国居民膳食指南》和食物金字塔精神，制作形成一家人一日三餐的食谱，牢固树立健康饮食、从我做起的意识。

1. 活动一：制作食谱

（1）绘制食谱。

（2）标注英文。

（3）围绕"How do we have a healthy diet?"在班级内交流分享食谱作品。

2. 活动二：对外展示

通过学校微信公众号等途径，将优秀作品对外展示，宣传健康饮食观念。

六、学习评价

激励评价始终引导着各个任务活动的有序开展。Healthy Diet 跨学科主题学习活动评价表（见表1），有自评、互评和师评，学生根据流利程度和准确率获得星星颗数。

表1 Healthy Diet 跨学科主题学习活动评价表

评价项目	评价要点	学生自评	小组互评	教师评价
自主探究	能够完成 WKL 表，独立思考，大胆猜测	☆☆☆	☆☆☆	Excellent! ☐ Good! ☐ Come on! ☐
小组合作	能够借助小组调查表，积极参与小组讨论，主动发表想法，善于倾听，懂得分工	☆☆☆	☆☆☆	
制作食谱	三餐营养均衡，书写工整，有创意，纸面洁净，视觉效果佳	☆☆☆	☆☆☆	

续表

评价项目	评价要点	学生自评	小组互评	教师评价
情感态度	能够认真探究怎么样的饮食是健康的，精心参与各项课堂活动	☆☆☆	☆☆☆	

七、学习需求和相关资源

(一) 学习需求

本学习活动需要借助电子设备进行资料的搜索查阅，需要信息技术的支持。学生需要分小组进行调研，在探研中主动、积极寻求旧知与新知、个体与社会、自己与他人、文本与互联网之间的联系，并从中获得理性分析思维。在学习制作营养健康的三餐食谱的任务中，学生需要得到绘画布局的指导，还要学习如何用英语进行表达分享。

(二) 学习资源

(1) 微电影《翻滚吧》(http：//xhslink. com/l2S1lE)。

(2) 纪录片《肥胖症男孩》(https：//mr. baidu. com/r/1gklxUN4Fry? f＝cp＆u＝cd60e4978f66d84e)。

(3)《2024 年世界肥胖报告》(https：//mp. weixin. qq. com/s?__biz＝MzIwNDcyOTA1MA＝＝＆mid＝2247515710＆idx＝1＆sn＝0cd421eaa39c4debfd6a105e907ed003＆chksm＝96d462faa620966a23294c94ce88ec27f9609dd408a043fab3d6f0243385890e62c1db880b9e＆scene＝27)。

Chinese festivals, Chinese culture
（从中国节日看中国文化）
——傅雷小学四年级英语学科跨学科主题学习设计
上海市浦东新区傅雷小学　乔毓婷

一、主题背景

"节日"的内容隶属于《义务教育英语课程标准（2022年版）》三大主题范畴中的"人与社会"。英语一年级下、二年级上、三年级下、四年级下、五年级下都涉及"节日"的知识，通过母亲节、儿童节、元旦以及春节等传统节日相关知识的学习，让学生逐步了解不同节日的意义与内涵。《义务教育英语课程标准（2022年版）》中有关文化意识学段目标指出，学生能对学习、探索中外文化有兴趣；能在引导下，获取中外文化的简单信息；感知与体验文化多样性；能用句子描述所学的与中外文化有关的具体事物；初步具有观察、识别、比较中外文化异同的能力。

中国作为世界上历史最为悠久、文化最为丰富的国家之一。传统节日不仅体现出中国深厚的文化底蕴，也是中国人民生活方式、价值理念的载体。对于小学四年级的学生而言，通过英语来探索和学习中国传统节日，不仅可以从不同角度来增进他们对于中国文化的了解与认识，还可以提升他们的文化意识、英语核心素养和跨文化交流技能。

基于四年级英语的学习要求，我们以 Chinese festivals, Chinese culture 为主题设计跨学科主题学习。学生通过小组合作、采访调查、收集整理相关信息等，获取中国传统节日的相关知识，挖掘节日背后的文化内涵，并制作海报，用英语"话"中国。

在实际解决问题时，还需关联语文、道德与法治、信息等其他学科。通过语文学科中关于采访和多种阅读方法的学习，进行调查，获取和梳理与节日相关的信息；通过道德与法治的学习，树立起文化意识，加强文化自信；利用信息技术，从网络、媒体等途径检索中国传统节日相关信息。

二、学情分析

四年级的学生经过前面阶段的英语学习，已经掌握对于活动、食物、日期等的表述，能够针对某一事件、事物以及与其相关的信息等，运用合适的语句和时态进行简单介绍与描述。能够通过思维导图等形式，梳理某一主题的相关知识，并运用所学句型进行表述及问答。

学生也经历过与 the Spring Festival 相关的项目化活动。如在三年级时，进行了"春节年夜饭菜谱我来定"活动，和劳技、美术学科联动，基于南北方差异和家庭差异等因素，绘制"年夜饭菜单"；四年级时，进行了"春节家庭活动大观察"，并和美术、道德与法治学科联动制作关于春节活动简介的手抄报。

这些知识能力与跨学科的学习经历，都为开展本次学习活动打下了基础。但是，此次学习活动所需学生调查和了解的与中国传统节日相关的信息更加繁杂，还需要学生去挖掘节日所蕴含的文化意义，这对学生的语言表述能力、调查、知识梳理等都带来了很大的挑战，需要教师开展过程中提供必要学习支架和学科支持。关于中国传统节日的历史、文化背景等信息及来源渠道纷繁复杂，对学生的信息判断和处理能力都提出了极大的要求，这就需要信息学科给予支持。本次跨学科主题学习活动，最终需要学生以视频的形式介绍中国传统节日，并能够在一定范围的公开场合（如班级、学校、家庭等）表达自己对于节日和其文化内涵的认识，这就需要和道德与法治学科进行密切联动。

三、学习目标

（1）能通过查阅资料、调查采访、网络搜索等形式进行传统节日相关资料的收集、整理和分析，并能用英语的词句正确地描述节日的基本信息、食物、习俗等，提升英语语用表达能力。

（2）通过小组合作交流，学生能自主协作分工、探索有关节日的不同方面并整合信息，提升信息的辨析、概括和梳理能力，通过思维导图的形式，用英语概述节日关键信息，探究节日背后的意义。

（3）通过团队协作，提炼、总结不同传统节日所蕴含的文化意义，结合自身经历和所搜集到的信息形成自己对于中国传统节日文化的理解，并能撰写短文来介绍自己所知晓的传统节日。

（3）在采访、展示等合作探究活动中增强学科核心素养和团队协作能力；知晓中国传统节日文化的知识与意义，增强文化认同感，提升文化自信。

四、任务规划

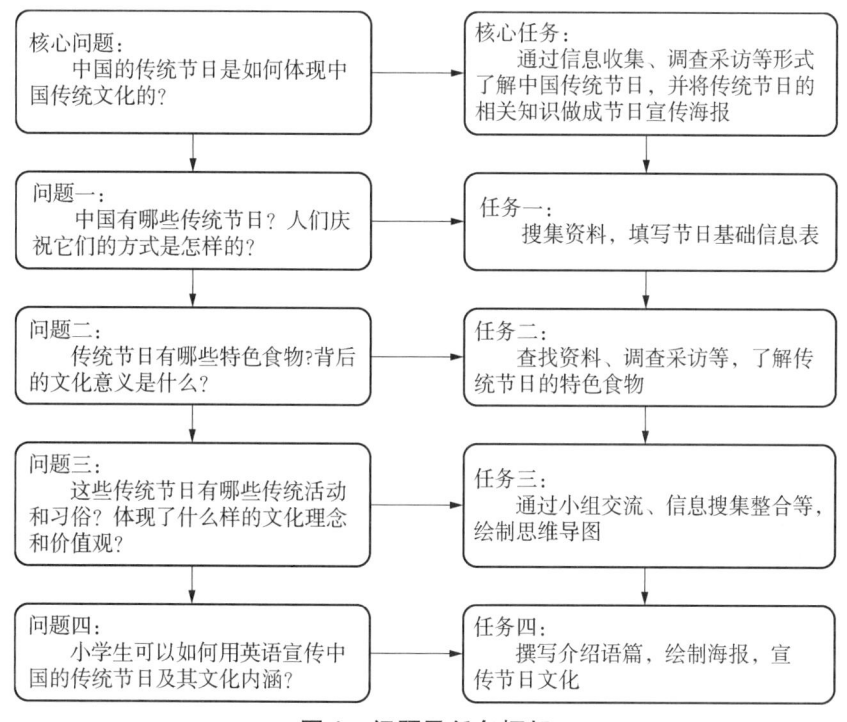

(一) 问题及任务框架

问题及任务框架如图 1 所示。

核心问题：
　　中国的传统节日是如何体现中国传统文化的？

核心任务：
　　通过信息收集、调查采访等形式了解中国传统节日，并将传统节日的相关知识做成节日宣传海报

问题一：
　　中国有哪些传统节日？人们庆祝它们的方式是怎样的？

任务一：
　　搜集资料，填写节日基础信息表

问题二：
　　传统节日有哪些特色食物？背后的文化意义是什么？

任务二：
　　查找资料、调查采访等，了解传统节日的特色食物

问题三：
　　这些传统节日有哪些传统活动和习俗？体现了什么样的文化理念和价值观？

任务三：
　　通过小组交流、信息搜集整合等，绘制思维导图

问题四：
　　小学生可以如何用英语宣传中国的传统节日及其文化内涵？

任务四：
　　撰写介绍语篇，绘制海报，宣传节日文化

图 1　问题及任务框架

(二) 任务学习规划

任务学习规划如图 2 所示。

五、学习过程

(一) 学习导入

通过观看视频资料，让学生了解不同的中国传统节日，感知中国传

学习方式	学习过程	课时
自主探究	1.资料查阅： 通过网络搜索、阅读资料、查字典等方式，了解节日的英文名称、日期等的表述	1
	2.表达： 将自主探究所获取的信息，填入节日基础信息表中	
合作探究 (调查采访)	1.查阅资料和调查采访： 了解节日饮食的概况后，对于班级、年级内来自不同地域的学生进行采访调查，了解不同地域的传统节日的特色及饮食的差异	1
	2.表达： 根据调查的信息和采访的结果，梳理核心内容，并尝试用英语表述	
合作探究 (交流整合)	1.交流： 就已经搜集到的节日习俗，在小组内交流自己的思考以及对于这些习俗背后文化意义的理解	1
	2.整合： 小组基于本组现阶段的调查结果，整合有关节日的重点信息，并绘制思维导图	
成果展示	基于前期资料搜集的结果和绘制的思维导图，利用语言支架和写作工具等，完成节日介绍语篇的撰写并将其做成海报	2

任务一：查找资料，填写节日基础信息表

任务二：查找资料、调查采访，了解传统节日的特色食物

任务三：通过小组交流、信息搜集整合等，绘制思维导图

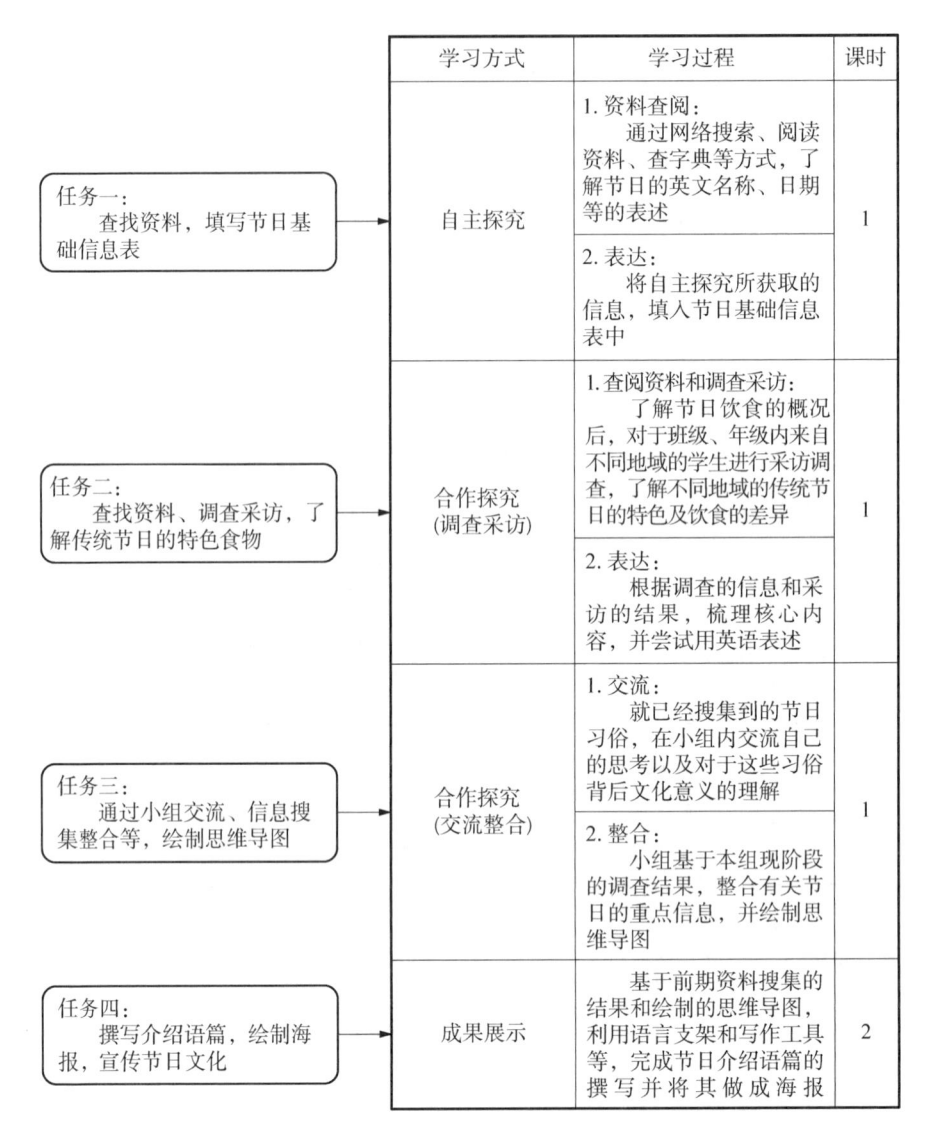

任务四：撰写介绍语篇，绘制海报，宣传节日文化

图 2　任务学习规划

统节日的各类习俗，初步建立对"中国传统节日"的认识与理解，激发小学生对于中国节日文化的兴趣与探究。

1. 观看视频

教师播放 Festivals in China。

2. 思考与交流

教师提问：What Chinese festivals do you know? How to introduce these Chinese festivals in English? 引导学生思考并交流。

(二) 任务一：查找资料，填写节日基础信息表

本任务中，学生将通过网络搜索、阅读资料、查字典等方式，了解节日的英文名称、日期等的表述，填写节日基础信息表，初步建立起传统节日的知识框架。

活动一：查找资料，填写表格

引导学生以"中国传统节日有哪些""传统节日的时间"等为词条进行检索，梳理各方信息并填写节日基础信息表（见表1）。

表1　节日基础信息表

Chinese festivals, Chinese culture　　　　Class：_____　Name：_____
Task：Search and collect information about the Chinese festivals.
　　　Then fill in the table.

	Festival (Chinese Version)	Festival (English Version)	Month	Weather	Others
1					
2					
3					
4					
5					

活动二：信息交流

在班级内交流自己所搜集的节日信息，并思考后续可以采用哪些形式进一步探究中国传统节日的文化内涵。

(三) 任务二：查找资料、调查采访，了解传统节日的特色食物

本任务中，学生们基于自己最想要了解和介绍的节日进行分组。以小组合作的形式，利用空闲时间，就同学们对于节日特色食物的知晓程度以及不同地域的同学在节日饮食上的差异展开调查。

1. 活动一：设计调查问题

在教师的帮助下，完成调查和采访问题的设计（见表2）。

表2　调查和采访问题

Chinese festivals, Chinese culture　　　　　　　　Interviee：_____

Location：☐ South China　☐ North China　Province（省份）：_____

Question lists	Answers
1.	
2.	
3.	
4.	
5.	

2. 活动二：调查采访以及信息梳理

根据采访调查的结果，进行组内交流和信息梳理，提炼有关中国传统节日中饮食文化的关键信息并记录。

(四) 任务三：通过小组交流、信息搜集整合等，绘制思维导图

本任务中，学生们基于已知晓的传统节日习俗、特色活动等相关信息，在小组内进行交流探讨，阐述自己的对于节日的认识和思考，并绘制思维导图。

1. 活动一：交流与探讨

学生在小组内交流所搜集到有关节日习俗的信息，并从中确定最具

有节日代表性的习俗、活动等；阐述自己对于这些活动的认识和思考，归纳这些习俗活动的文化意义并予以记录。

2. 活动二：制作思维导图

在老师的指导下，了解不同类型思维导图的作用，并选取合适的思维导图形式，将任务一至任务三中的核心内容融入到思维导图中。

(五) 任务四：撰写介绍语篇，绘制海报，宣传节日文化

在本任务中，学生基于前期的信息搜集和采访调查结果，通过小组合作，制作一张中国传统节日的宣传海报。

1. 活动一：语篇写作

在此活动中，学生在教师的指导下，运用"汉堡"写作工具和语言支架等，结合思维导图完成节日介绍语篇的撰写。

2. 活动二：海报制作

学生在语篇的基础上结合节日相关元素的绘制、拼贴等完成节日宣传海报。

六、学习评价

Chinese festivals，Chinese culture 跨学科主题学习活动评价表见表 3。

表3 Chinese festivals, Chinese culture 跨学科主题学习活动评价表

评价类型	评价指标		评价星级			
	一级指标	二级指标	自评	组评	师评	总计
过程性评价	独立思考	能够通过自主学习解决一些问题	★★★	★★★	★★★	
	合作交流	能与他人积极合作，交流想法以及提供帮助	★★★	★★★	★★★	

续表

评价类型	评价指标		评价星级			
	批判性思维	能对于所搜集的信息、材料等进行筛选和思考	★★★	★★★	★★★	
终结性评价	一级指标	二级指标	自评	组评	师评	总计
	实践指数	能够积极参与整个学习过程，并对小组有贡献	★★★	★★★	★★★	
	社会责任	积极参与交流和展示	★★★	★★★	★★★	
学科素养	一级指标	二级指标	自评	组评	师评	总计
	学习策略	能运用字典、网络等工具，对于资料进行收集、筛选和整合	★★★	★★★	★★★	
	语言运用	能运用英语进行沟通、表达、写作与成果介绍	★★★	★★★	★★★	
	艺术表现	能通过艺术创造来表达个人情感与思考	★★★	★★★	★★★	
	信息意识	能利用信息技术辅助学习	★★★	★★★	★★★	
努力方向						

七、学习需求和相关资源

（一）学习需求

本学习活动需要借助电子设备进行资料的搜索查阅。学生需要利用课余时间，借助调查采访等形式，接触不同的人群，从而更为全面地了解有关中国传统节日的相关信息。学生需要得到采访提纲、思维导图制作、语篇撰写等方面的指导。

(二) 学习资源

(1) 中国文化网（https：//cn. chinaculture. org/）。

(2) 中国非物质文化遗产网（https：//www. ihchina. cn/）。

图书在版编目（CIP）数据

"学思行"理念下的小学跨学科主题学习实践探索／王雅琴主编．-- 上海：上海社会科学院出版社，2024
ISBN 978-7-5520-4396-9

Ⅰ．①学… Ⅱ．①王… Ⅲ．①小学—教案（教育） Ⅳ．①G622.3

中国国家版本馆 CIP 数据核字（2024）第 100215 号

"学思行"理念下的小学跨学科主题学习实践探索

主　　编：王雅琴
责任编辑：周　霈
封面设计：裘幼华
出版发行：上海社会科学院出版社
　　　　　上海顺昌路 622 号　邮编 200025
　　　　　电话总机 021-63315947　销售热线 021-53063735
　　　　　https://cbs.sass.org.cn　E-mail: sassp@sassp.cn
照　　排：南京前锦排版服务有限公司
印　　刷：上海龙腾印务有限公司
开　　本：710 毫米×1000 毫米　1/16
印　　张：24.5
字　　数：302 千
版　　次：2024 年 12 月第 1 版　2024 年 12 月第 1 次印刷

ISBN 978-7-5520-4396-9/G·1323　　　　定价：118.00 元

版权所有　翻印必究